教育部人文社科项目"政府数据治理过程的
组织模型构建及其应用研究"(21YJCZH195)

杨国栋　著

# 数字政府的
## 理论框架与实践进路

SHUZI ZHENGFU DE
LILUN KUANGJIA YU SHIJIAN JINLU

大连海事大学出版社
DALIAN MARITIME UNIVERSITY PRESS

Ⓒ 杨国栋　2024

**图书在版编目(CIP)数据**

数字政府的理论框架与实践进路 / 杨国栋著.
大连：大连海事大学出版社，2024.12. — ISBN 978-7-5632-4628-1

Ⅰ．D63-39

中国国家版本馆 CIP 数据核字第 2024QB2971 号

大连海事大学出版社出版

地址：大连市黄浦路523号　邮编：116026　电话：0411-84729665(营销部)　84729480(总编室)
http://press.dlmu.edu.cn　　E-mail:dmupress@dlmu.edu.cn

| 大连金华光彩色印刷有限公司印装 | 大连海事大学出版社发行 |
|---|---|
| 2024 年 12 月第 1 版 | 2024 年 12 月第 1 次印刷 |
| 幅面尺寸:170 mm×240 mm | 印张:17 |
| 字数:304 千 | 印数:1~500 册 |

出版人:刘明凯

| 责任编辑:刘长影 | 责任校对:陶月初 |
|---|---|
| 封面设计:解瑶瑶 | 版式设计:解瑶瑶 |

ISBN 978-7-5632-4628-1　　定价:50.00 元

# 前　言

　　数字技术正在日益模糊物理、数字和生物领域之间的界限，并正在迅速改变人们的生活、工作和交流方式。数字政府已然从"政府结构的一个新的组成部分"进化为融合现实政府与虚拟政府的混合生态体系，进而成为贯通国家社会网络与互联网络的网络空间的基础设施和治理场域。在理想化的情境下，数字政府既可借助两类空间不同治理元素之间的关联关系促成彼此之间的紧密互动，也可锚定负载凝聚治理主体、整合治理资源及维持治理秩序等功能的理想目标，在保障治理的公共性、治理场域的泛在化以及创设承载公共精神、公共利益和公共权力的公共场域方面承担起其作为平台应该担当的责任使命。

　　数字政府建设是一个多元交互的动态过程，它将多种群体和利益相关者连接起来共同创造价值。基于信息技术日益增长的能力和不断扩展的应用范围，数字政府治理的视域已经从政府本身，以及政府与政府、政府与企业、政府与公民的相互关系转移到一个更大的技术-数据-治理网络之中。与之相应，数字政府研究的开放性、交叉性、合作性不断增长，学者们关注数字政府与更广泛的社会趋势和数字化发展的交融性，开放架构中政府与企业、公民的互动性，以及组织与组织间系统，组织边界和渗透到组织内部的要素和工作流之间关系的依赖性与互惠性，多重影响因素和维度的分析也被用来探讨数字政府的绩效变化。

　　面向这一趋势和变化，本书聚焦数字化转型中的数字政府治理，尤其关注以数据为中心的数字政府建设和协同与创新视角下的政务服务，以期为丰富数字政府的理论体系，促进数字政府的实践探索做出贡献。本书主要采用规范研究与实证研究相结合的方式，兼顾全球视野和中国实践，并注重典型案例分析，以使研究具有整体性、系统性和包容性。全书围绕以数据为中心的数字政府建设这一核心线索，分析和建构新的技术和社会条件下数字政府的理论逻辑和概念结构，进而从多元视角探讨数字化转型、领导力构建、政府数据治理、政府开放数据，以及技术和数据赋能的政务服务创新。本书是我主持的教育部人文社科项目"政府数据治理过程的组织模型构建及其应用研究"（21YJCZH195）的结项成果之一。课题组成员大连理工大学李鹏、大连海事大学周昕然、吉林大学张康文、香港理工大学雷皓淇、格拉斯哥大学樊乙力参与了本书的撰写工作，在此对他们表示衷心感谢。最后，感谢大连海事大学公共管理与人文艺术学院的大力支持和大连海事大学出版社刘长影编辑提供的宝贵意见。

杨国栋

2024 年 11 月

# 目 录 / Contents

◂ 绪　论 ············································································· 1

◂ **第一章　数字政府治理的理论架构** ············································ 5
　　第一节　数字政府治理的理论逻辑 ········································ 6
　　第二节　数字政府治理的概念和机理 ···································· 17
　　第三节　数字政府治理的实践取向 ······································ 25

◂ **第二章　政府数字化转型的战略、能力和模式** ····························· 35
　　第一节　政府数字化转型的战略和能力 ································ 36
　　第二节　美国、英国等典型国家的政府数字化转型实践 ········· 53
　　第三节　中国政府的数字化转型 ········································ 77

◂ **第三章　政府数字领导力的模型建构及路径** ······························ 85
　　第一节　政府数字领导力的维度和结构 ································ 86
　　第二节　数字政府领先国家的数字领导力 ··························· 92
　　第三节　领导者数字治理能力的要素及提升 ······················· 96

◂ **第四章　以数据为中心的数字政府建设** ···································· 107
　　第一节　政府数据及其治理 ············································· 108
　　第二节　政府数据治理的框架体系 ···································· 119
　　第三节　政府数据治理的生态系统 ···································· 124

## 第五章 政府开放数据的治理体系和模式 …… 131
第一节 政府开放数据的提出和发展 …… 132
第二节 公共数据开放治理体系 …… 143
第三节 公共数据开放运营模式 …… 171

## 第六章 数字政府政务服务创新 …… 189
第一节 政务服务数字化的发展阶段、特征及作用 …… 190
第二节 "互联网+政务服务"有序运行的机制 …… 197
第三节 地方政府政务服务创新的路径 …… 211
第四节 创新网络视角下数字政府服务创新 …… 225
第五节 在线政务服务的协同治理 …… 241

## 参考文献 …… 263

# 绪　论

从电子政府到数字政府，随着人们生活领域和政府管理中信息技术泛在性的不断增强，数字政府已经构造成为政府管理的"基础设施"。这既体现在政府网站、数据平台、政务服务平台，以及政务新媒体的广泛应用所营造的数字空间上，也反映在开放政府、政府数据治理、一体化政务服务和智慧服务等技术驱动的管理创新及其连接而成的治理模式上。随着数字政府的领域拓展和能力提升，国家和社会对数字政府的期望和要求也在不断提高。国务院《关于加强数字政府建设的指导意见》提出，"加强数字政府建设是创新政府治理理念和方式的重要举措，对加快转变政府职能，建设法治政府、廉洁政府和服务型政府意义重大"，明确"坚持以优化政府职责体系引领政府数字化转型""充分发挥数字技术创新变革优势，优化业务流程，创新协同方式，推动政府履职效能持续优化"①。

---

①国务院.国务院关于加强数字政府建设的指导意见：国发〔2022〕14号［A/OL］.（2022-06-23）［2024-12-15］.https：//www.gov.cn/zhengce/zhengceku/2022-06/23/content_ 5697299.htm.

新技术革命引发政府治理形态的结构性重组与功能性转变①，在新技术条件下，数字政府建设为国家治理体系和治理能力现代化提供了有力支撑。数字政府逐渐成为电子政府概念演进中的一个"新"的概念，推动公共部门信息技术发展为一个更具包容性的实践领域。有其深刻的技术、社会和治理背景。信息技术的持续创新催生了大数据环境、社交网络、数据分析、智能应用等新的技术和社会实践，以及移动政府、智慧政府、政府 2.0/3.0、政府开放数据和数据治理等治理实践，改变了政府治理的内部环境和外部环境，并推动数字政府与广泛的经济社会变迁连接在一起。技术的创新引发了新的治理创新，也加强了不同的信息技术治理形式之间的相互作用和影响，同时与社会化媒体深度结合，构成了一个整体性的数字化背景。从技术、信息到数据，从政府内部网络和政府-企业、公民的交互网络到整合的数字化网络，从信息技术作为一个外在变量的应用到泛在的应用，基于新的信息技术不断扩展的范围和日益增长的能力，从一个"大"的理论角度，"'e'可能不再是一个有用的描述符"，而"数字""似乎是一个更合适的标签"。②

数字政府推动公共部门信息技术领域从早期关注信息和通信技术的使用扩展到信息/数据和技术影响行政、管理和治理。Dolores E. Luna 等认为，以这种方式并假设数字治理的概念比电子政府更全面，数字政府对价值创造的预期效益和影响不仅涉及服务的效率和改进，还包括通过公私伙伴关系和其他形式的治理在改善民主或发展更开放和可持续的社会方面产生更广泛的影响，数字治理意味着政府和公众都参与创造价值。③ 数字政府的逻辑机理以"价值创造"替代以往的"推动变革"，其基本途径是基于数据的价值创造和开放架构中公共价值的"可视化"与合作"生产"，前者通过"价值创造"的增量为政府变革累积动力，后者通过"对话"和参与来实现"共享的价值"。以数据和"价值创造"为依据，数字政府的实践路径是"关键成功变量"与动态演化过程的结合，体现为对数据流动的治理、基于国家战略和民生领域的大数据和智能化应用，以及对政府在数字政府治理中的角色与责任的重新定义。数字政府对公共管理变革是一个价值递归的过程，包括：行政

---

① 刘祺. 从数智赋能到跨界创新：数字政府的治理逻辑与路径[J]. 新视野，2022（3）：73-80.
② Coleman S Foundations of Digital Government：A Critical Introduction[M]//Chen H, et al. Digital Government：E-Government Research, Case Studies and Implementation, NY：Springer, 2007.
③ Lunaa D E, Duarte-Vallea A, Picazo-Velaa S, et al. Digital Governance and Public Value Creation at the State Level[J]. Information Polity, 2015（20）：167-182.

效率和生产率；提高公共服务的质量；更有效的计划和政策；透明度与问责制；公民参与；鼓励信息社会的法律和监管框架；政府结构的转变。[①] 数字政府已经成为具有包容性、充满活力和发展前景的学术和实践问题。在数字中国、网络强国、智慧城市、智能社会和国家治理现代化中，数字政府既是一项建设内容，也是连接的纽带和必要条件。

  本书作者针对数字政府这一方兴未艾且仍在快速发展和持续"进化"的理论和实践领域进行研究，主要探讨数字政府的理论建构，分析和诠释数字政府理论对电子政府的继承和发展，及其理论特质和未来走向；研究政府数字化转型的战略、能力和模式，建构新技术和社会条件下政府数字化转型的整体理论，并探讨美国、英国等典型国家以及中国数字化转型的实践；构建政府数字化转型的领导力的理论模型，探讨数字领导力的维度和结构，数字政府领先国家的数字领导力状况，以及中观和微观层面上的领导者数字治理能力要素；分析以数据为中心的数字政府建设，探讨数据对数字政府建设的影响和助力；探讨政府开放数据的治理体系和模式，从实践层面梳理全球政府开放数据的发展历程和现状，以及中国公共数据开放的治理体系和运营模式；研究数字政府政务服务创新，探讨数字化政务服务的发展阶段、特征及作用，以及有序运行的核心机制，并通过多类型、多层面的案例分析，探讨中国地方政府数字化政务服务创新的路径、策略，以及协同治理问题。对以上问题的研究和探讨，将有助于从整体层面梳理和把握数字政府的理论演进及其特质，进而从多重理论视角对数字政府的发展内容和趋向，以及具体行政环境下的创新实践进行全面的理解，并促进政府从全球视野、全国视角，系统地认识数字政府建设的理论逻辑、实践内容、发展趋向，以及实施的战略和路径，以探讨更符合时代精神、更适合情境的实践方法。

---

[①] Cordella A, Bonina C M. A Public Value Perspective for ICT Enabled Public Sector Reforms: A Theoretical Reflection[J]. Government Information Quarterly, 2012, 29 (4): 512-520.

# 第一章
# 数字政府治理的理论架构

与电子政府、移动政府、智慧政府等相比，数字政府在理论内涵、范畴上都具有其独特性，这既体现了世界范围内新一轮的信息技术革命对人类生活改造的日益加深，也预示了在技术驱动、数据驱动、智能驱动的背景下，政府治理正在与国家治理、社会治理紧密连接在一起。数字政府治理有助于从一个更广阔的视域理解和解决电子政府发展中遇到的矛盾问题，也在数字政府与数字化发展、数字社会之间架起了连接的桥梁。数字政府治理蕴含了人类由工业社会、工业文明向数字社会、智能文明演进背景下数字治理共同体的构建，有助于实现社会生活的数字化与国家治理现代化之间的协同。数字政府治理将数据驱动和智能化应用的重点投向经济增长和社会价值的创造，为解决技术逻辑与公共治理中的行政生态、制度惯性之间的冲突提供了新的途径。在数字中国、网络强国、智慧城市、智能社会和国家治理现代化中，数字政府治理具有广阔的发展空间。本章建构了数字政府治理的理论逻辑，分析了其概念内涵和机理，以及实践路径和未来的行动取向。

## 第一节 数字政府治理的理论逻辑

数字政府治理是人类社会迈向数字时代背景下公共治理变迁的重要走向，体现了公共部门信息技术应用的概念与实践的认识深化与演进。数字政府治理是数字政府构建，以及以此为基础的对数字国家、数字社会进行治理的结合，其实质是数字时代和数字化生存中的国家治理。数字政府治理超越了信息技术应用与政府管理变迁互为前提和条件的悖论，将治理的目标和途径从推进政府变革转向创造基于数据流动和使用的数字政府与数字国家、数字社会、数字生活的共同价值。

### 一、数字政府治理的理论视域

数字技术使得物理、数学和生物领域之间的界限越来越模糊，并正在迅速改变人们生活、工作和交流的方式。在政策、制度、战略和政府工具方面，政府与数字政府之间的区别已不再明显。作为一个研究议题，数字政府的相关研究已经取得了丰硕成果。首先，研究者关注新的信息技术创新治理工具、变革治理结构、推动治理转型的整体趋势。如 John Micklethwait 和 Adrian Wooldridge 认为，国家和政府正处于第四次革命的进程中，其中一个重要因素是计算机、互联网和数据革命已改变国家的形态与政府职能[1]；Christopher Hood 等探讨数字时代政府工具的应用，并描绘了一个基于空间识别、群体定位和多元节点的新治理模式[2]。其次，研究者探讨数字政府、数字治理、数据治理、智能政府的理论体系，包括数字社会形态下的数字治理、数字政府的概念结构、数字政府治理、智慧（智能）治理、政务的理论逻辑，及其体系、框架、路径、工具和主要问题。最后，研究者对数字政府的实践应用进

---

[1] 陈振明. 政府治理变革的技术基础——大数据与智能化时代的政府改革述评[J]. 行政论坛，2015(6)：1-9.
[2] Hood C, Peters G. The Middle Aging of New Public Management：Into the age of paradox？[J]. Journal of Public Administration Research and Theory，2004，14（3）：267-282.

行了研究,体现为"互联网+政务服务"、政府开放数据,地方政府数据治理政策、工具和实践,"人工智能+"的应用,以及各国的数字政府经验,并发展了大数据治理的组织能力、跨组织数据共享、协作数据网络、平台式政府、政务算法、算法政府等概念模型。

有关数字政府治理,诸多学者基于各自的角度提出了自己的理解。徐晓林等认为:"数字治理不是信息与通信技术(ICT)在公共事务领域的简单应用,而是一种与政治权力和社会权力的组织与利用方式相关联的社会-政治组织及其活动的形式,它包括对经济和社会资源的综合治理,涉及如何影响政府、立法机关以及公共管理过程的一系列活动。"[1] 韩兆柱等提出:数字时代的治理意味着复杂的整体性变革,而各种变革的中心是信息技术的发展与信息处理能力的提升,信息技术通过影响公共部门与私人部门的行政作业流程,改变公民参与的方式和提高公民解决社会问题的能力,从而影响政策结果。[2] 这些解释从不同的角度对数字政府及其治理做出了阐释。可以说,在基于信息技术的公共管理理论"万花筒"之中,数字政府治理不可避免地与公共部门信息技术应用的其他概念存在交叉和重叠,但其真正的意义却在于它作为一个"新"的理念和实践领域所具有的规范性和独特性。

首先,数字政府治理是公共部门信息技术应用"演进"的一个概念和领域。信息技术革命不是一蹴而就的,而是一个不间断的波浪式发展过程。"摩尔定律"生动地揭示了信息技术变革的频率。近年来,随着云计算、大数据、物联网、移动互联网和人工智能的出现和发展,信息技术创新呈现出不断加速、日益多样化和向社会生活各个领域深度渗透的趋势。与此相应,有关公共部门信息技术应用的概念也在不断更新,从电子政府、电子治理到移动政府、智慧治理,再到数字政府、数字治理,新的信息技术创造的无限可能推动与之相关的公共管理理论呈现出一种不断丰富和深化的发展逻辑。如:从概念本身来说,电子政府强调"电子化",侧重于网络、信息管理系统、计算机等技术工具在政务中的应用。电子治理关注"电子"对于"治理"的融入,将"公共事务的信息技术应用视角延伸到更广阔的社会,反映了政府与社会之间新的关系模式的建构"[3];移动政府"将移动通信网络作为提高效率服务的新渠道,将移动手机作为向社会公众提供信息、服务、参与

---

[1]徐晓林,周立新.数字治理在城市政府善治中的体系构建[J].管理世界,2004(11):140-141.
[2]韩兆柱,马文娟.数字治理理论及其应用的探索[J].公共管理评论,2016(1):92-109.
[3]杨国栋.论电子治理的价值、逻辑与趋势[J].天津行政学院学报,2016(3):77-85.

机会的新手段""因应技术进步和用户需求自电子政府派生出来,成为电子政府的新的子域和有益补充"[①];智慧政府关注以人为本的公共治理智能化水平的提升。数字政府最初与电子政府具有一定的通用性,经常被作为"电子政府"的同义词而交互使用,但随着大数据、人工智能的出现和发展,数字政府开始侧重于政府在数字化的环境中运行,蕴含了一种以大数据环境和数据的智能化应用为基础的政府治理方式。从电子政府到数字政府治理的发展,体现了用最有效的技术工具来实现和创造更好的公共治理的持续努力,反映了技术与治理之间不断融合互动所激发出的变革动力和所创造的新的治理愿景。

其次,数字政府治理的理论范畴是数字化环境中的数字政府构建及其对数字国家、智慧社会的治理。如果说电子政务的外部支持环境是电子商务、电子社区,电子治理的治理依托是国家治理和政府治理,数字政府治理所面向的就是数字国家、智慧城市和智能社会。在数字化时代,云计算、大数据、物联网、可穿戴计算机设备和人工智能进一步改变了我们获得信息、与人交流、组织活动、获得服务的方式。在强大的信息技术支撑下,各种信息都能以数字化形式自动采集、整合、存储、管理、交流和再现,"分隔于全球各个不同地理空间、不同时区的各个人类个体和群体越来越高度互联、高频互动,社会生活的方方面面、世界的角角落落正在加速进入全面'数字化'"[②],"我们身处数据驱动的全球社会中"[③]。全球性、整个国家和社会的数字化创造出了政府治理所必须面对的一个新的数字化环境,使基于信息技术和数据的政府治理与外部环境之间不再是传统的双向或多边的互动,而是置身其中,彼此融入。在此意义上,数字政府治理响应了数字时代社会发展的内在需求,与数字地球、数字国家、智慧社会的全球治理和国家治理变革具有密切的关联性与同构性。

最后,数字政府治理的愿景是打造一个无所不在、高度关联、深度渗透的数字治理模式。数字政府治理是基于数字政府对数字空间的治理。"在万物互联的语境下,数据不再仅仅是人类思维独有的实体产物。智能终端与可

---

①张锐昕.电子政府概念的演进:从虚拟政府到智慧政府[J].上海行政学院学报,2016(6):4-13.
②[美]埃雷兹·艾登,让-巴蒂斯特·米歇尔.可视化未来:数据透视下的人文大趋势[M].王彤彤,等,译.杭州:浙江人民出版社,2015:8.
③Power D. J. Using Big Data for Analytics and Decision Support[J]. Journal of Decision Systems, 2014, 23(2):222-228.

穿戴计算机设备的出现，使得人类的行为、位置、生理数据等都成为可供记录和分析的精准数据，而任何物品都成为数据产生的节点，并开始反映出客观世界的部分。数据，成为客观世界的映射。"① 就此而言，由于我们生活的诸多方面都与公共事务及其治理紧密相连，数字政府治理的语境将是对数据和数据创造的"镜像世界"，包括了数字化的所有过程和行为。在数字化时代，数据赋予了人类对数据认知的创新能力，也进一步打开了人类在数据利用方面的想象空间，"数据将是一种新的能源。与互联网相关的所有技术、应用、模式、政策的创新都将围绕这种新'能源'展开"②。在数字政府治理模式中，数据的存在就是数字政府治理的存在，数字政府治理以数据治理的方式渗透和伴随社会生活的整个过程，体现了基于数据的政府治理的广泛性及其与经济社会各个领域的高度关联性。

## 二、数字政府治理的目标指向

如果说电子政府构建更强调推动政府治理变革的内生价值，数字政府治理则侧重于数字政府与数字国家、数字经济、数字社会、数字生活之间的包容性和共享的发展。梳理公共部门信息技术应用的历史，我们会发现，在技术与制度的结合上，矛盾与冲突是一种常态，"社会公众经常会对革命性的新技术产生畏惧情绪，而既得利益者则会拒绝革命性的新技术，这已经被不断取代的技术范式所证实"③。美国学者达雷尔·韦斯特认为："无论哪种政治体制，许多政府官员对于改革是很保守的。大部分政治和经济的利益群体通常会减缓技术创新的速度而不是迫不及待地接受新技术，直到这些人认定自己的切身利益受到了充分的保护。这种方式将技术带来的危险降到最低，并强迫技术适应当前的权力结构而不是另寻出路。"④ Vishanth Weerakkody，Zahir Irani，Habin Lee 在系统回顾 Scopus 在线数据库的电子政府领域的 132 项实证研究时发现：任何数字政府系统的成功，都取决于其在实施和采用上

---

① 朱琳，赵涵菁，王永坤，等.全局数据：大数据时代数据治理的新范式[J].电子政务，2016（1）：33-42.
② 黄璜.互联网+、国家治理与公共政策[J].电子政务，2015（7）：54-65.
③ [美] 马克·格雷厄姆，威廉·H.达顿.另一个地球：互联网+社会[M].胡泳，等，译.北京：电子工业出版社，2015：5（序）.
④ [美] 达雷尔·韦斯特.数字政府：技术与公共领域绩效[M].郑钟扬，译.北京：科学出版社，2011：8-9.

的成本节约、为系统接受者提供的好处以及在操作系统时的任何相关风险[1]。因此，在信息技术驱动的政府治理变迁中存在一个悖论，即：信息技术的应用只有在与之相适应的政府组织、制度和文化变迁作为条件的前提下，才能够发挥其全部潜在能力和变革性影响；政府组织缺乏理性利用信息技术的激励因素，政府理性应用信息技术的动力，依赖于已有项目的成功和信息技术在改善政府治理中所显示出的能力。通常存在几个难以解决的问题：一是政府一般无意将信息技术视为基础体制变革的工具，它所强调的信息技术模式是基于日常管理和服务传递的而不是用以体制改革的。二是政府领导人在职期间，更愿看到提高效率的"速效方案"，他们经常不理解需要完成数字化转型的长期投资，或者涉及管理和执行转型变革中必不可少的费用。三是政府往往没有很好的数字化能力，自身的专业技能水平也存在一定的差距。四是公共部门通常缺失支持改革的有利文化和环境，特别是当技术驱动的改革努力没有达到立竿见影的效果时，改革便很难开展下去。

数字政府治理具有两个方面的含义：一是数字政府治理是公共治理数字化的过程和行动。超级计算机、云计算和人工智能的发展，使人类似乎可以将所有数据转化为有用的信息，相对于网络社会引发的社会结构的转变从而重点引发政府职能挑战与转型不同，数字化时代更集中体现在政府治理格局、能力与行为方式的转变上。二是数字政府治理是数字国家、数字经济、数字社会、数字生活的国家治理形式。"数字治理理论的出发点不仅在于应用信息技术重构公共部门数字化的管理体制，还在于推动社会上整体的数字化进程。"[2] "相比于农业社会和工业社会的统计管理，'数字政府治理'更加强调数据融通和以人民为中心的'智慧服务'，而且面对日趋'网络化'和'数据化'的'数字地球'，数字政府治理体系的建构不仅响应了信息革命下社会发展的内在需求，同时也与全球治理体制变革具有密切的关联性与同构性。"[3] 与传统公共部门信息技术应用的愿景——联通的服务、一站式政府、数字化民主和参与式治理相比，数字政府治理是基于信息网络系统、大数据环境和智能化应用，强调数据作为治理资源的价值创造，以及围绕数据价值

---

[1] Weerakkody V, Irani Z, Lee H, et al. e-Government Implementation: A bird's Eye View of Issues Relating to Costs, Opportunities, Benefits and Risks[J]. Inf Syst Front, 2015 (17): 889-915.
[2] 韩兆柱, 马文娟. 数字治理理论研究综述[J]. 甘肃行政学院学报, 2016 (1): 23-35.
[3] 戴长征, 鲍静. 数字政府治理——基于社会形态演变进程的考察[J]. 中国行政管理, 2017 (9): 21-27.

创造的治理变革和创新，是公共治理对社会整体的运动。如何在根本上提升技术与数据驱动的政府变革，并增加与政府治理变革与社会发展之间的协同，数字政府治理在这一问题上提供了一个新的途径。

一方面，数字政府治理以价值创造为公共治理的制度创新创造环境和提供动力。一般来说，技术的社会影响总是滞后于技术创新本身所具有的能力。"因为社会所受到的影响要比技术上滞后几十年，真正的革命不会是一个从A点到B点的有序过渡。相反从A点到B点之间可能要经过一个长期的混乱时期。在此混乱时期，旧的体系已经崩溃，而新的体系尚未确立。"[1] 公共部门应用信息技术也通常落后于私营部门，相对于新的技术产生的社会影响而言，政府治理对外部环境变化的回应，通常不是引领性的，而是跟随性的。如何增加政府对于技术和数据驱动的治理变革的内生动力，而不是依靠于不够稳定的政治领导的强势推动是一个重大问题。在数字时代，"数据之于信息社会就如燃料之于工业革命，是人们进行创新的力量源泉"[2]。由于数据产生和流动于政治、企业、社会和公民之间的行动网络之中，在构建数据环境中，对数据实施有效的深度开发、有效管理和全方位实践应用的过程，就是创造价值的过程，既包括效率，也包括经济价值和社会价值。

另一方面，数字政府治理要创造数字政府与数字国家、数字社会、数字生活的共同价值。政府治理的价值一般包括：更高的效率，以公民为中心的服务和回应力。数字化的价值则包含了随时随地、便捷有效、智能化、可预测、合作的伙伴关系、统合的创造、无障碍的流动和持续改进。在数字化生存中，"数据已经成为一种新的类似货币或黄金的经济资产类别"[3]，"数据成为原始生产资料，成为一种具有经济和社会价值的新资源"[4]。当前，数字化和大数据正在各个领域帮助人类创造价值。重新定义商业模式：亚马逊、谷歌、阿里巴巴、脸书通过对用户的信息分析，解决公司的精准营销和个性化推荐；IBM、惠普等公司通过整合大数据的信息和应用，组合硬件加软件，以数据整体解决方案的形式来提供管理理念和策略制定。为公共治理提供新

---

[1] [美] 克莱·舍基. 人人时代：无组织的组织力量[M]. 胡泳，沈满琳，译. 杭州：浙江人民出版社，2015：55.
[2] [英] 维克托·迈尔·舍恩伯格，肯尼思·库克耶. 大数据时代[M]. 盛杨燕，周涛，译. 杭州：浙江人民出版社，2013：230.
[3] Consulting V W. Big Data, Big Impact: New Possibilities for International Development[R]. Geneva: World Economic Forum, 2012: 128.
[4] 蔡翠红. 国际关系中的大数据变革及其挑战[J]. 世界经济与政治，2014（5）：124-145.

的解决方案：在食品安全监管领域，美国政府通过整合分析各部门的数据和信息，建立了专门的食品安全网站（Foodsafety.gov），通过数据开放，构建起一张全民监管的食品安全之网；在智能交通领域，通过整合多部门的数据信息，新加坡建立了智能交通系统（ITS），通过安装在主要交通路口的远程智能摄像机监控路口的运行状况，一旦有事故发生，交通控制中心可以及时采取措施调整交通流量；在公共卫生与医疗领域，总部在旧金山的"环球病毒预警行动"组织（Global Viral Forecasting Initiative，GVFI）通过挖掘互联网数据，可以对地方性疾病演变为全球性疾病前的暴发地点、源头和原因予以确定。数字政府治理意味着政府由信息管理到数据治理的转型，信息管理更侧重政府内部的数据采集、处理与使用，而数据治理则涉及全社会的数据流动与应用。数字政府治理是数字政府对全社会的数据产生、流动和应用进行治理，不仅要赋予公共组织新的认知能力，有效提升应对和解决不断变化、日益复杂的经济社会问题及其挑战的能力，而且要以数据为纽带，在数据共享、应用、开发中，基于数据的价值，创造政府与企业、社会、公民之间的共同价值，包括智能化的服务、合作关系、共同的创造、行动和责任共同体的构建，等等。

## 三、数字政府治理的实现条件

在现实中，即使在较先进的国家，对数字政府治理模式的实施也参差不齐。然而，数字政府治理的知识增长和创新势头正在增强，它作为准范式的连贯性和接受度正在扩大，"在一系列密切相关的技术、组织、文化和社会的广泛影响下，数字时代治理为开创自我维持的变化提供了独特机会。"[1] 尽管数字时代治理变革是脆弱的，存在诸多不确定性和交替的可能性，但是这种强大的、上升的动力仍在，并将取得积累性进展。数字政府治理必须转向更实际、更具有嵌入性、可行性的视角，基于技术与制度、政府与社会共同演化的价值创造，提供一个可行的方案。

公共部门信息技术应用是技术与组织、制度和文化不断互动、相互影响的过程。尽管技术驱动的政府治理变革需要与之相适应的组织、制度和文化变革为其提供基础条件，并且已经成为一个共识，但在各种理解中还存在一

---

[1] Dunleavy P, Margetts H, Bastow S, et al. New Public Management Is Dead-Long Live Digital-era Governance[J]. Journal of Public Administration Research and Theory, 2006, 16 (3): 467-494.

个分歧,即新环境下的治理变革,技术的角色定位是什么。一种观点认为,以互联网为中心的信息技术革命是人类社会发展演进的一个根本性变革,信息技术的逻辑对政府治理变革是主导性和本质性的。英国学者安德鲁·查德威克(Andrew Chadwick)强调,即使严格从技术创新的角度来讲,互联网也具有更广泛的社会、经济和政治意义,并指出:"信息文明的社会形态,最重要体现在人类行为模式、社会结构和社会规范体系的变迁上。这是一个信息技术逐渐建立自己的规则,建立自己新的行为方式,并将这些逐渐制度化的复杂的互动过程。"① 另一种观点认为,信息技术在本质上是一种服务公共治理的理性设计和理性发展的工具或者途径。公共行政的制度框架始终是同目的理性活动系统(信息技术工具的活动)相区别的。政治权力、利益关系,以及制度和文化仍然决定着公共领域信息技术应用的方向、作用、范围和速度,"政府治理制度具有将信息与通信技术塑造成演化性现实的革命性潜力"②。

如果按照第一种观点理解,数字政府治理的实现根源于我们生活的社会数字化程度。在一个生产或促进数字技术、信息的特殊制度和社会环境下,数据驱动的治理最后能否很好地呈现,取决于实际应用的效果。信息技术决定不了行政改革的结果,技术进步可以塑造社会环境,同时也在被社会环境所塑造。信息技术进步引发的行政改革能取得什么样的结果,实际上被整个社会生态环境所决定。根据第二种观点,数字政府治理的实现取决于政府治理与技术进步之间的契合程度。技术不会决定默认数字化改革举措的结果。数字化变革的重要议题,如政治领导、制度设计、实现数字转型、克服数据服务的有限接纳等,不会被技术本身决定,但是会被每个国家默认和施行数字化政策的政治和行政生态决定。

这两种观点都夸大了其中一个方面的作用,数字政府治理的实现将是共同作用的结果。数字政府治理的载体和途径是全社会的数据,从这方面讲,数字政府治理在一开始就不局限于公共部门的数字化变革。数字政府治理认为,数字政府及其治理的实现取决于数字技术自身的能力、政府接受数字化的主动设计和选择,以及经济社会生活数字化变迁的互动。在现实中,数字政府治理面临两个看似相互对立又和谐共存的矛盾:一是万物互联与数据割据。一方面是信息技术泛在性的不断增强,另一方面是由于"部门"利益、

---

①高剑平.信息哲学研究述评[J].广东社会科学,2007(6):84-89.
②Christine B, John T. Governing in the Information Age[M]. Buckingham: Open University Press, 1999:93.

地方主义和过时的制度所导致的数据不能互联互通持久而根深蒂固的存在。二是大数据环境的事实存在和大数据应用的步履蹒跚。任何资源的价值展现都离不开特定的环境,大数据的价值并非与生俱来而是应用创新之结果。就社会整体而言,我们已经进入了大数据时代,但到目前为止,基于大数据的价值创造仍主要限于商业领域。亚马逊、谷歌、苹果、脸书、阿里巴巴等企业正在成为大数据的拥有者和使用者,但国家治理、政府治理、社会治理中的大数据应用仍进展缓慢。这两个问题也是影响和制约数字政府治理实现的关键。可见,要实现真正的数字政府治理,还有很长的路要走。

  首先,从泛互联网化到数据的无障碍流动。互联网的普及已经成为现实,大数据时代也在悄然来临,然而,从万物互联到数据的无障碍流动,并不是一种因果关系的必然。电子政务发展之初所遇到的"职能"壁垒、"信息孤岛",在今天仍广泛存在。在数字时代,以数据化展开的活动将成为经济社会生活的主流,数据从原先仅具有符号价值逐渐延伸到同时还具有经济价值、科学价值、政治价值等诸多价值的重要资源。如何增进数据融合,实现价值的创造,打破割据和"数据孤岛",实现数据开放共享就成为首要解决的问题。Yu-Che Chen 和 Jooho Lee 通过对美国大都市区规划组织(Metropolitan Planning Organizations,MPO)的研究发现,基于协作数据网络的有效数据共享是创建城市交通综合视图,实现交通改善的基础性的必要条件,基于数据分析的决策支持服务网络对改善跨区域公共服务绩效有着根本性的影响[①]。数据无障碍流动是全社会数据流动与应用的前提和基础,它本质上是一个国家治理问题,依托于在明晰数据产权、保障数据安全的前提下实现数据的开放共享和合作应用,是创造数据环境、管理数据资源、提高数据使用效率的复杂行动。就目前而言,它包括如下迫切的行动:一是进一步打破数据割据和"数据孤岛"。数据割据和"数据孤岛"现象是阻碍数据开放、融合、流动的主要因素,不仅制约了电子政务的发展,也是对数据资源的极大浪费,还增加了数据安全防范的难度。数据治理在本质上是一个国家治理问题,因此消除数据割据和"数据孤岛"现象仍需顶层设计,应当优先选择国家治理面临的紧迫任务和重大问题,把数据集中于经济转型发展和社会发展之中,产生"裂变"效应。二是加速构建国家性、战略性数据资源库。需要尽快在重要领域形成国家战略性数据资源库,并由此构建数据收集、汇总和应用的

---

① Chen Y C, Lee J. Collaborative Data Networks for Public Service: Governance, Management and Performance[J]. Public Management Review, 2017, 20 (5): 672-690.

治理体制。三是构建全社会数据开放共享体系。以电子政务、智慧城市为基础，加快公共数据集中和共享，建立数据确权、分类、流通、交易机制，推动公共数据与企业积累的社会数据之间的共享共治。

其次，大数据的智能化应用。大数据正在各个领域帮助人类创造价值，如百度的搜索、电子商务网站的商品推荐、滴滴的对接、人力资源岗位的匹配等，而这背后是人工智能。大数据与人工智能之间存在着互动的关系：一方面，大数据是人工智能营养的来源；另一方面，大数据是数据积累的从量变到质变的过程，大数据的产生需要人工智能进行挖掘、分析和提炼，有了人工智能对大数据的智能化应用，大数据才具有创造性的价值。人工智能的运用，归根结底是大数据的积累及洞察，将人类智慧经验变成客观的、可观的、能够精准判断的、可以快速学习运用的方式，不断优化着行为。在任何有大数据的领域都可以做人工智能。在数字政府治理之中，数据的累积和智能化应用是结合在一起的，大数据是基础，而智能化应用能够直接创造价值。如英国新政府开放数据门户网站（Data.gov.uk），允许公众访问匿名数据——包括学校、犯罪和健康等——使其能够聚集不同线索的信息，寻找规律，产生新的信息作为搜索进展，这些信息已经被用于对基础设施项目（如新隧道、公路或医院等）需求相关行为的潜在模式进行细化预测[1]。在国家治理中，数字政府治理要通过数据的挖掘和智能化应用，增强国家战略的科学性和对经济发展、产业转型的导向性，并在全球数字治理中保障和提升中国式治理的影响。在政府治理中，数字政府治理首要的是公共服务领域的数字化，在数字中国、智慧城市建设中，实现以公民为中心的公共服务，在提高效率的同时改善公民的服务体验，并促进公众与政府的良性互动。

最后，基于国家战略和民生福祉的数据驱动治理创新。以技术驱动政府改革，以政府改革为数字治理创造条件，这是一个关于技术与治理之间良性互动的理想状态。但在实践中，我们经常看到的却是信息技术逻辑与政府管理现实之间的矛盾与冲突。政府治理变革是一个充满不确定性的复杂过程。世界各国的改革实践证明，根据价值和制度蓝图构想的改革主张只是一种基于主观愿望的"内生偏好"，无法对制度的现实状况进行客观的判断。以数字化的未来构想来设定政府治理变革的主张可能只是一种主观愿望。由于数字政府包含并触及现有政府承担各种社会关系的角色、功能和活动，数字政

---

[1] Hui G, Hayllar M R. Creating Public Value in e-Government: A Public-Private-Citizen Collaboration Framework in Web 2.0[J]. The Australian Journal of Public Administration, 2010 (1): 121-130.

府治理的实现必然是长期、渐进、曲折和反复的。在这一宏大的工程和长期的过程中，诸多领域的变革必然不是同步的。优先选择的应当是两个方面：一是经济发展和国家治理重大问题的数据驱动治理创新。对中国而言，供给侧结构性改革、建设创新型国家、实现乡村振兴、推动区域协调发展，这些经济转型发展和社会发展的重大问题，都需要数据治理的支持，这些重大问题的数据驱动政府治理创新，将对整个社会的数字化发展和国家治理现代化起到引领和示范性的作用。二是事关民生福祉的数据支持治理改革与创新。党的十九大报告提出："增进民生福祉是发展的根本目的。"2017年12月8日，习近平总书记在中央政治局就实施国家大数据战略进行第二次集体学习时指出："要运用大数据促进保障和改善民生。大数据在保障和改善民生方面大有作为。要坚持以人民为中心的发展思想，推进'互联网+教育'、'互联网+医疗'、'互联网+文化'等，让百姓少跑腿、数据多跑路，不断提升公共服务均等化、普惠化、便捷化水平。"夏义堃对中外政府网站公众接受与利用状况的研究结果表明，政府网站的使用率主要取决于网上服务对公民生活品质方面的影响①。公众期望的"未来的网络生活"："可以随时在路途中、行进间、任何一家小店，透过任何一项随身的电子通信用品，与所谓的'政府'进行互动、申辩、交易或索取资料。"② 数字政府治理的无形泛在要以合适的生活机制体现出来，通过对民生福祉的改善、促进公众优质生活和实现公共治理的自主性来展现其对全体国民的意义，为其发展提供持续的动力。

---

①夏义堃.中外政府网站公众接受与利用状况的比较分析[J].电子政务，2009（8）：38-43.
②白翠芳，张毅.台湾电子治理研究中心研究成果分析及其启示[J].电子政务，2014（2）：69-78.

## 第二节 ▎数字政府治理的概念和机理

### 一、数字政府治理的概念内涵

数字政府最初是一个与电子政府通用的概念,在 Web of Sciences 数据库中检索,以"Electronic Government"和"Digital Government"为篇名的研究文献均始于 1996 年。但近年来数字政府作为一个学术概念重新引起关注,特别是 2014 年以后,以"Digital Government"为标题的文献增长迅速,推动这一领域的研究"从一个压倒性的信息和通信技术驱动的电子政府图景,转向一个更可认知的社会和技术的复杂性,在治理、信任、多元文化、人、组织和制度能力等方面"[1];James S. Coleman 认为:"这种丰富性和复杂性表明,以电子服务和更好的政府管理为重点的'电子政府'可能太过狭隘,不适用于这一研究和行动领域。该领域不仅是服务和行政的关系,而且是民主进程和公民、公民社会、私营部门和国家之间的关系。数字治理,以其更广泛的视角来看待社会和政府在不断变化的技术环境中相互作用,似乎是一个更合适的标签。"[2] Taylor and Lips 提出了电子政府与数字治理的区别,认为需要重新定义治理目标、方法和结构,并建议扩大公民与政府关系讨论的范围[3]。Sharon S. Dawes 对数字时代的治理进行了内容分析,包括政府的目标和角色、对广泛的社会趋势的认识、对不断变化的技术性质的关注、信息/数据管理、选择和自我决定的人文要素、跨越边界的互动和复杂性,认为"它们代表了一个动态、开放的社会技术系统,其中技术因素和社会因素扮演独立和相互影响的角色",数字时代的治理已经远远超出了今天对公民服务的主要关注范围,"'e'可能不再是一个有用的描述符;相反,技术方面被嵌入更有机

---

[1] Dawes S S. Governance in the Digital Age:A Research and Action Framework for an Uncertain Future[J]. Government Information Quarterly, 2009, 26 (2): 257-264.
[2] Coleman S. Foundations of Digital Government: A Critical Introduction [M]//Chen H, et al. Digital Government: e-Government Research, Case Studies and Implementation, NY: Springer, 2007.
[3] Taylor J A, Lips A M B. The Citizen in the Information Polity: Exposing the Limits of the e-Government Paradigm[J]. Information Polity, 2008, 13 (3-4): 139-152.

的治理概念中。"①

中国学者对数字政府治理的研究也呈现出类似的发展脉络，CNKI 检索到以"数字政府"为篇名的文献最早始于 2001 年，但与规模庞大的"电子政务""电子政府"研究相比，其数量显得微不足道。但近两年来，有关这一问题的讨论明显增多，并开始作为与"电子政府"相区别的一个概念。如戴长征、鲍静认为："数字政府"并非仅仅指政府办公流程的"数字化"和政务处理的"电子化"，其真实含义更多是指政府通过数字化思维、数字化理念、数字化战略、数字化资源、数字化工具和数字化规则等治理信息社会空间、提供优质政府服务、增强公众服务满意度的过程。② 黄璜认为：从电子政府到数字政府，其中差别不仅是在"电子"和"数字"上，而是反映从技术范式向 D-I-K（数据-信息-知识）范式的思维转变上，"数字政府，归根到底是政府的数据服务、信息服务、知识服务，其根本目标不是帮助政府实现或拥有某种数字技术，而是利用新生产力帮助政府获得和传递更多的数据、信息和知识，最终仍然是为政府治理目标服务"③。

综合来看，数字政府理论反映了其特定的技术、社会和公共管理背景：一是不断增长、拓展和深化的技术能力；二是数字技术和数据嵌入政府、私人部门、社会、公民日益频繁互动的网络之中。数字政府治理已经提出了自己的理论观点，表现在对社会技术系统、与信息技术相关联的社会-政治组织形式，政治、社会、技术的动态环境和相互影响等问题的关注。由于新的信息技术创造的政府-社会-公民的一体化的数字化环境，数字政府的理论视域已经从政府本身，以及政府与政府、政府与企业、政府与公民的相互关系转移到一个更大的技术-数据-治理网络之中。数字政府治理也由此超越了政府创新及其对社会和公民的影响，从而强调数字政府与数字国家、社会和公民之间的融合与协同。

数字政府治理是人类进入数字化时代、构建数字政府与治理理论相结合的新的公共管理理论。作为信息技术驱动的政府治理最新的描述，数字政府治理正成为我们当今时代治理变迁的重要走向。数字政府治理究竟意蕴如何，

---

①Dawes S S. Governance in the Digital Age: A Research and Action Framework for an Uncertain Future[J]. Government Information Quarterly, 2009, 26 (2): 257-264.
②戴长征, 鲍静. 数字政府治理: 基于社会形态演变进程的考察[J]. 中国行政管理, 2017 (9): 21-27.
③黄璜. 数字政府的概念结构: 信息能力、数据流动与知识应用[J]. 学海, 2018 (4): 158-167.

是"新瓶装旧酒",还是技术"反复标签化（re-labeling）"[①] 的管理"时尚",抑或是一个经过发展的概念和领域？数字政府治理是否可能？如何实现？这些问题仍是学术界在探讨不断发展变化的技术条件下创造更良善、更理性的公共治理所要思索和解答的。

## 二、数字政府治理的概念特征

尽管有关数字政府的研究已经在进行,但数字政府、数字政府治理仍可以说是一个"模糊"的概念,这种模糊部分源于"数字政府"与"电子政府"在源头上的共时性和语义上的交叉性。事实上,数字政府治理引起关注并非偶然,而是与数字时代整个社会的运动联系在一起的,它也不仅仅是词语的更新,而是在新的时代背景下被赋予了新的含义。

### （一）数字政府治理是关于数字技术、数字政府、治理的相互关系及其演化的分析框架

大数据、云计算、物联网、移动互联网和人工智能等新的信息技术的发展,推动了公共部门的技术背景从单一的"电子"平台到综合化的数字网络不断演进。基于新的信息技术不断扩展的应用范围和日益增长的能力,数字政府治理不仅包含"数字""治理"等新的元素,更强调对新的数字化技术、数字政府,以及治理的整合,构建一个更符合实际的、动态的理论框架。正如 J. Ramon Gil-Garcia, Sharon S. Dawes, Theresa A. Pardo 所说:"移动应用、开放数据、社交媒体、技术和组织网络、物联网、传感器、数据分析等都嵌入政府的工作环境中,我们把这一系列的发展称为'数字政府',这一概念的范围已经从早期关注政府管理信息和通信技术的使用扩展到最近的信息和技术影响行政、管理和治理的概念。数字政府作为一种现象,涉及新的领导方式、新的决策过程、不同的组织和提供服务的方式,以及公民身份的新概念。"[②] 由于脸书、维基百科、推特和微博、微信等合作工具提供公民接触治理新的机会和力量,数字政府本身正在成为一个重要的治理问题,数字政府治理也日益融入国家治理、社会治理之中,越来越强调在一个治理体系中的定位和作用。

---

[①]Bannister F. ICT Hyperbole and the Red Queen Syndrome: e-Participation and the Challenge of Technology Change[J]. e-Gov, 2009 (2): 115-125.
[②]Gil-Garcia J R, Dawes S S, Pardo T A. Digital Government and Public Management Research: Finding the Crossroads[J]. Public Management Review, 2018, 20 (5): 633-646.

(二)数字政府治理的关键要素由"技术""服务"向"数据""治理"转变

在数字化时代,数据将是一种新的"能源",与互联网相关的所有技术、应用、模式、政策的创新都将围绕这种新的"能源"展开。数字技术的发展催生了移动政府、智慧政府、政府2.0/3.0、政府开放数据和数据治理等治理创新,也增强了不同的信息技术治理形式之间的相互作用和影响,构成了一个整体的数字化背景。数字政府治理是在数字化世界中对全社会数据的治理,也是对"数据流动"或"流动空间"的治理,这在政府的所有组成部分之间,以及政府的治理实践和全社会数据流动的结构之间建立了一种交互的媒介或实在的关联。数字政府治理由此超越了技术系统、应用系统,将治理扩散到数据网络之中,互联网不再是独立的治理"疆土"或是工具,治理的物理空间与数据空间之间连成整体,构成了数字政府治理的理论基础。

(三)数字政府治理的理论视域是政府治理、数字化变革与社会技术相互作用的开放系统

相比于电子政府,数字政府治理有一个延伸的视角,即它关注的不是一个单一的组织,而是在复杂的社会和经济环境中相互联系的整体。一方面,数字政府治理的语境是数据和数据创造的"镜像世界",在这一意义上,数字政府治理包括了数字化的所有过程和行为,即与数字技术相关的认知、行为、组织、政治和文化的变化,它关注的是数字时代整个社会的运动。另一方面,数字政府治理强调,数字政府构建本身以及它所推动的治理变革存在于一个复杂、开放的社会技术系统之中,系统中各个元素以各种方式相互作用和影响,因此,数字政府不仅是政府自身的演进与变化,更是政府与社会技术系统之间互动和复杂作用的过程,必须要关注和理解数字政府治理中各种社会、技术和社会技术因素交织的动态效应。与之相应,在学科研究上,数字政府治理不仅强调多学科的知识来源,包括信息科学、公共管理、管理信息系统、计算机科学、政治学,更强调多学科知识体系之间内在的融通,反映了治理、公民个体、技术发展、信息/数据收集、使用和传播等问题的融合,以及在一个动态的、多元的背景和情境中理解数字时代治理前景的更全面、更灵活的视角。

## 三、数字政府治理的逻辑机理

到目前为止,有关信息技术引发的政府转型,经验证据仍然缺乏,同时

也缺乏一个明确的实践前景。Vishanth Weerakkody, Zahir Irani, Habin Lee 在系统回顾 Scopus 在线数据库电子政府领域的 132 项实证研究时发现：大多数电子政府的好处的研究本质上仍然是描述性的或概念性的[1]。Rana Tassabehji, Ray Hackney, Aleš Popovič 对美国和加拿大 20 个电子政务案例的研究揭示了这样一个事实：即使在普遍观点和更广泛的环境可能转变为更数字化和网络化的情况下，执行系统的特点也很难改变，根深蒂固的组织形式和制度安排使它们变得更加复杂，因为它们也被应用于这些技术，使它们更难以改变[2]。因此，关于信息技术对政府的作用，"经常观察的是在很长一段时间内以渐进的方式发生的小变化"[3]。从一定意义上说，信息技术驱动的政府转型仍是政府组织尚未实现的承诺。

对于电子政府的愿望与能力的差距，很多学者强调，信息技术的革命性潜力发挥需要政府变革作为预置性或前置性条件。但信息技术本身具有二重性："信息技术是在特定社会背景下由行动者通过他们赋予它的不同含义以及他们强调和使用的不同特征来构建的。然而，一旦开发和部署，信息技术往往变得具体化和制度化，而且它似乎是组织目标和结构属性的一部分。"[4] 因此，"信息技术不是以预定的方式在组织中实现"[5]，是政府在应用中赋予电子政府以意义，而政府的态度取决于多方面的因素，如政治需要、社会环境、技术能力等，并受到多方面的限制，如对技术应用及其驱动变革的保守性，对组织结构及管理的连续性和稳定性的偏好等，这就决定了政府不太可能以电子政府模式为中心进行全面的变革，是以政府变革特别是组织和结构的变革作为条件来激发电子政府充分潜力的假设，存在着内在矛盾。尽管数字时代治理变革存在诸多不确定性和交替的可能性，但它的知识增长和创新势头正在增强，为技术与制度、政府与社会共同演化的价值创造提供

---

[1] Weerakkody V, Irani Z, Lee H, et al. e-Government Implementation: A bird's Eye View of Issues Relating to Costs, Opportunities, Benefits and risks[J]. Information Systems Frontiers, 2015, 17 (4): 889-915.
[2] Tassabehji R, Hackney R, Popovič A. Emergent Digital Era Governance: Enacting the Role of the "Institutional Entrepreneur" in Transformational Change[J]. Government Information Quarterly, 2016, 33 (2): 223-236.
[3] Norris, D F, Reddick, C G. Local e-Government in the United States: Transformation or Incremental Change? [J]. Public Administration Review, 2013, 73 (1): 165-175.
[4] Orlikowski W J. The Duality of Technology: Rethinking the Concept of Technology in Organizations[J]. Organization Science, 1992, 3 (3): 398-427.
[5] Jones M R, Karsten H. Giddens's Structuration Theory and Information Systems Research[J]. MIS Quarterly, 2009, 32 (1): 127-157.

了一个可行的方案。

政府的职责之一是为整个社会增加价值，它"承诺通过收税和管理自己的过程，以在现有的社会物质条件下做出改变"①，其"目标不是要达到一个量化的结果，而是要在获得服务的过程中增加质量"②。基于公共服务的"公共价值""不仅在于它们的质量或效率，还在于它们为公众带来的实际社会和经济改善"③。Jeremy Rose，John Stouby Persson，Lise Tordrup Heeager 等确定与电子政府有关的四个价值及其假设，即：专业主义、效率、服务和参与的理想④。Cordella，A 和 Bonina，C.M 总结数字政府治理实施的一些常见的好处包括：提高公共服务的质量；行政效率和生产率；更有效的计划和政策；透明度与问责制；公民参与；鼓励信息社会的法律和监管框架；政府结构的转变⑤。价值视角为数字时代的治理的逻辑演进提供了一个替代性的选择：

### （一）数字政府治理以基于数据的价值创造为治理变革提供动力

在数字时代，"数据成为原始生产资料，成为一种具有经济和社会价值的新资源"⑥。数字政府治理意味着政府由信息管理到数据治理的转型，如果说信息管理侧重政府内部的信息采集、处理与使用，数据治理则涉及全社会数据的产生、流动与应用。数据治理已为公共治理创新提供了新的解决方案：北京市东城区应用大数据分析框架的数据汇聚和数据分析能力，通过数据关联整合提供精细化社会管理能力，如分析社会管理和服务的异常情况，实时了解"空巢老人""独居残疾人"等各类人群的居住及活动关系，并通过数据动态汇总分析识别居民服务热点需求⑦；Yu-Che Chen，Jooho Lee 对美国大都市区规划组织的研究发现，有效数据共享是创建城市交通综合视图，实现

---

①Moore M H. Interviewed at the National School of Government (UK) [EB/OL]. [2008-07-29]. URL: <http://www.nationalschool.gov.uk/news_events/stories/Mark_Moore_Interview.asp>. Consulted 29 July 2008. Jackson，P. M.2001.

②Jackson P M. Public Sector Added Value: Can Bureaucracy Deliver? [J]. Public Administration, 2001, 79 (1): 5-28.

③Accenture Institute for Public Service Value. Accenture Global Cities Forum: Exploring People's Perspectives on the Role of Government[M]. Dublin: Accenture, 2009.

④Rose J, Persson J S, Heeager L T, et al. Managing e-Government: Value Positions and Relationships[J]. Info Systems Journey, 2015 (25): 531-571.

⑤Cordella A, Bonina C M. A Public Value Perspective for ICT Enabled Public Sector Reforms: A Theoretical Reflection[J]. Government Information Quarterly, 2012, 29 (4): 512-520.

⑥蔡翠红.国际关系中的大数据变革及其挑战[J].世界经济与政治，2014 (5)：124-145.

⑦陈之常.应用大数据推进政府治理能力现代化——以北京市东城区为例[J].中国行政管理，2015 (2)：38-42.

交通改善的必要条件，基于数据分析的决策支持服务对改善跨区域公共服务绩效有着根本性的影响①。政府在构建数据环境，对数据实施深度开发、有效管理和全方位应用的过程，就是创造价值的过程，既包括效率，也包括经济价值、社会价值和民主价值，这种增量的发展能够实现开放式的治理创新，有助于克服政府组织内部利益的博弈，形成和累积变革的力量。同时，由于数据产生和流动于政府、企业、社会和公民的行动网络之中，数字政府治理将增进数字政府与数字化的商业、社会和生活之间的连接，重新构造治理的内外部环境，推动政府与社会的价值共创。

**（二）数字政府治理通过开放架构促进政府、社会和公民合作创造公共价值**

公共价值作为一种"共享的价值""只有通过社会和政府官员的'对话和再确认'才能显现出来"②。数字政府治理为公共价值的实现提供了新的方法和途径：第一，在数字政府治理中，Web 2.0 工具为政府提供了收集、处理和共享大量信息的能力，公民也成为数字政府治理的内容贡献者，政府—公民的协作能够聚焦和发现需求，提高政府推断公共价值的能力。如美国纽约的"311"一站式服务网站，公民可以通过常用的 Web 2.0 工具、脸书、My Space、推特和谷歌地图提出信息和要求，根据收集到的信息，市政府可以检测和分析公众需求，利用自己的数据和积累的知识迅速做出反应③。第二，在数字政府治理中，公民成为定义公共价值的主要参与者。微博、微信、在线百科、问答式网络社区（ASK）与主动的公民关系管理（CzRM）相结合，为政府、私营部门和公民提供新的合作机会和途径。如旧金山市采取了一项措施，允许注册用户通过警告或提醒当地政府一些问题来"推特"市政府，如涂鸦、坏掉的街灯和坑坑洼洼的道路等，用户还会收到一个跟踪号码，允许他们跟踪任何推动工作的进展④。第三，数字政府治理通过开放数据激

---

① Chen Y C, Lee J. Collaborative Data Networks for Public Service: Governance, Management and Performance[J]. Public Management Review, 2017, 20 (5): 672-690.
② Rhodes R A W, Wanna J. The Limits of Public Value or Rescuing Responsible Government From the Platonic Guardians[J]. Australian Journal of Public Administration, 2007, 66 (4): 406-421.
③ De Meo P, Quattrone G, Ursino D. A Decision Support System for Designing New Services Tailored to Citizen Profiles in a Complex and Distributed e-Government Scenario[J]. Data and Knowledge Engineering, 2008, 67 (1): 161-184.
④ Veen C V. New York City, Boston Add Web 2.0 to Customer Relationship Management[EB/OL]. [2009-12-09]. URL: <http://www.govtech.com/gt/732056>. Consulted 9 December 2009.

励公民/社会直接参与治理，促进合作"生产"的价值创造。在这方面，中国也有了很好的实践："我爱北京"城管地图公共服务平台使每名市民都可以利用智能手机随时随地查询周边便民菜市场的信息，并可以对菜市场的信息进行完善、推荐、评论和纠错，随时提交发现的城市管理方面的问题和意见，便捷地参与城市管理工作。开放数据促进了数据的开放利用，数据在公共、公私之间交互，增加了公共数据的重复使用、挖掘和重新处理，使"公民、消费者和政府能够以增加最大价值的方式创造、重用和分发信息"[1]，创造更多以公民为中心的服务，从而为整个社会增加价值。

---

[1] OPSI [Office of Public Sector Information]. The United Kingdom Report on the Re-use of Public Sector Information 2008 [EB/OL]. [2008-08-06]. UK: The Stationery Office. URL: <http://www.opsi.gov.uk/advice/psi-regulations/uk-report-reuse-psi-2008.pdf>. Consulted 6 August 2008.

## 第三节 ┃ 数字政府治理的实践取向

### 一、数字政府治理的实现路径

基于数据和政府与公民交互网络的公共价值创造是数字政府治理超越传统"电子"理论的目标与途径，但从电子政府到数字政府治理，数字时代的治理是一项连贯的、复杂的事业。"传统"的制约因素，如技术本身的复杂性、政府组织的特性，以及更广泛的经济和社会环境，将继续对其产生影响。关于数字时代治理的影响和制约因素，已有的研究主要采用两种不同的方法：因子法和过程法。因子法包括使用相关统计数据来识别"关键成功因素"，即确定项目成功与否的最重要变量。[1] 过程法经常涉及案例研究，提供了一种互补的方式。通过这种方法，关键变量在一系列随时间动态演化的过程中相互作用，这些过程与关键变量一样重要。[2] 有关数字政府治理的实现条件是将这两种方法结合起来：一方面，数字政府治理仍然是政治、制度安排、组织因素、技术和经济社会环境等组合的结果，但它以数据为纽带，将这些因素融合在一起；另一方面，数字政府治理的过程和结果取决于数字技术的能力、政府接受数字化的主动设计和选择，以及公共部门与经济社会生活数字化变迁之间的互动，在这种交互作用中，需要重新定义政府的角色与责任。

#### （一）从信息技术管理到对"数据流动"的治理

"尽管技术的重要性毋庸置疑，但是技术本身并不产生数据、信息和知识……是数据让技术更富有价值，而非相反。"[3] 数字政府治理要基于数据的价值创造累积变革的成果和动力，这高度依赖于数据的流动和聚合，表现为政府构造数据的能力，即对数据流动的治理。其一，对数据流动的治理不再

---

[1] Gil-García J R, Pardo T A. e-Government Success Factors: Mapping Practical Tools to Theoretical Foundations[J]. Government Information Quarterly, 2005, 22（2）：187-216.
[2] Luna-Reyes L F, Gil-Garcia J R. Using Institutional Theory and Dynamic Simulation to Understand Complex e-Government Phenomena[J]. Government Information Quarterly, 2011, 28（3）：329-345.
[3] 黄璜. 对数据流动的治理：论政府数据治理的理论嬗变与框架[J]. 南京社会科学，2018（2）：52-63.

局限于政府数据治理的范畴,而是运用科学的治理工具和方法,引导社会数据资源产生最大效益。从这一角度看,实现数据资源的开放、有序流动,仍需顶层设计。其二,对数据流动的治理不再局限于数据议题,也包括与数据流动相关联的"传统"电子政务及其拓展领域,如社交媒体、开放政府、开放数据、电子服务和智慧城市等内容。其三,对数据流动的治理本质上是一个国家治理问题,依托于在明晰数据产权、保障数据安全的前提下实现数据的开放共享和合作应用,是创造数据环境、管理数据资源、提高数据使用效率的复杂行动。就目前而言,它包括如下迫切的行动:一是进一步打破数据割据。二是加速在重要领域构建国家性、战略性数据资源库,并由此构建数据收集、汇总和应用的治理体制。三是构建全社会数据开放共享体系。以开放数据、智慧城市、智能社会为基础,加快公共数据集中、流动和共享,建立数据确权、分类、流通、交易机制,推动政府公共数据与企业、社会组织积累的社会数据之间的共享共治。

### (二) 推动国家战略和民生领域的大数据和智能化应用

对数据流动的治理与数据的智能化应用是一个统一体。一方面,数据是人工智能营养的来源,构成了政府智能管理、智慧服务的基础;另一方面,基于人工智能对大数据的智能化应用,大数据才具有创造性的价值。大数据和人工智能已经用于公共治理创新:英国新政府开放数据门户网站("Data.gov.uk"),允许公众通过聚集不同线索的信息,寻找规律,产生新的信息作为搜索进展,这些信息已经被用于对基础设施项目需求相关行为的潜在模式进行细化预测[①]。在数字化环境中,与治理相关的数据"流动"于经济社会的各个领域,增强对数据及其应用的引导与规范就成为政府面临的重要问题。与此同时,政府也要作为这一领域的实践者,诸如人才强国、创新驱动发展、区域协调发展等战略实施,需要率先在大数据的智能化应用方面取得突破。在政府治理中,要进一步推进以公民为中心的服务重组,数据仓库支持的一站式服务,在提高效率的同时改善公民的服务体验,并促进公众与政府的良性互动。数字政府治理的无形泛在要以符合公众期望的生活机制体现出来,通过对民生福祉的改善、促进公众优质生活和实现公共治理的自主性来展现其对全体公民的意义。

---

① Hui G, Hayllar M R. Creating Public Value in e-Government: A Public-Private-Citizen Collaboration Framework in Web 2.0[J]. The Australian Journal of Public Administration, 2010 (1): 121-130.

### (三) 重新定义政府在数字政府治理中的角色与责任

在数字治理中，政府更深刻地嵌入数据流动、数据环境和数据应用的体系之中，需要重新调整自己的角色与责任：第一，在数字政府治理与社会技术系统的互动中，政府既是一个治理对象，也构成了一项治理工具和手段，成为推动整个社会数字化变革的重要途径。第二，数字政府治理的实施，要求政府与社会发展为一种合作的关系。第三，政府必须加强数字政府治理战略与组织变革之间的关系。尽管数字政府治理暂时"搁置"了对政府组织彻底变革的冲动，但为了避免组织上的"漂移"或"爬行"，政府仍需主动设置转变的路径[①]。Van Veenstra 等认为"缺乏变革思维"是变革的主要障碍之一，同时伴随关于必要变革的知识缺乏和组织结构的缺乏变化[②]。可行的方法仍然是以公民为中心的服务，以"可见"的价值创造寻求在行政部门积累现有组织和运作模式的挑战或"异常"，以达成角色变化的目的。第四，政府在风险治理方面的角色与责任比以往任何时候都更加重要。数据流动、大数据环境和人工智能，在价值创造的同时，蕴含了巨大的风险，超出了任何一个公共、私人组织的能力范畴，政府要作为推动者和引导者，建构一个政府、社会、私人组织和公民个体所共同参与的风险治理共同体。

## 二、数字政府治理的行动框架

从电子政务、电子治理到数字政府、数字政府治理，公共管理的信息技术理论呈现出由对信息技术、信息技术管理/治理的关注，转向技术/数据驱动的治理变革及其过程。行动是数字政府的构成方式，也成为数字政府治理的运行形式。行动导向的数字政府治理，是以"行动"的模型来替代系统的模型，强调变化的过程，旨在行动过程中，创造和生成技术与管理、价值与工具、政府与企业和社会，以及改革与创新的协同关系。行动导向的数字政府治理，存在于"目标—动力—情境"的三个维度之中，构成了一个相互作用、动态演进的整体，使其从一个理论构建的技术驱动的"图景"，转向一个复杂的社会技术系统中共同的行动。数字政府治理的"行动框架"有助于

---

[①] Wimmer M, Codagnone C, Janssen M. Future e-Government Research: 13 Research Themes Identified in the eGovRTD2020 Project[C]//Proceedings of the 41st Annual Hawaii International Conference on System Sciences (HICSS 2008). IEEE, 2008: 223-223.

[②] Van Veenstra A F, Klievink B, Janssen M. Barriers for Transformation: Impediments for Transforming the Public Sector through e-Government[C]. ECIS 2009 Proceeding, 2009: 47.

增进对技术和数据驱动的变革过程的系统性解释,促进数字化过程与治理变革的动态适配,构建面向"良治"的数字政府治理实践范式。

### (一) 目标取向:数字化发展价值共创

政府的职责之一是为整个社会增加价值,其"目标不是要达到一个量化的结果,而是要在服务的过程中增加质量"①,以及"为公众带来的实际社会和经济改善"②。在我国,政府治理的价值旨归是"以人民为中心",这"只有通过社会和政府的'对话和再确认'才能显现出来"③。在数字政府治理过程中,不断增长的数字技术和数据能力嵌入政府、私人部门、社会、公民日益频繁互动的网络之中,为"共同"的价值创造提供了新的方法和途径:第一,在数字政府治理中,Web 3.0 工具为政府提供了收集、处理和共享大量信息的能力,并提供了更多的方法和工具以"改善信息流动和公共、私营部门和公民之间的协作"④。公民也成为数字政府治理的内容贡献者,社交网络、开放政府,以用户分享、信息聚合、开放平台和"Public-Private-Citizen"协作框架促进公共价值的可视化和实现。第二,在数字政府治理中,公民成为定义公共价值的主要参与者。数字政府治理改变了传统的自上而下的治理结构,使公民能够通过多种数字化手段,直接参与到定义和塑造公共价值的过程中。通过电子投票、在线公共咨询、参与式预算等方式,公民可以对政策目标、资源分配以及社会优先事项提供关键意见。第三,数字政府治理通过数据汇聚、数据分析、数据驱动创新,使公共服务更加高效、透明、民主和公平。通过数字技术在公共服务领域的广泛应用,不断创新服务模式,数字政府能够最大限度地满足社会需求,促进社会整体价值的增长⑤。

### (二) 动力机制:基于组织化过程和数据治理的开放式创新

在数字时代,尽管政府组织仍具有科层结构的特征,但它与外部组织的

---

① Jackson P M. Public Sector Added Value:Can Bureaucracy Deliver? [J]. Public Administration, 2001, 79 (1):5-28.
② Accenture Institute for Public Service Value. Accenture Global Cities Forum:Exploring People's Perspectives on the Role of Government[M]. Dublin:Accenture, 2009.
③ Rhodes R A W, Wanna J. The Limits of Public Value or Rescuing Responsible Government From the Platonic Guardians[J]. Australian Journal of Public Administration, 2007, 66 (4):406-421.
④ Hui G, Hayllar M R. Creating Public Value in e-Government:A Public-Private-Citizen Collaboration Framework in Web 2.0[J]. Australian Journal of Public Administration, 2010, 69 (S1):120-131.
⑤ OPSI [Office of Public Sector Information]. The United Kingdom Report on the Re-use of Public Sector Information 2008[EB/OL]. [2008-08-06]. UK:The Stationery Office. URL:<http://www.opsi.gov.uk/advice/psi-regulations/uk-report-reuse-psi-2008.pdf>. Consulted 6 August 2008.

关系正在发生变化。根据 Roger Lewin and Birute Regine 的观点，运行最好的组织就像一群鸟，个体遵循简单的规则，与他人互动，形成一个有凝聚力和活力的整体[1]，"实体不是一个有计划的或受控制的基础设施，而是形成适应其环境的模式"[2]。在数字政府治理中，治理创新更多的不是采取规划和控制的方式，而是一种自主、自发的行为；改变通常发生在政府与私人部门、社会和公民的交互之中，这种交互没有指挥和控制的层级，也不涉及计划和管理，而是不断地重新组织的过程，以找到最适合环境的形式。在数字政府治理中，数据被视为一种关键资源和战略资产。数字政府治理意味着政府由信息管理到数据治理的转型，如果说信息管理侧重政府内部的信息采集、处理与使用，数据治理则涉及全社会数据的产生、流动与应用。数据治理已为公共治理创新提供了新的解决方案：政府在构建数据环境，对数据实施深度开发、有效管理和全方位应用的过程，就是价值创造的过程。同时，由于数据产生和流动于政府、企业、社会和公民的行动网络之中，数字政府治理要增进数字政府与数字化的商业、社会和生活之间的连接，重新构造治理的内外部环境，推动政府与社会的价值共创。数字政府治理通过数据治理实现数据连接和价值挖掘，增强公共管理和服务的智能化、个性化和精准度，创造政府与公民之间新的合作伙伴关系，促进经济增长，改善社会治理，实现可持续的变革。

（三）运行情境：数字化变革、治理网络与社会技术相互作用的复杂适应系统

新一代的数字技术的发展，提供了治理的新功能，如可视化、增强的交互性、语义构建、整合的数字网络和智能代理等，推动了即时通信网络的普及性应用、自组织网络和全球信息网络的形成。数字政府的理论和实践从面向政府本身，以及政府与政府、政府与企业、政府与公民的相互关系转移到一个更大的技术-数据-治理网络之中，治理过程日益存在于各个行动主体和制度相互交错、不断变化的各种组合之中。从政府内部网络和政府-企业、公民的交互网络到整合的数字化网络，从信息技术作为一个外在变量的应用到泛在的应用，数字政府治理提出一个逻辑：在开放政府和数据流动的治理

---

[1] Lewin R, Regine B. The Soul at Work: Unleashing the Power of Complexity Science for Business Success [M]. NY: Simon & Schuster, 1999: 68.
[2] Janssen M, Chun S A, Gil-Garcia J R. Building the Next Generation of Digital Government Infrastructures [J]. Government Information Quarterly, 2009, 26 (2): 233-237.

中，"数字化"从工具或手段转变为"背景"和"情境"，公共治理线上线下的割裂被打破，线下的"传统"行政与"线上"的"互联网+"政务从"碰撞"走向融合。

## 三、数字政府治理的未来展望

美国学者查尔斯·J·福克斯（Charles J. Fox）和休·T·米勒（Hugh T. Miller）曾经说过："作为一个可以接受的治理模式，传统的治理已经死亡。"① 我们正处于一个信息网络社会和治理的时代，无数技术的、管理的、信息的和社会的革命共同决定了变迁的程度。数字政府治理在这一过程中扮演着什么样的角色，以及它自身的前景，无论是对于公共领域来说，还是对于整个社会的发展都是一个必须面对的问题。到目前为止，尽管对于新出现的数字政府治理的全景，还没有针对官僚政治改革和民主的经验分析，但用概念的、抽象的、逻辑的工具进行分析，仍可以在理论逻辑的思辨层面对数字政府治理的前景进行展望。

### （一）数字政府治理是一个"流行"的概念吗？

有关公共事务的信息技术应用的概念层出不穷，"虽然时髦的概念蕴含简洁明快的智力美感，但有适应性和真实性之分"②，数字政府治理是否只是一个昙花一现的概念？一方面，在政治和公共管理的发展中，作为与统治、管理并列的概念，治理已经成为基础性的概念。另一方面，在技术的历史上，有关技术与政治、社会的关系的讨论是一个久远的话题，对于今天而言，也许不同的是，"信息技术已经成为本来意义上的'主导技术'"，L.弗洛里迪曾经说过："信息和计算机的概念、方法、技术和理论已经成为强大的'解释学装置'（Hermeneutic devices）的隐喻，通过它便可解释世界，它们已经形成一种元学科（Meta disciplinary），具有统一的语言。③"也许这种理解过于夸大，但它至少反映了在另一种具有主导性的技术未出现之前，有关信息技术的理论与实践将继续成为我们时代的主题；而即使出现另一种革命性的技术，信息技术也必将与人们的存在方式、工作方式、交往方式日益紧密地联

---

① [美] 查尔斯·J·福克斯，休·T·米勒.后现代公共行政：话语指向[M].楚艳红，曹沁颖，吴巧林，译.北京：中国人民大学出版社，2013：3.
② 臧雷振.治理类型的多样性演化与比较：求索国家治理逻辑[J].公共管理学报，2011（4）：40-49+124.
③ [英] L.弗洛里迪.什么是信息哲学[J].刘刚，译.世界哲学，2002（4）：72-80.

系在一起,继续在"退隐"的背景下发挥着无所不在的作用,正如美国计算机科学家尼葛洛庞帝所指出的,随着"退隐"到我们生活中的大部分要素之中,未来的计算机将是单调而无法识别的。"计算机将是我们日常生活中到处存在但却是无形的一部分,我们住在计算机里,穿戴着计算机,甚至食用计算机。"① 当治理构成政治和公共管理领域的基础性概念,当公共领域的信息技术应用成为我们长期探讨的主题,数字政府治理的生命力是不言而喻的。它注定不是一个转瞬即逝的管理时尚,也许,正如有的学者所说:"公共管理运动已经死亡,而数字化时代的治理将基业长青。"②

(二)数字政府治理的使命是什么?

目前主流的学术观点已经将数字政府治理视为新的治理形式或是实施治理的重要途径,这就包含了重塑和创造新的治理的隐喻,也赋予了信息技术变革政府以及政府与社会关系的使命和任务。但在实践中,由于公共部门充分利用已成熟的技术的能力受到限制是世界普遍的现象。缺乏对技术更广义上的理解限制了公共部门创新和创造新管理模式的机会。在很多情况下,政府强调数字政府治理的技术工具论和科层式服务导向,而不是推动创新和促进公民参与的途径。这一问题的出现,揭示了权力、制度和文化在数字政府治理中的重要作用。因此,数字政府治理必定要将技术与政治、制度和文化的问题结合起来。数字政府治理能否承担重塑民主的使命也成为一个问题。米拉科维奇提出,信息和通信技术主要通过增强民主来改变政治体制。互联网强调沟通、分权、信息及专业化,有改变公民与政府互动方式的潜力。③但"民主,只有当共同关注和思考的机制存在的情况下,才能通过更多的声音来充实"④,而社会上不存在一个迫使公共部门将互联网作为一个指导民主的工具加以利用的机制。而且,数字政府治理同样面临着在效率与民主之间的抉择。"数字政府治理给政府带来平衡其行政价值观(诸如效率和专业水

---

① [加] 文森特·莫斯可. 数字化崇拜:迷思、权力与赛博空间[M]. 黄典林, 译. 北京:北京大学出版社, 2010: 69.
② Dunleavy P, Margetts H, Bastow S, et al. New Public Management Is Dead Long Live Digital-Era Governances[J]. Journal of Public Administration Research and Theory, 2006 (3): 467-494.
③ Milakovich M E. Digital Governance: New Technologies for Improving Public Service and Participation[M]. London: Routledge, 2012: 23.
④ Sunstein C R. Republic.com 2.0[M]. Princeton: Princeton University Press, 2009: 37.

平)和政治价值观(如公民参与和民主)的挑战"①,而没有效率,民主就不可能延续。如何更负责任地运用民主治理的工具,如何在分权自治、民主参与及控制协调之间实现平衡,都是数字政府治理要面对的挑战。在这样的背景下,将数字政府治理当作必要的妥协或是积极的行动,是衡量是否正确把握数字政府治理的变革主客体关系的两种认识形态。

### (三)数字政府治理是否存在一个最佳模式?

首先,源于信息技术的本质,数字政府治理是否存在一个技术导向的科学模式?事实上,在一个具有惊人复杂程度的世界中,技术总是模糊的,"在技术现实的建构中,并无纯粹合理的科学秩序之类的东西存在;技术合理性的进程就是政治的进程"②。信息技术具有与生俱来的政治性,这种政治性意味着并不存在完全的技术理性的合理模式。其次,基于西方发达国家的实践,数字政府治理是否存在一个普适的模式。"在理论中可能是真实的东西,也许并不适用于实践"③,数字政府治理作为一种理念或战略选择,其最初来自并最终导向于电子政府和国家治理的实践,而这两者都透露出不同国情下的差异性选择。西方的数字政府治理将多中心和网络化比作信息网络社会治理的同一,通常是基于美国或西欧的社会形态和价值观。但在人类历史上,从未出现过也不会出现一个放之四海而皆准的治理模式,更不会出现一个一劳永逸的治理模式。数字政府治理是一种时代性、世界性的潮流,一些发达国家的数字政府治理现在较为领先和成功,但却并不代表其就是唯一的成功模本,而只是作为一个启发性的工具。最后,数字政府治理必定是多元化的。一方面,治理本质上就是多元化的;另一方面,事物发展的复杂性,也使得数字政府治理在保持本质属性和追求的前提下,必然会有国家特色和地区特点。尽管存在一种流行的倾向,习惯于假设有一种无论是想象中的抑或是实践中的"最佳"模式的存在,但数字政府治理具有许多不同的成功形式是可能的,而每一种模式都会有其各自的优先考虑、成本、收益和结果。或许如美国学者特丽莎·A.帕尔多(Theresa Pardo)所说:"无论技术的本质是什么,无论为市民创造价值所需要进行的组织和机构改革的程度有多大,我们都需要回答这些问题:我们如何避免失败?我们是否具有正确的政策、

---

① 郑跃平,Hindy L. Schachter.电子政务到数字治理的转型:政治、行政与全球化[J].公共行政评论,2014(1):170-177.
② [德] 赫伯特·马尔库塞.单向度的人[M].刘继,译.上海:上海译文出版社,2006:131-154.
③ [德] 费希特.国家学说[M].潘德荣,译.北京:中国法制出版社,2010:26.

流程和合适的人员来实现我们对市民的承诺?"① 真正重要的是，在各自的政治经济体制和行政生态环境下，我们如何通过数字政府治理来满足公民最为迫切的需求，实现对公民的最佳承诺。

**（四）数字政府治理的边界在哪里？**

由于诸多政治、经济、社会、技术和文化的原因，即使在信息网络社会中，"数字鸿沟"也将广泛地存在，并继续阻碍数字政府治理的发展。一方面，我们的生活中仍有大量群体几乎不使用互联网，这些人群处在数字世界之外并且没有意愿获得电子链接；还有更多的人对于互联网仅仅是商业的或者是娱乐化的应用。另一方面，对于数字政府治理，很多公众倾向于持消极或者不确定的观点，在数字政府治理的不同领域之间，公民的态度也存在重大差异，许多公民只是对与他们发生切实利益的领域感兴趣。大量不使用互联网和消极使用互联网的公民在政治、经济、社会层次上对数字政府治理不利，这便限制了数字政府治理的空间，也加剧了国家现存的阶层划分。那么，数字政府治理是否只存在于使用互联网并积极介入公共事务的公民之中呢？因为人们对于数字政府治理寄予了公平、民主等更为本质的价值期待，数字政府治理的边界就必定不存在于信息穷人与信息富人之间。数字政府治理推进过程中应当注重民众治理的自主性、对民众生活的嵌入和民众数字政府治理生活方式的塑造。如果数字政府治理的实践不能深入人们的日常生活，引发人们对自身命运和具体的生活状态的深入思考，对数字政府治理的追求不能转化为人们在日常生活各个方面的具体的自我要求和奋斗目标，那么，再费力的倡导和呼吁都不可能深入人心。"无论是对内部还是对外部的利益相关者，数字政府治理的推进措施都要嵌入相关个体和群体的现有生活以及生活变化趋势之中，即扩展其生活品质方面的影响才能真正提升数字政府治理的实际价值。"② 同时也要认识到，民众不可能对所有的事物都有较高的关注度。由此数字政府治理的无形泛在要以合适的生活机制体现出来，无处不在的接入端口，要实现对公众工作、生活、消费、休闲等现实表现、偏好趋势和变迁的适应，以实现无界限、无差别的数字政府治理。

数字政府治理的价值来源及其发展逻辑展示了其理念的包容性和实践的先进性，它的未来趋势则预示了其长久的生命力和广泛的适用性。数字政府

---

① Theresa Pardo.共享研究与实践知识：对"数字政府治理的未来"国际研讨会及全球数字政府学术共同体建设的评论[J].郑磊，包琳达，徐慧娜，译.电子政务，2014（1）：2-5.
② 白翠芳，张毅.台湾电子治理研究中心研究成果分析及其启示[J].电子政务，2014（2）：69-78.

治理正在成为信息技术驱动的公共治理变革的行动纲领，并将成为信息网络社会政府与社会、公民合作型治理的基本形式。但到目前为止，有关这一概念的讨论仍过于纷乱和模糊，给人们的认知和公共管理者、社会和公民的合作实践带来了困难。由于"基于技术变化的性质和前进步伐，信息技术战略、工具和创新应用将继续影响治理的信息环境"①，在信息技术进步、社会趋势变化、公众需求满足和公共管理改革之间所必然产生的互动将继续为数字政府治理的研究和实践提供一个动态的领域。关于数字政府治理与国家治理、数字政府治理与智慧城市、数字政府治理与"互联网+"等等，新议题不断出现将持续为数字政府治理提供新的课题，因此，这一领域对于学术研究和政府创新来说都将是一片沃土，有待各个领域进行更广泛深入的探讨。

---

① [美] Sharon S. Dawes. 电子治理的演进及持续挑战[J]. 郑磊, 纪昌秀, 译. 电子政务, 2009（10）: 108-126.

# 第二章
# 政府数字化转型的战略、能力和模式

公共部门的数字化转型不仅可以提高政府的效率，还可以在促进公共服务提供和增进公民参与机会方面发挥重要作用。与私营部门相比，公共部门必须为每个人服务，因此，建立和维护一个为每个人服务的动态数字系统是一项巨大的挑战。构建和实施数字系统是一个复杂的过程，虽然技术非常重要，但是政府数字化转型不仅仅是由技术驱动的，还需要将其作为国家整体发展战略的一部分，需要将战略规划、治理结构和机制、政策体系，以及寻找适合本地的发展模式结合起来，采用系统和整体的方法去推进。本章运用整体性的方法，构建了政府数字化转型的战略和能力模型，分析了美国、英国等典型国家的政府数字化转型的特点和经验，梳理和分析了中国政府数字化转型的发展历程和治理结构。

## 第一节 ┃ 政府数字化转型的战略和能力

政府数字化发展已经到了一个关键点：它不再是一项单独或辅助的工具，也不再是解决政府缺陷或效率的药方，而是应被视为在公共机构的实际运作和服务提供过程中必须彻底整合的一项不可或缺的因素。构建政府数字化转型的能力，需要从整体的方法出发，以公共价值为驱动，在政府、社会和个人等各个层面实现转型。

### 一、政府数字化转型的整体方法

从政府数字化转型的目标看，无论是要提供更好的服务，提高效率，从而减少支出，增强安全，还是帮助弱势群体，政府数字化转型都在本质上具有政治性，必须采取整体方法。政府数字化转型的整体方法的核心在于将组织、制度、人民、技术、数据和资源整合，以支持在公共部门内部和外部急需进行的转变，从而产生公共价值。这种转型要超越简单的增长，而实现一种系统性的转变。这种转型应该基于情境，利用本地资源，但同时也要学习其他地方的先进经验。这种转型应该是包容的，目的是要使所有人都有均等的机会，享受可靠、高质量的服务。这种转型需要共同协作，每个政府部门必须要高度协作，政府和全社会都要有创新思维。这种转型应该在服务的提供上以人民为中心，要满足社会上不同群体的需求。

#### （一）政府数字化转型的系统思维

系统思维是"帮助人们理解系统的一种方法，关注系统的组成部分是如何在互动网络中发挥作用的，以及系统是如何经历时间的考验，在更大的系统中运行的"[1]。在系统思维中，系统被视作由很多相互联系的部分组成的综合的、复杂的整体，各部分需要一起运作才能取得最后的成功。在系统层面，

---

[1] Shaked H, Schechter C, Shaked H, et al. Definitions and Development of Systems Thinking[J]. Systems thinking for school leaders: Holistic Leadership for Excellence in Education, 2017: 9-22.

政府数字化转型的整体方法需要构建深层次的能力。① 联合国可持续发展小组（The United Nations Sustainable Development Group）将这一能力定义为"人民、组织和社会作为一个整体有效管理他们的事务的能力"，而能力提升则指"人民、组织和社会作为一个整体能够长时间地释放、增强、创造、利用并维持这种能力以达到他们的发展目标"②。

（二）政府数字化转型的过程方法

政府数字化转型可以被定义为这样一个过程：利用数字技术，转变治理模式以及政府和社会的互动机制，创新政府的政策制定，组织、服务和计划制订。在这个过程中，要将人民放在首位，以个人需求为中心，提升包容性，并注重减轻数字技术应用的潜在风险。

《联合国电子政务调查报告2020》提出，为了能在政府数字化转型中有效地设计并实施整体方案，必须要在政府的制度、组织和个人的层面以及社会层面进行全面的能力提升。首先，最高层面的政治承诺和推动是一个必要的前提。其次，在国家和地方层面以及社会各个部门之间，提升领导的能力和转变思维能力也同样重要。再次，构建全面的数字政府制度框架也十分必要。最后，还必须有提高整体性的能力，实现组织转变，促进公众参与公共事务。联合国经济和社会事务部提出了一个政府数字化转型和能力提升的整体方法，认为政府数字化转型要经过一个相互影响的循环，具体包括四个迭代步骤：①进行一个环境分析，来评估政府数字化转型的现实能力、存在的鸿沟和面临的机遇；②明确共同的愿景，政府应该如何转型，应该如何利用技术实现经济社会发展目标；③设计转型的战略以及实施的计划，并基于重要的支柱绘制数字治理实施路线图；④建立监管和评估机制来收集反馈，并将其运用于下一轮的情境分析、战略制定和实施中去。数字政府转型还应致力于提高数字包容性，确保所有人，包括弱势群体，可以使用新技术来增进福祉。③ 政府数字化转型和能力提升的整体方法——联合国经济和社会事务部如图2-1所示。

---

①International Telecommunication Union. New Initiatives to Support Digital Literacy for Seniors in Singapore［EB/OL］.［2018-12-22］. http：//digitalinclusionnewslog. itu. int/2018/12/22/new-initiatives-to-support-digital-literacy-for-seniors-in-singapore/.
②United Nations Development Group. UNDAF Companion Guidance：Capacity Development［EB/OL］.［2020-10-16］. https：//unsdg. un. org/sites/default/files/UNDG-UNDAF-Companion-Pieces-8-Capacity-Development. pdf.
③United Nations Department of Economic and Social Affairs United Nations e-Government Survey 2020［R］. New York：UN，2020.

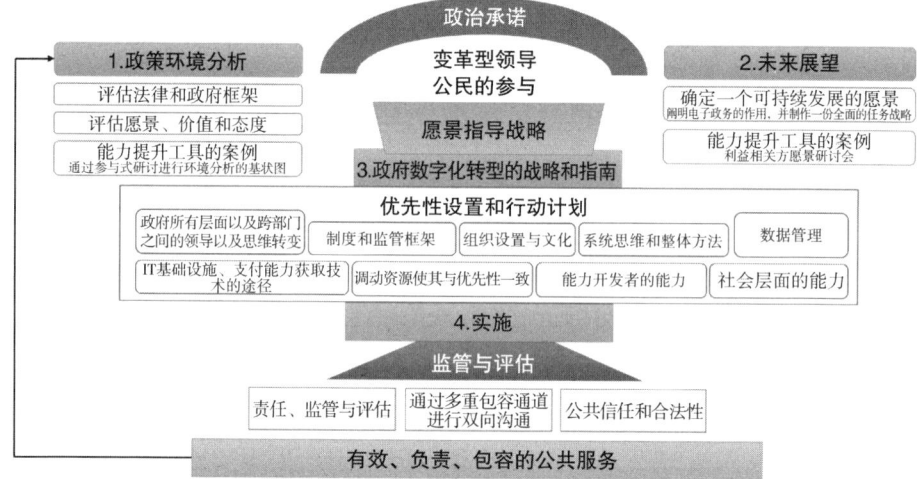

图 2-1　政府数字化转型和能力提升的整体方法——联合国经济和社会事务部

## 二、政府数字化转型的环境分析

从整体方法和系统论的角度看,政府数字化转型的第一个要素是通过环境和情境分析,进而从政府所有层面和社会角度评估数字化转型能力的鸿沟和机遇。环境和情境分析有助于定义转型的整体目标,以及数字技术如何支持发展愿景,可以帮助政府的决策者明确政府数字化转型的动力及其必要性。

### (一) 变革型领导的能力和愿望

变革型领导可以被定义为这样一个过程:"领导及其追随者不断地提出更高层次的动力和道德标准。"[1] 领导权不应该依附于某一个人或某一个单独的机构,而是一个复杂的领导系统,这一系统体现在特定的环境中,分布于公共部门、私人部门和社会组织中。最高层面的领导人的决心对于政府数字化转型的规划和实施至关重要,在克服对转型的抵制、赋予人们权利推动创新和包容方面,亦是如此。领导人需要为政府数字化转型提供相应的资源和支持,包括新的制度框架,组织能力和管理,业务流程的转型,以及人力、技术和资金资源的安排,同时也要合理分配资源,构建伙伴关系。

### (二) 环境分析的方法

环境分析应当是全面的,包括社会—政治—经济—历史的诊断性分析、

---

[1] Burns J M. Leadership[M]. New York: Harper & Row, 1978: 2.

国际—区域—国内环境的诊断性分析，以及自身公共治理和行政状态的诊断性分析，以发现现存的能力差距、机遇和挑战，并明确未来的任务、战略目标和行动。环境分析本质上是参与式的，政府应广泛吸纳和吸收电子政务、信息技术、数据、网络安全、隐私等领域的专家的意见，并且要尽可能地将不同的利益相关者包含在内。政府的每一级、每一个部门都在推动数字化转型过程中起着重要作用。所有的领导者，无论是国家层面还是地方层面，省级层面还是乡镇层面，都应该参与其中。地方政府最接近人民，他们参与到数字化转型的分析中来，对于提供有效、负责、包容的公共服务至关重要。个人和社会组织也非常重要。倾听公众、社会组织和其他非政府部门的声音，可以发现政府数字化转型中的不足，发现和创造机遇。

《联合国电子政务调查报告2020》认为政府数字化转型和数字能力提升需要以9个关键支柱（见表2-1）作为支撑，并据此提出了一个诊断性框架（见表2-2），可以此为参考来评估政府自身在数字化转型的阶段。由于该表是基于实证分析总结的，所以它不可能穷尽所有情况。任何一个国家和地区都有可能无法完全符合某一转型阶段特征，而且一个国家通常会表现出不同阶段内的特征，并会随时间变化。从一个阶段到另一个阶段的转变也并不总是线性的，有可能交互进行。

表2-1 政府数字化转型和数字能力提升需要的9个关键支柱[①]

| 序号 | 支柱 | 内容重点 |
| --- | --- | --- |
| 1 | 愿景、领导力和思维模式 | 强调变革型领导，构建数字化能力，个人和制度层面的思维转换 |
| 2 | 制度和管理框架 | 构建一个全面的法律和管理框架，促进综合的制度生态系统发展 |
| 3 | 组织架构和文化 | 调整组织架构和文化 |
| 4 | 系统思维和整合程度 | 在政策制定以及服务提供中使用系统思维和综合解决方法 |
| 5 | 数据治理 | 确保对数据进行战略性和专业性管理，可获取数据和使用的优先顺序，以及促进数据为导向的政策制定 |
| 6 | 信息通信技术基础设施、支付能力以及技术获取途径 | 提供高速宽带网络，以及安全地获取新技术的途径 |

---

① United Nations Department of Economic and Social Affairs. United Nations e-Government Survey 2020[R]. New York：UN，2020.

续表

| 序号 | 支柱 | 内容重点 |
|---|---|---|
| 7 | 资源 | 通过公私合作，调动资源，使优先顺序、计划和预算相一致 |
| 8 | 能力培养者的能力 | 提升公共管理学院和其他能力培养机构和组织的能力 |
| 9 | 社会能力 | 提升整个社会的能力，缩小数字鸿沟，确保没有人掉队 |

表 2-2 政府数字化转型的主要支柱：按电子政务发展类别划分[①]

| 关键支柱 | 在线阶段 | 事务处理阶段 | 连接阶段 | 转型阶段 |
|---|---|---|---|---|
| 愿景、领导力和思维模式 | IT 部门的个别领导支持电子政务；被动心态 | 一些政府部门支持电子政务 | 高层领导的承诺创造了一个允许人们更多参与的环境 | 各级政府领导的变革型领导和对数字政府的全力支持 |
| 制度和管理框架 | 基础的法律制定 | 监管机构作为监督者；某种形式的法律认证 | 大部分的立法都到位 | 监管机构充当促进者；有远见和全面的法律框架；加强数字身份，监管沙盒来探索新兴技术的使用 |
| 组织架构和文化 | 非集中的 | 电子政务协调由信息通信技术部等部门负责 | 中央一级的首席信息官（CIO） | 首席信息官是政府中最高级别的决策主体，拥有预算自主权；多学科和跨职能团队；国家/地方层面的 CIO 网络不断学习，快速适应环境变化；操作灵活；利用具备分析技术的人力资源来识别和弥补技能差距，并让创新型初创企业参与采购；增强劳动力或人机协作，这需要创造力、战略决策和同理心；解放员工，让他们从事需要创造力的高附加值任务 |

---

① United Nations Department of Economic and Social Affairs. United Nations e-Government Survey 2020[R]. New York：UN，2020.

续表

| 关键支柱 | 在线阶段 | 事务处理阶段 | 连接阶段 | 转型阶段 |
|---|---|---|---|---|
| 系统思维和整合程度 | 部门工作分散；服务集成度低；信息可在线获取 | 与人们双向沟通；可下载表格的电子政务项目开始尝试集成的方法 | 通用场景数据库，电子服务跨越各部委和部门，以无缝的方式提供服务；从以政府为中心向以人民为中心转变 | 强大的单一政府网站；数字优先原则、默认数字化、移动优先原则，作为一个综合系统提供公共服务；强大的国家数字身份证；前瞻性的以人为本、用户导向的服务；共建易于处理、反应迅速、适应人民需要的服务型政府 |
| 数据治理 | 准确、及时、分类和广泛可用数据的有限访问 | 基于数据的事务处理文化 | 数据集成和同步 | 数据治理办公室；一次性（数据）原则；数据驱动文化；基于证据的决策；持续监测和改进数据；开放、机器可读的政府数据以及高度利用开放数据 |
| 信息通信技术基础设施、支付能力以及技术获取途径 | 低联通性；硬件可用性低；整体ICT投资策略缺失；以IT为中心 | 以客户为中心 | 一个单一的政府网站 | 高速宽带连接、前沿技术的使用、大数据；平台商业模式；分散和互操作架构；设计安全；以生态系统为中心 |
| 资源 | 很少或没有为数字化转型进行投资 | 针对特定项目的投资 | 大规模投资 | 全政府的和长期的IT投资方法，包括可持续融资；公私合作伙伴关系 |
| 能力培养者的能力 | 有限的能力 | 对计算机实验室的投资 | 将信息通信技术融入所有课程中 | 与学术界、智库、私营部门以及其他国家政府建立牢固的合作伙伴关系，例如区域网络安全培训；公共行政学院参与建设数字能力和其他相关技能的课程，持续培训教师 |

续表

| 关键支柱 | 在线阶段 | 事务处理阶段 | 连接阶段 | 转型阶段 |
|---|---|---|---|---|
| 社会能力 | 有限的项目用于培养社会能力 | 对一些弱势群体进行外展服务活动 | | 数字素养在社会中普及，互联网渗透率也非常高，在各个层面都很高；政府与当地信息通信技术行业之间建立全渠道或多渠道的方法来建立终身学习的合作伙伴关系；保持对政府和信息与通信技术的安全性、可靠性和隐私保护 |

## 三、政府数字化转型的实施过程

### （一）政府数字化转型的目标愿景

在政策环境分析之后，整体性视角的政府数字化转型需要进行目标愿景规划。首先，未来发展需求的目标愿景是以一个国家和地区的发展目标和需求为中心，而不是以 ICT 和数字政府为中心。其次，目标愿景的规划应该明确政府数字化转型的基本原则、目标，数字政府的价值，其在经济社会发展中的角色和作用，以及短期和长期的优先发展领域或项目。最后，政府数字化转型的目标愿景规划也应当体现公共价值。为此，政府可以采用"设计思维"，广泛征求用户的意见，进行讨论和测验，以明确需求、产生共鸣。

### （二）政府数字化转型的战略制定和能力构建

政府数字化转型的下一个步骤是制定转型的战略和行动计划，建构相应的支持能力，监测评估并持续改进。

政府数字化转型应该与国家发展战略融为一体，同时也要与人民的需求相一致。一个有效的政府数字化转型的国家战略应该明确数字政府的总体目标，指出其与国家和社会发展目标中的优先项之间的关系，定义关键发展目标，以及其如何使人民受益。数字化程度较高的国家或地区同时也应强调数字化参与、数字化包容、数字化优先、数字化全覆盖、数字化设计、移动端优先的原则、只提供一次数据原则以及使用人工智能、区块链、大数据等新技术。

要想实现高效包容的政府数字化转型，还需要将国家层面的数字化战略与地方层面的战略和计划相统一。同时也有必要让地方政府参与到国家数字化战略的制定中来。如：根据联合国2020年对丹麦的调查问卷，该国3个层面的政府（国家、区和市）已经就数字化达成一份共同的公共部门战略，即"数字化战略2016—2020"。事实上从2011年开始，每4年，该国3个层面的政府都会达成一份数字化战略的共同意见，包括一系列电子政务的倡议，重点关注电子政务发展的优先顺序，例如数字化基础设施、数据重用、数据安全、数字化福利解决方案以及数字化商务解决方案。[①]

联合国经济和社会事务部认为，构建和发展政府数字化转型的关键支柱的能力是转型成功实施的重点。

1. 制度层面的能力

制度就是规则，其目的是创造秩序，用以规范行为，使政治、经济和社会的互动模式系统化。"这包括非正式的制约（惯例、传统和行为规范）以及正式的规则（宪法、法律、法规）。[②]"法律框架和法律机制是营造良好电子政务生态系统的关键要素。根据《联合国电子政务调查报告2022》，132个国家制定了保障信息自由和信息获取的法律、政策或法规。大多数国家都有国家电子或数字政府战略（155个国家）、国家数据政策或战略（128个国家）以及网络安全法律、政策或法规（153个国家），个人数据保护法律、政策或法规（145个国家）和开放政府数据法律、政策或法规（117个国家）；91个国家（将近接受调查的国家的50%）制定了与电子参与相关的法律、政策或法规。[③]

政府需要构建一套制度生态体系来应用数字化技术，实施数字政府服务。这一生态系统包括法律、法规、政策、指导方案和标准。一些数字政府发展到较高阶段的国家已经制定了制度框架来支持电子政务服务，包括立法规定信息的获取、个人数据的保护、开放政府数据、电子身份证、电子签名、政府预算和开支的公布、数据交互操作、新兴技术（如人工智能）及其应用，以及作为一种权利的电子政务服务。据爱沙尼亚2020满意度量表（MSQ）显示，人们可以登录该国的电子政务门户网站，查看个人信息，使用电子服务，阅读政府发送的通知。该网站提供可靠、及时的个人和政府的信息，使人们

---

[①]United Nations Department of Economic and Social Affairs. United Nations e-Government Survey 2020[R]. New York：UN，2020.
[②]North D C. Institutions, Ideology, and Economic Performance[J]. Cato Journal，1991，11（3）：477.
[③]United Nations Department of Economic and Social Affairs. United Nations e-Government Survey 2022[R]. New York：UN，2022.

安全地获取电子服务，了解如何与政府部门互动，从而处理相关事务。为此，爱沙尼亚政府制定并实施了全面的法律，包括《公共信息法案》《个人数据保护法案》《网络安全法案》《电子交易身份认证和可信服务法案》，以及与之配套的互操作框架下的国家信息管理系统。① 英国将其数字化转型战略中的建议和原则转变为技术操作规程，帮助政府设计、应用、购买技术；所有政府部门在实施它们的技术项目和计划时都必须遵守规程中的强制性规定，并尽可能多地遵守非强制性规定以达到利益最大化。②

此外，政策制定者要有能力评估在政府内利用前沿数字技术的风险。要想制定新的法律和政策，就必须深入地理解有关使用新技术（例如人工智能）的政策中，会产生哪些潜在的积极的或消极的影响，也要全面理解这些技术本身。公私部门、大学、智库之间相互协作，有助于理解新技术可能产生的影响，如何利用才能造福社会，在安全方面会存在哪些隐患，以及在设计和使用过程中必须要解决的伦理问题。

2. 组织层面的能力

组织能力与政府结构有关，政府结构确定权力、作用和责任、问责制关系，以及协调和沟通的机制和程序。

在组织的机构设置方面，电子政务发展领先的国家通常都拥有一个具有预算自主权的中央协调机构，负责管理国家数字战略和国家网站建设，并确定和协调首席信息官或其同等人员的职能。这一机构通常设在政府最高决策机构（总统或总理办公室）内，或直接接受其强有力的授权。根据2020年的联合国成员国调查问卷，193个成员国中有145个国家设有首席信息官或同等职位。一些国家还在与国家和地方各级协调机构相联系的战略机构内建立了首席信息官联络人网络。例如，在哥伦比亚，数字转型已被确定为国家优先事项，所有机构都配备有首席信息官联络人网络，让首席信息官与政府官员分享他们的知识，从而有助于加强数字化能力。③ 近年来，为了跟上技术进步，一些国家也设立了一些新的机构。首席数据官和数据保护办公室对于有效管理数据驱动型政府转型正变得越来越重要。一些国家在地方层面设

---

①United Nations Department of Economic and Social Affairs. United Nations e-Government Survey 2020[R]. New York：UN，2020.
②United Kingdom of Great Britain and Northern Ireland. Government Digital Service，"Technology Code of Practice"[EB/OL]．[2019-03-27]．https：//www.gov.uk/government/publications/technology-code-of-practice/technology-code-of-practice.
③Cionet Colombia．[EB/OL]．[2020-11-29]．https：//www.cionet.com/cionet-colombia.

立了首席创新官。数字政府发展较先进国家设立了理事会或咨询小组,以促进部长级合作:包括瑞典国家数字化理事会、澳大利亚数字理事会和新西兰数字经济和数字包容性部长级咨询小组。

组织层面的协调能力也很必要,这能使不同的政府部门和机构有效地交流和交换信息。提高政府机构在政府内外的有效沟通能力,对于在卫生、教育、降低灾害风险和国家安全等领域加强政策协调和服务提供的合作至关重要。可以利用有效的协调、沟通和协作来实现政府的互操作性,这种互操作性可以定义为"政策、管理和技术能力(例如,治理、决策、资源管理、标准制定、协作以及 ICT 软件、系统和网络)的组合,以使网络有效运作"[1]。互操作性是当今各国政府努力整合各部门服务以提高效率的首要任务。

政府在建立新的组织结构和流程时,也需要在各个层面上改变其组织文化。重视合作、协同、团队合作和伙伴关系并强调价值传递的组织文化是任何政府数字化转型的关键成功因素。在很多情况下,公职人员可能还没有准备好利用创新以发掘数字技术的潜力来改善公共服务。因此建立一种积极追求创新的组织文化至关重要,政府应提供激励措施,使公共和私营部门同时受益,并鼓励伙伴关系和合作。例如,政府可以采用电子商务战略以简化业务流程,添加高附加值服务(包括使用移动应用程序),并建立有效的创新生态系统,以及提倡重视开放性和共享数据的组织文化。

3. 个人层面的能力

公务员处于提供公共服务的最前沿,在设计和实施利用数字技术的政策和服务方面发挥着重要的作用。个人能力是人们的信念、思维方式、价值观、态度、知识、技能。提升政府数字化转型的个人层面能力的关键要素包括:加强领导能力和对政府数字化转型的承诺;提高对数字趋势的认识,加强中级和高级政府官员的数字素养和数字化能力,使他们能够管理数字化转型进程;通过持续的培训培养其新的思维方式和能力;通过具有竞争力的薪酬、激励措施和创新方案,吸引并留住国内最优秀的数字人才。

(1)优秀的数字领导者

实施有效的数字化策略需要专门的领导者,如政府 CIO。在某些国家或地区,传统的 CIO 被更高级别的专家所取代。在其他情况下,CIO 的职位正在被重新定义,因为 CIO 在数字时代所掌握的技能远远比其掌握的科学知识

---

[1] Pardo T A, Nam T, Burke G B. Improving Government Interoperability: A Capability Framework for Government Managers[M]. Albany: Research Foundation of the State University of New York, 2008: 3.

更重要，这个职位需要具有预见力的综合型专业人才。联合国电子政务中心在 2019 年进行的一项调查显示，要想在当今取得成功，首席信息官必须是一名有才能的战略家、沟通者、谈判者和激励者，技术专家、经纪人则排在所需技能列表的末端（见图 2-2）。

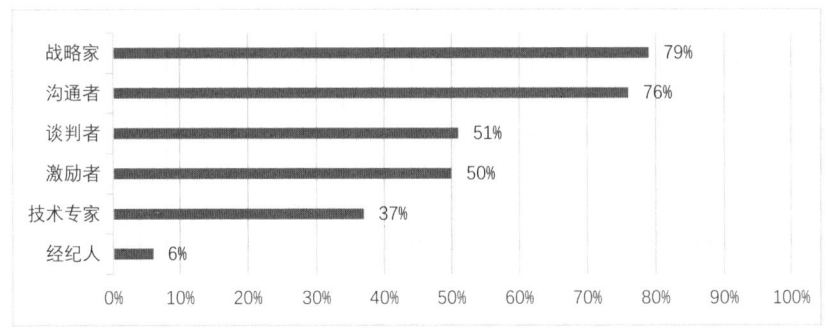

**图 2-2　当今首席信息官最重要的领导特质**①

（2）在政府内部发展数字化能力并改变理念

改变理念，包括信仰和态度，是实施数字政府战略中最困难的挑战之一。联合国经济和社会事务部确定了循证理念、数字化理念、团队协作理念以及相关能力对于实现数字化转型的至关重要性。首先，循证思维至关重要，因为它使公务员能够将政策制定和决策建立在已证实的证据、可靠数据和既定研究的基础上。具有循证思维的人的一项关键能力是数据素养，这反映了定位、检索、分析和利用数据和信息解决问题的能力。这些能力对于确保有效利用政策筛选工具来支持风险决策至关重要。其次，创新的数字化思维使公务员能够设想利用信息通信技术改进流程和制定创造性解决方案的新的不同方式。今天在政府部门工作的人必须愿意并能够使用快速发展的新技术，认识这些技术如何有助于数字化政府转型，并且必须能够识别相关的风险和限制。由于技术的发展经常需要新的数字技能，因此公务员必须具备数字思维，使自己能够在数字上灵活思考并准备好迎接变化。最后，公务员还需要有一种协作的心态，使自己能够确定共同关心的问题，并通过对话、协调、建立伙伴关系和网络来解决这些问题。

---

① Tod Newcome. What are the Most Important Traits of CIOs Today? [EB/OL]. [2019-06-10]. https://www.govtech.com/analytics/What-Are-the-Most-Important-Traits-of-CIOs-Today.html.

(3) 提高公务员数字能力开发人员的能力

教育提供者应广泛地参与到公务员的能力发展中，能力开发人员可包括公共管理/行政学院或私营部门软件开发人员等。各级各类的公共管理/行政学院可为公务员提供培训，参与制定数字化方案，并可在执行改革和创新方案方面为政府提供技术援助。

(4) 招聘、保留和激励数字人才团队

要制定新的人力资源战略，以便在公共部门中建立和发展专业技术人才团队。在聘用人员参与政府数字化转型时，应避免过分依赖私营部门和供应商，因为这样做可能使政府缺乏能力，无法对实施阶段出现的问题采取进一步行动。一些国家（例如新加坡）在公共部门提供具有竞争力的薪水和有利的工作条件，以吸引和留住世界一流的专业人员。该国政府技术部门是总理办公室智能国家和数字化政府小组的一部分。作为一家公司，该技术局利用数字技术为群众、企业和政府开发和提供数字产品和服务，这也是公共部门数字化转型过程中的一部分。它通过将创新成本包括在产品定价中来回收成本。① 可见，确保政府中拥有一定数量的 ICT 专家，并聘用高素质人才，是至关重要的。要想获得最有才干和能力的专业人员，就需要有与私营部门相容的灵活征聘规则和薪酬管理。

4. 社会层面的能力

(1) 数字鸿沟

数字政府促进经济社会发展的能力与社会所有利益相关者的能力都密切相关。联合国《2020年世界社会报告：快速变化世界中的不平等》强调，只有人人都能获得新技术，才能实现可持续发展的潜力。但令人遗憾的是，新技术正在加剧各种形式的不平等，造成新的数字鸿沟。② 当前，经济社会发展水平在不同层面的国家的数字政府并不处于同一水平。2022年不同国家组别（按收入水平划分）的 EGDI 和子指数平均值如表 2-3 所示。那些收入相对较高、能够支付得起数字技术、设备和网络连接费用的人比那些收入较低的人更容易获得政府服务。由于缺乏数字技能，数字弱势群体难以充分享受

---

① Chan C H. Government Chief Digital Technology Officer of Singapore [R]. Presentation on ICT and e-Government, 2019.
② United Nations. World Social Report 2020: Inequality in a Rapidly Changing World, prepared by the Department of Economic and Social Affairs. [EB/OL]. [2020-02-22]. https://www.un.org/development/desa/dspd/wp-content/uploads/sites/22/2020/02/World-Social-Report2020-FullReport.pdf.

电子政务带来的便利。世界上一些地区的教育水平仍然相对较低。按区域划分的平均人力资本指数值（2020）如图2-3所示。

表2-3　2022年不同国家组别（按收入水平划分）的EGDI和子指数平均值

| 国家组别<br>（按收入水平划分） | EGDI 平均值 | OSI 平均值 | TII 平均值 | HCI 平均值 |
| --- | --- | --- | --- | --- |
| 低收入国家 | 0.296 3 | 0.302 4 | 0.213 9 | 0.372 6 |
| 中低收入国家 | 0.503 2 | 0.456 2 | 0.444 1 | 0.609 2 |
| 中高收入国家 | 0.647 0 | 0.572 5 | 0.604 0 | 0.764 5 |
| 高收入国家 | 0.824 1 | 0.754 2 | 0.842 0 | 0.876 2 |
| 所有不同收入水平的国家平均值 | 0.610 2 | 0.555 4 | 0.575 1 | 0.700 1 |

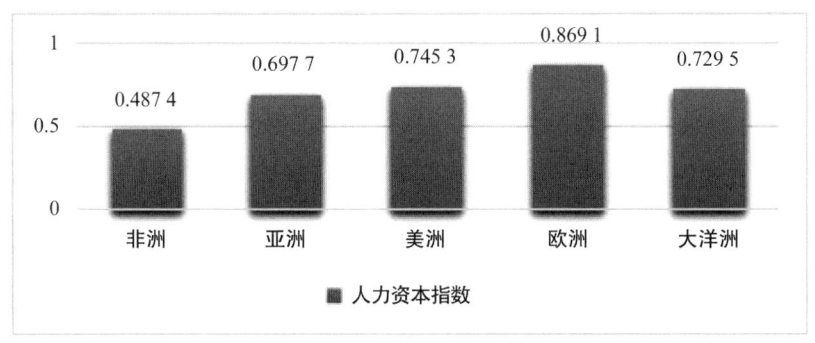

图2-3　按区域划分的平均人力资本指数值（2020）

数字政府的发展必须具有包容性。为了消除数字鸿沟，政府可以降低联网费用，增加服务获取的渠道，并提供用户友好型的在线内容。许多国家已经采取措施，拓宽了获取政府信息和服务的渠道。例如，166个国家的弱势群体可以使用不止一种官方语言的在线服务。在联合国91个成员国中，电话亭、社区中心、邮局、图书馆、公共空间和免费无线网络均可以提供免费的在线政府服务；有59个国家的政府门户网站提供实时聊天的用户支持功能；有140个国家的门户网站提供指导或教程，使个人能够理解和使用在线服务。世界各地的人们越来越多地使用手机与公共部门进行事务处理。许多国家使用短消息服务和移动应用程序来提供政府服务。

政府也需要通过有效的公共宣传活动提高数字化意识，使人们了解数字服务的好处，并确保在线平台能够被更为广泛地使用。如果人们不知道政府提供网上服务，他们就不会使用这些服务。如加拿大的通信和联邦身份政策确保了公众可通过各种媒体和平台与政府进行沟通，该政策最大限度地扩大了覆盖范围，并探索新的使用方式。政府部门可通过推特、脸书和领英等向公众通报电子政务服务。

（2）弱势群体

虽然数字鸿沟仍然普遍存在，但越来越多的国家正在为弱势群体提供专门的在线服务。在所有向弱势群体提供服务的国家中，欧洲占比最大（96%）、其次是亚洲（85%）、美洲（83%）、大洋洲（68%）和非洲（64%）。2018年、2020年和2022年为弱势群体提供在线服务的国家数量如图2-4所示。

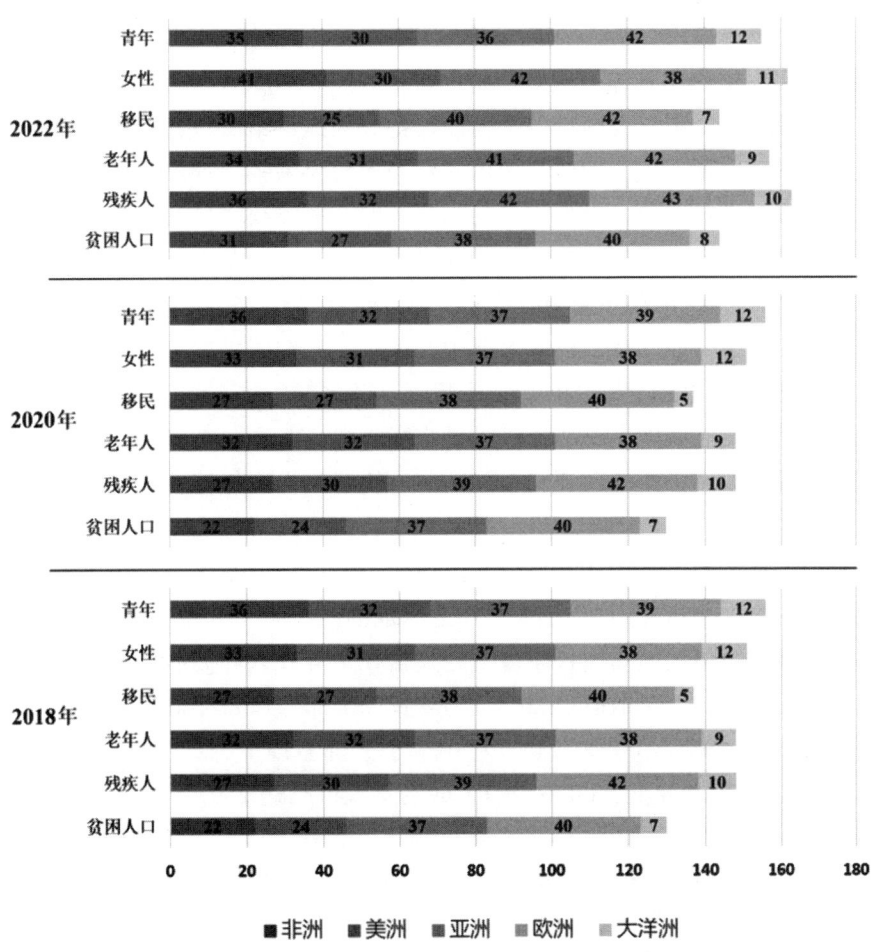

图2-4 2018年、2020年和2022年为弱势群体提供在线服务的国家数量

联合国经济和社会事务部将青年、女性、移民、老年人、残障人士、贫困人口列为数字化的弱势群体，相比较而言，老年人和残障人士的数字鸿沟问题最为严重。

国际电信联盟（International Telecommunication Union，ITU）称，超过 10 亿人患有某种形式的残疾，其中 80% 居住在发展中国家。由于身体上的障碍，残障人士常常处于边缘地位。将残障问题纳入政策制定和执行以及公共服务的设计、提供和利用的主流，是促进社会包容以推进可持续发展目标的重要步骤。但在 2020 年，只有 71 个国家的门户网站为残障人士提供了无障碍服务。在以人为本的政府服务框架内，中国政府关注弱势群体。例如，北京一直致力于通过推广创新在线应用程序来改善社会保障和公共服务系统。北京市残疾人辅助器具综合服务平台（http：//fuju.bdpf.org.cn）允许残障人士直接从政府网站申请辅助设备。辅助设备服务提供给所有已在北京进行户口登记的认证残障人士，因此在使用此类服务时无须提交残障证明。残障人士可以在服务平台上获得至少 50% 的相关补贴。那些获得生活津贴的人和低收入、没有收入或在工作年龄却没有工作的人，6~16 岁的青少年有权获得 100% 的补贴。该应用程序使用简单、便利；残障人士只需在家登录北京残障人士在线服务平台或北京市行政服务中心网站，并在线提交申请，平台通过数据共享自动识别候选人和相应的补贴后，行政部门将在线完成审批流程。辅助产品可以在互联网上购买，以满足实际需要，并在一个星期左右送至家中。这一程序取消了所有认证和中间环节，使残障人士能够在家中进行所有交易。①

目前，全球 60 岁以上的人口约占 10%，预计到 2050 年，这一比例将增加到 20% 左右，也即超过 20 亿人。在全球范围内，60~79 岁和 80 岁以上的年龄组正在经历最快速的增长阶段，尤其是在中等收入和高收入国家。虽然全球人口每年以约 1% 的速度增长，但 80 岁以上的人口每年的增长速度则为 4%，预计到 2050 年，60 岁以上的人口将超过 14 岁以下的青少年人口。② 在我国，截至 2023 年年底，60 岁及以上的老年人口已达 2.97 亿，占总人口比

---

①中共中央党校（国家行政学院）电子政务研究中心.北京市残疾人辅助器具综合服务平台[EB/OL]. [2016-10-01] https：//banshi.beijing.gov.cn/pubtask/task/1/110105000000/18b7312b-4a23-48ee-b599-7fd43c370c4d.html.

②Sixsmith A, Mihailidis A, Simeonov D. Aging and Technology：Taking the Research into the Real World [J]. Public Policy and Aging Report, 2017, 27（2）：74-78.

重的21.1%，预计2035年将突破4亿，进入深度老龄化阶段。老年人口比例的增长起因于生育率的下降、平均寿命的延长以及经济社会发展的进步。就大多数国家而言，在不使用信息与通信技术的群体中，老年人口所占比例最大。联合国开发计划署（UNDP）发布了关于老龄化、老年人和2030年可持续发展议程的摘要，强调了让老年人参与可持续发展进程的重要性："就他们的经验、知识和技能来说，老年人是社区中的重要角色，在经济发展、无偿护理工作，政治参与和社会资本方面做出了重要贡献。"[1] 事实上，老年人可从许多可用的新技术中受益，包括用于提供公共服务的那些新技术，但是必须采取行动以增强其数字技能并确保他们能够访问互联网。

新加坡在宽带速度和接入方面处于世界领先地位，但是许多老年人并未使用信息技术，从而在数字化能力处理上处于边缘地位。为此，新加坡提出了银色信息通信倡议（Silver Infocomm Initiative），政府制订了一套计划，为老年人提供可以在现实世界中应用的数字信息和技能。该计划包括四个关键部分：意识、技能、接入点和使用。政府开发了包括学习资料和实际应用在内的综合课程。iBEGIN（Internet Beginning）模块为参与者提供基本的ICT技能，例如使用计算机、上网、写电子邮件、发送即时消息和进行视频通话，以及如何在网络中保护自己。iLIVE（Internet Living）课程提供中级培训，使老年人可以提升ICT技能，例如学习如何在线交易、预订机票和使用政府电子服务等。这款高级且用户友好的课件涵盖了近24个主题，并且提供了中英文两种语言的分步指导。老年人可以报名参加虚拟课程（Silver Pods），或亲自参加12个老年友好型学习中心（Silver Infocomm Junctions）中的一个，或在数十个公共行政高级学院中参加课程培训。对于准备将数字技能提升到更高水平的老年人，银色数字创造者套件还提供了5门旨在增强创造力的课程；成功完成数字摄影、电影制作、数字音乐与艺术、编码和书籍创作课程的学生将获得苹果公司地区培训中心的认证。[2]

### （三）持续监测、评估和改进

数字政府是一个过程，而不是终点，因此对数字政府进行持续的监测和评估至关重要。绩效指标可以包括定量指标和定性指标，例如用户使用率、

---

[1] United Nations, Help Age International and AARP. Ageing, Older Persons and the 2030 Agenda for Sustainable Development, Issue Brief[R]. New York：United Nations Development Programme，2018：11-13.
[2] United Nations Department of Economic and Social Affairs. United Nations e-Government Survey 2020[R]. New York：UN, 2020.

用户满意度以及由电子政务系统生成的自动化用户数据等。在适用且可能的情况下，应按性别、年龄、残障状况、环境（城市/农村）和其他相关因素对数据进行分类，以分析不同人口群体的数据。

利用使用情况的统计数据和公众对电子政务服务的反馈，为持续改进提供信息，是回应性治理和循证治理的一个重要组成部分。根据《联合国电子政务调查报告2022》，在193个成员国中，有124个国家在其门户网站中配备有"反馈留言"功能，有125个国家允许人们对公共服务提供提出投诉途径，有139个国家允许在线发布政府采购/招标过程的结果。但是，只有58个国家提供用户对在线或移动服务感到满意的证据。因此，寻求用户反馈必不可少，但共享反馈结果并采纳也同样重要，需要让公民知道反馈的结果，并展示他们的意见即如何指导有意义的变革，从而增强透明度并增强社会公众对政府的信任度。

## 第二节 ┃ 美国、英国等典型国家的政府数字化转型实践

### 一、美国的数字政府建设和数据治理

美国的电子政务具有深厚的基础，早在 20 世纪 80 年代美国就加大行政改革的力度，为基于对外服务的电子政务奠定了坚实的基础。定位于服务公众的美国电子政务始于 20 世纪 90 年代初。作为电子政务的领导者，美国联邦政府仅从 1993 年到 2001 年就发布了 1 300 多项与电子政务相关的实施项目，取得了举世瞩目的成就。电子政务的发展推动了美国政府改革向纵深方向发展，通过使用信息技术重塑了政府对民众的服务流程，加强了政府与用户间的互动，建立了以顾客为导向的电子门户，为民众提供了更多获得政府服务的机会与途径，得到了公民普遍的支持。

（一）美国数字政府的发展历程

1993 年，美国克林顿政府为减少预算赤字、增加经济活力，倡导实施"信息高速公路计划"，首次提出了借助信息通信技术实现电子政府（e-Government）的概念。1993 年 3 月，克林顿政府发布了《国家信息基础设施：行动计划》，标志着美国"国家信息基础设施"（National Information Infrastructure，NRR）计划的启动。同年，在副总统戈尔的领导下开展了一场声势浩大的政府改革运动（"重塑政府"改革），这场运动开始被称为"国家绩效评估"（National Performance Review，NPR），1998 年改名为"政府重塑全国合作"。在这场改革运动的后期，改革将重点放在开发网络空间上，利用互联网创设一个新的组织联邦政府的逻辑和基础设施，已经快速地把美国政府推向数字时代。美国《国家信息基础设施行动计划》报告中列出政府应用信息技术的 3 点事项：①加强在信息技术领域的领导力。②建立电子化政府。通过构建 7 个全国泛政府性的信息系统，使得民众与政府、各级政府之间的沟通更快速、更有效率：建立全国性的、整合的电子福利支付系统；发展通向政府信息和服务的整合电子通路；发展全国性的执法及公共安全信息网络；提供跨越各级政府的纳税申报、报告和缴税处理系统；建立国际贸

易数据系统；建立全国性的环境数据索引；推进政府部门电子邮递系统。③通过电子化政府的各项机制以提供更有效率、更方便快捷的服务，并取得政府服务的机会与渠道。

1996年，克林顿政府宣布成立"信息技术服务委员会"，就信息系统的开发和管理向联邦政府行政管理和预算局（Office of Management and Budget，OMB）和各机构首长提出独立的评估建议。2001年7月，布什提出总统管理日程（PMA），其内容之一就是扩展电子政府。2001年7月18日，OMB成立了电子政务工作小组（EGTF），研究电子政务战略规划；接着OMB又成立了电子政府和信息技术办公室（OEGIT）。2001年10月3日，总统管理委员会（PMC）批复了电子政务工作小组的PMA电子政务建议书，成立了跨部门项目组（MAP）。2002年2月，基于PMA电子政务建议书，电子政府和信息技术办公室（OEGIT）提出了《电子政务战略（2002年版）》。

2002年12月，为响应"总统管理议程"五项创新的要求，美国国会通过了由布什总统签署的《电子政府法案》，旨在推动美国联邦政府机构采用信息技术实现公共服务的用户导向转变。其中不仅给予了"首席信息官委员会（FCIOC）"和联邦总务管理局/总务署（GSA）负责的"电子政务基金"正式法律地位，而且要求OMB内设立"电子政务办公室"。其后，OMB在其M-03-18号备忘录"电子政务法实施指引"中宣布成立"电子政务和信息技术办公室（Office of E-Government and Information Technology，E-Gov Office）"，其行政主管（Administrator）由总统任命，协助常务副主管（Deputy Director for Management，DDM）指导GIOC的工作，并负责监督整个联邦政府内部的信息技术实施工作。

2003年，OMB负责信息技术和电子政务的执行副主管被布什总统任命为E-Gov的主管。由美国总统办公室发表了由项目组（MAP）和电子政务工作小组制定的《电子政务战略（2003年版）》。按照M-03-18号备忘录，除各机构内部业务外，其他相关的信息技术和电子政务的综合管理职责包括：人事管理办公室（OPM）负责开发公私部门之间的信息技术劳动力交换项目；总务局负责授权利用联邦资金购买信息技术；国家科学基金（NSF）负责开放数据库和网站跟踪联邦自主的研发活动；国家科学院（NAS）通过国家研究委员会（NRC）负责建立对在线政府服务的研究；教育部、国土安全部、内政部等都有相应职责。

2007年，《开放政府法》（Open Government Act）在国家档案和记录管理局内设立"政府信息服务办公室"(OGIS),负责对行政机构在信息自由法(Freedom of Information Act,FOIA)框架下制定的政策以及对 FOIA 的执行情况进行审查,向国会和总统提出 FOIA 的修改建议,以及为解决争端提供调解服务。

2009 年,奥巴马政府宣布任命第一位"联邦 CIO"和"联邦 CTO",并领导 e-Gov 的工作。奥巴马在历次讲话中强调,联邦 CTO 的部分工作是增强联邦政府运行的透明性,为政府机构寻找并采用更好的技术和实践、增强应急沟通的相互操作性等。

2009 年,美国政府颁布了《透明与开放政府备忘录》。该备忘录要求美国联邦政府各部门和机构必须改善其运作透明度、公众参与度,政府部门应在网上公开其决策及运行情况以供社会公众获取相关信息,同时要求改善政府各部门之间、政府部门与非政府组织(NGO)、社会个人、机构企业之间的合作。[①]《透明与开放政府备忘录》要求"联邦首席技术官(FCTO)"牵头,并与行政管理和预算局、总务管理局一同协调其他相关部门,根据《信息自由法》制定《开放政府指令》(Open Government Directive)。在业务职能上,FCTO 和 OMB 主要负责政策管理和协调,而总务局下成立的"数字服务创新中心(DSIC)"负责技术层面。

2009 年 5 月,美国开设了 Data.gov 网站。该网站的设立是美国开放政府数据行动的关键一步。为保证该网站的有效价值和持续运营,各政府机构都被要求要积极地向 Data.gov 提供数据信息资源。2009 年 12 月,美国白宫行政管理和预算局发布了《开放政府指令》,对各政府部门下达了具体的开放命令,提出了详细的政策措施,包括将政府数据在互联网上发布、提高数据质量等,为开放政府数据进一步扫除政策障碍、打破部门壁垒,同时保障了政府数据公开透明化。2010 年,美国各政府机构部门陆续发布不同版本的《开放政府行动计划》。2011—2013 年,美国先后两次发布《开放政府国家行动方案》,帮助公众更方便地获取有价值的政府数据。随着 Data.gov 网站的上线、逐步完善,加上一系列政策法规的陆续出台,美国以数据门户网站为核心的数据公开政策框架已大体形成。

美国数据门户网站 Data.gov 是美国政府创办的用户与政府互动的、具有应用程序接口(Application Programming Interface,APIs)的政府开放数据共享平

---

① 侯人华、徐少同. 美国政府开放数据的管理和利用分析——以 www.Data.gov[J]. 图书情报工作,2011,55(04):119-122,142.

台。该网站于2009年5月21日上线，上线最初的76项数据集由美国11个政府机构部门提供。在政府的积极推动和精心建设运维下，该平台逐步具备数据量大、类型丰富、开放程度高、数据整合度高等特点。在网站上线之初，虽曾因公开数据的种类有限、数据二次加工利用困难等问题遭受社会各方指责，但随着网站运营逐步成熟，这些问题已得到很大改善。更值得借鉴的是，Data.gov网站平台支持第三方对数据进行挖掘，将数据再次进行开发应用，有效借助第三方力量开发出更为丰富的应用场景，从而达到数据资源价值利用的最大化。基于该数据平台，美国政府又进一步建构了Apps.gov平台，由美国总务管理局主要负责运营。该平台面向美国所有的政府部门，提供政府"公用云"服务，其功能类似于政府的应用程序商店，集合了一系列政府应用程序。App.gov作为美国政府"一站式云计算服务"的来源，不仅提供了集中购买政府各类云服务的统一平台，也使得企业因此获得了大量政务服务应用的商业机会，从而推动了美国政府数字化的整体发展。

2016年，奥巴马在任上发布了2016年《信息自由法改进法案》（FOIA Improvement Act of 2016）。提出建立一个一站式的信息自由访问门户，OMB被要求为该门户和各机构现有查询系统之间的相互操作提供标准。

2016年，奥巴马政府依法成立"首席信息自由官委员会（Chief Freedom of Information Act Officers Council，CFOIAOC）"，规定由司法部内设的"信息政策办公室"（Office of Information Policy，OIP）和国家档案和记录管理局内部设立的"政府信息服务办公室"（Office of Government Information Services，OGIS）的主任担任委员会的联合负责人。按照《信息自由法》，每个行政机构都要指定一名高级官员作为"首席信息自由法官员"（Chief FOIA Officer）和"信息自由发挥公共联络员"，负责本机构对《信息自由法》的执行。前者的职位相当于助理部长，并直接向所在机构领导负责。

2016年，奥巴马签署第13719号行政命令，成立"联邦隐私委员会"，进一步加强在政府搜集公民信息的过程中保护公民隐私权。

2018年12月21日，美众议院投票通过《2017年循证决策基础法案》《H.R.4174》（Foundations for Evidence-Based Policymaking Act of 2017）。该法案确立了两大基本原则：首先，政府信息应以机器可读的格式，默认向公众开放，且此类出版物不会损害隐私或安全；其次，联邦机构在制定公共政策时，应循证使用。该法案的目的是从数据中寻找科学答案，而不是依靠轶事或坚持现状，以帮助政策制定者做出更明智的决定。① 该法案由共和党议长保罗·瑞安（Paul Ryan）和民主党人帕蒂·默里（Patty Murray）分别在众议院和参议院提出。该法案借鉴了两党委员会关于基于证据的政策制定的建议。瑞安、默里和奥巴马总统于2016年共同创建了该委员会，其任务是改进对数据的使用，以评估政府项目的有效性。在最终报告中，该委员会提出了有意义的建议，以确保严格的证据作为政府运作的常规组成部分，并用于制定有效的政策。该法案认为，改善对研究数据的获取和将评估纳入项目设计是帮助各级政府更好地了解政策如何发挥作用的切实可行的方法，可以帮助州和地方的决策者建立更聪明的政府，更好地为所有人服务。

2019年1月14日，特朗普总统签署了《基于证据的政策制定基础法》（Foundations for Evidence-Based Policymaking Act of 2018），该法案的第二部分"Title Ⅱ：OPEN Government Data Act"主要是联邦数据战略和开放数据政策的相关条款，又称《开放数据法案》。该法案以2013年5月奥巴马政府提出的开放数据政策为基础，为美国的开放政府数据改革进一步完善了法律框架。该法案规定美国的所有政府部门都要向公众开放"非敏感"类的政府数据。该法案为美国政府数据开放，提高数据利用率提供了制度保障，对方便社会公众再次开发利用政府数据资源具有积极的意义。该法案将确保联邦政府发布有价值的数据集、遵循数据管理的最佳实践，并承诺以非专有的电子格式向公众提供数据。该法案假设所有政府信息都应默认为开放数据，机器可读且可自由重复使用。

《开放政府数据法案》旨在：一是使开放数据的定义能够适应技术发展和演进的需要，以便公众能更方便使用智能手机和其他电子设备来访问政府发布的公共数据；二是制定向公众提供联邦政府数据的最低标准；三是要求联邦政府灵活使用开放数据来改善政府决策；四是通过定期监督来保障问责制。根据该法案，联邦机构开放的数据资产要具备以下一些条件：机器可读，包括智能手机及电脑；以开放的格式提供；符合标准组织的开放标准。法案要求联邦机构：制订战略信息资源管理计划，其中包括开放数据计划，并需要每年进行更新；各机构创建一份全面的机构数据清单，实时提交给行政管理和预算局；创建用数据进行回答的且与政策相关的问题列表；把各自开放的公共数据作为数据资产。美国联邦总务署将维护各联邦机构数字资产的统

---

① Mary Ann Bates. A Real Opportunity for Evidence-Based Policymaking[EB/OL][2017-11-13]. https://www.governing.com/archive/col-congressional-legislation-government-evidence-based-policymaking.html.

一接口。

《开放政府数据法案》要求：所有政府机构要在默认状态下允许数据可重复访问并使用、机器可读文件类型（即手机或笔记本电脑可以处理的文件类型，而不是原始数据转储或非专有的电子格式）。在信息隐私和安全方面，规定政府机构可发布不涉及公众个人隐私或国家安全的"非敏感"信息。该法案的其中一项具体条款还规定，向社会公开发布的任何政府数据都必须遵守1974年美国颁布的《隐私法》（Privacy Act）。《开放政府数据法案》从法律上确立了首席数据官的职位设置，要求各联邦机构任命一名首席数据官来监督管理该联邦的政府数据开放工作，并设立了联邦首席数据官委员会。

2019年，白宫行政管理和预算局发布了《联邦数据战略》。作为第二个实施机制。该文件将数据确定为战略资产，并概述了联邦机构在执行该法案时必须遵守的原则和方法。管理和预算局发布了多项指导文件，以帮助各机构处理委员会的一些建议；文件中包括关于制定评价官员、任命首席数据官、确定统计专家、制定"学习议程"以及将新行动纳入年度预算和业绩计划的规定。美国数字政府的发展历程如表2-5所示。

**表2-5 美国数字政府的发展历程**

| 时间（年） | 相关机构或文件 | 工作或内容 |
| --- | --- | --- |
| 1993 | 国家绩效评估委员会 | 实施"电子政务"将成为政府改革的重要举措之一 |
| 1994 | 《政府信息技术服务的前景》报告 | 实施以顾客为导向的电子政务 |
| 1995 | 《文件工作精简法》 | 减轻文件工作（尤指纸质文件）的负担，保证公众在享受信息服务方面的利益 |
| 1996 | 重塑政府计划 | 让联邦机构最迟在2003年全部实现上网 |
| 1997 | "走近美国"计划 | 到21世纪初，实现政府对公民的电子化服务 |
| 1999 | 电子政务互联网研讨会 | 呼吁美国政府在2002年全面实现无纸化办公 |
| 2000 | "第一政府网站"开通 | 美国政府的网上交易全面展开 |
| 2000 | 《政府纸质文件消除法》《数据质量法》 | 要求政府机构自2003年起在公务活动中使用电子文档 |

续表

| 时间（年） | 相关机构或文件 | 工作或内容 |
| --- | --- | --- |
| 2001 | 成立"电子政务特别工作小组" | 制订了电子政务计划实施框架，并将其列入2003年财政预算 |
| 2002 | 美国国会通过由布什总统签署的《电子政府法案》 | 旨在推动联邦政府机构采用信息技术实现公共服务的用户导向转变。要求OMB内设立"电子政务办公室" |
| 2003 | 《电子政务战略（2003年版）》 | 明确各部门相关的信息技术和电子政务的综合管理职责 |
| 2007 | 《开放政府法》 | 在国家档案和记录管理局内设立"政府信息服务办公室"，负责对行政机构在FOIA框架下制定的政策以及对FOIA的执行情况进行审查 |
| 2009 | 奥巴马政府宣布任命第一位"联邦CIO"和"联邦CTO" | "联邦CIO"领导E-gov的工作 |
| 2009 | 《透明与开放政府》《开放政府指令》《开放数据政策》 | 前两份文件的主题是"开放政府"。《开放数据政策》的主题词是"开放数据政策—管理信息资产" |
| 2016 | 奥巴马在任上发布《〈信息自由法〉改进法案》 | 提出建立一个一站式的信息自由访问门户，OMB被要求为该门户和各机构现有查询系统之间的相互操作提供标准 |
| 2016 | 奥巴马政府依法成立"首席信息自由官委员会" | 按照《信息自由法》，每个行政机构都要指定一名高级官员作为"首席信息自由法官员"（Chief FOIA Officer）和"信息自由发挥公共联络员 |
| 2016 | 奥巴马签署第13719号行政命令，成立"联邦隐私委员会" | 加强在政府搜集公民信息的过程中保护公民隐私权 |
| 2018 | 《循证决策基础方案》 | 确保严格的证据作为政府运作的常规组成部分，并用于制定有效的政策 |
| 2019 | 特朗普签署《开放政府数据法案》 | 确保美国联邦政府发布有价值的数据集，遵循数据管理的最佳实践 |

## (二)美国数字政府的治理机构①

1. 美国联邦政府行政管理和预算局(Office of Management and Budget, OMB)

美国联邦政府行政管理和预算局在数字政府建设中扮演了重要的角色。它的主要职责包括:①促进决策执行。协助总统协调政府活动,制订和管理预算计划,研究该级政府管理工作,改进会计工作,就财务立法协调各部门意见。②监督预算执行。协助总统编制联邦年度预算并监督预算的执行。③监督行政效率。研究联邦政府的组织结构和管理程序,提出提高政府行政效率的建议。④促进部门间的合作。制定协调政府各项工作的措施,扩大机构间的合作。⑤评价行政绩效和决策执行效果。对政府各项工作做出评价,协助总统评估政府计划的执行情况和效率。⑥提出改革建议。改革政府部门规章制度的建议和减少文书工作的计划。⑦审核或起草行政命令和公告。审核拟定中的行政命令和公告,并在必要时起草这些文件。

OMB 副管理总监和首席绩效官下属的 5 个部门,包括:联邦金融管理办公室;联邦采购政策办公室;电子政务和信息技术办公室;人事管理和绩效办公室;信息与监管事务办公室。其中,电子政务和信息技术办公室和信息与监管事务办公室是数字政府建设的专门机构。

(1)电子政府和信息技术办公室(Office of Electronic Government and Information Technology, OEGIT)

OEGIT 是美国政府 2002 年以立法形式,由《电子政府法案》规定在行政管理和预算局下成立的电子政府和信息技术办公室,由总统任命该办公室的主任,同时也是 OMB 副主任,由 OEGIT 全面负责电子政务的立项预算、实施管理和绩效考核。

(2)信息与监管事务办公室(Office of Information and Regulatory Affairs, OIRA)

OIRA 是管理与预算下的一个法定组成部分。OIRA 是根据《文书削减法》于 1980 年成立,当时的主管由 OMB 主管任命。而在 1995 年《文书削减法》修订版中已经改为由总统任命,并需经参议院同意。OIRA 在信息政策方面的职责主要是对联邦各部门搜集公众信息的请求进行审查以及监督政府信息政策的实施。这种信息审查职能后来扩展为对联邦规制政策的审查。

---

①部分参考黄璜.美国联邦政府数据治理:政策与结构[J].中国行政管理,2017(8):47-56.

1993 年，克林顿总统第 12866 号行政命令《监管规划与审查》① 及其后续的奥巴马总统第 13563 号行政命令《改进监管规划与审查》② 规定了 OIRA 对联邦政策制定的职责，所有联邦机构的规制草案在正式发布前都必须由 OIRA 审查是否符合公众的利益。③ 根据《开放政府数据法案》，该办公室应与联邦首席信息官及美国总务管理局的负责人合作为数据的管理等政策的制定、实施等提供建议。美国首席信息办公室需要同政府信息服务办公室和科技政策办公室共同合作促进数据在跨国政府间的数据可互操作性及可比较性。

（3）美国数字服务部（United States Digital Service，USDS）

2014 年，OMB 还组建了美国数字服务部，旨在改善美国公民与政府提供的数字服务部门之间的互动方式。美国数字服务部从私营部门引进顶尖 IT 人才，以改善联邦政府数字服务。自成立以来，美国数字服务部在协助政府各部门数字现代化方面成绩斐然，其高效运作能力证明了私营部门顶尖 IT 人才参与公共数字服务的可行性及巨大的创新潜力。

（4）联邦 CIO 委员会（Chief Information Officer Council，CIOC）

根据 1995 年《克林格-科恩法》，联邦各机构已经设立了各自的 CIO，他们构成 CIOC 的主要成员，目前有 31 家。其成员还包括 OIRA 主管、联邦财务管理办公室主任、OMB 采购政策办公室主管、科技政策办公室的高级代表等。此外，CIOC 还包括若干与信息技术相关、聚焦于创新和网络安全等议题的委员会，比如首席信息安全官委员会（CISOC）、创新委员会、劳动力委员会等。同时 CIOC 还支持并与许多自组织的"实践社区（Communities of Practice）"进行信息交流，比如联邦隐私委员会、数据中心优化计划等。随着信息技术的发展，CIOC 的职责定位也在发生变化。在最初的第 13011 号行政命令中，CIOC 的职责主要围绕信息资源的管理展开，之后则主要聚焦于信息技术在联邦政府机构中的管理和需求。COIC 在 2002 年《电子政务法》中获得法律地位并运行至今。

2016 年，奥巴马政府发布《网络安全行动计划》，提出了一系列长期和短期行动策略，以提升联邦政府和全国的网络安全。④ 在这个计划中提出设

---

① William J. Clinton. Executive Order 12866：Regulatory Planning and Review. September 30，1993.
② Barack H. Obama. Executive Order 13563：Improving Regulation and Regulatory Review. January 18，2011.
③ 黄璜. 美国联邦政府数据治理：政策与结构[J]. 中国行政管理，2017（8）：47-56.
④ Barack Obama. Cybersecurity National Action Plan（CNAP）.［EB/OL］.［2016-02-09］. https://obamawhitehouse.archives.gov/the-press-office/2016/02/09/fact-sheet-cybersecurity-national-action-plan.

立"联邦首席信息安全官（FCISO）"及其办公室，以推动联邦政府的网络安全政策、规划和实施。FCISO 被放在 OMB 中，向联邦 CIO 汇报工作。2016 年，奥巴马任命了第一位 FCISO，并成立了 FCISO 办公室①和 CISO 委员会，该委员会是首席信息官委员会的下属组织。②

（5）联邦首席信息官（FCIO）、联邦首席信息安全官（FCISO）

它们都隶属于 OMB，是联邦数字政府建设和执行的重要领导职位。虽然《电子政务法》在开篇中即提出要设置一位独立的联邦 CIO，但该法案正文却只字未提。其后在 2001 年 OMB 在其内部设置了一个新岗位：负责信息技术和电子政务事务的执行副主管，协助由 OMB 负责管理业务的常务副主管（DDM）主管 CIOC 的工作，以此作为对设立联邦 CIO 的回应。正因为如此，2008 年奥巴马在竞选时即提出一旦当选就会任命联邦 CIO。2009 年奥巴马刚上任即宣布正式任命第一位"联邦 CIO"，直接领导"电子政务和信息技术办公室（E-Gov）"的工作③，职责是监督联邦技术费用、信息技术政策以及对所有联邦信息技术投资的战略规划。

2005 年，OMB 发布了一份名为《高级机构隐私官的任命》备忘录（M-05-08)④，要求各机构任命一名高级隐私官（SAOP），负责该机构内部所有与隐私信息相关的议题。按照相关法律，该岗位应由该机构的 CIO 担任，如果该机构没有 CIO，则必须指定一名部长助理（助卿）级别的高级官员担任。

2.科技政策管理办公室（OSTP）与联邦 CTO

OSTP 是"总统行政办公室（EOP）"的内设机构。与 OMB 类似，其负责人由总统任命并经参议院批准，同时也是总统的科学顾问，负责向总统提出科技政策建议。⑤ 1976 年，美国国会在"就科技对国内和国际事务的影响对总统的建议"中提出建立 OSTP，并在同年《国家科学与技术政策、机构和优先事项法》中予以法律地位。OSTP 负责领导跨部门的科技政策，并辅

---

①Daniel M, Scott T. Announcing the First Federal Chief Information Security Officer［EB/OL］.［2016-09-08］. https://obamawhitehouse. archives. gov/blog/2016/09/08/announcing-first-federal-chief-information-security-officer.
②The website of Chief Information Security Officer（CISO）Council［EB/OL］.［2017-05-01］. https://cio. gov/about/groups/chief-information-security-officer-council/.
③Act of June 19, 1934（"National Archives Act"），Public Law 73-432, 48 STAT 1122, "to create a National Archives of the United States Government and for other purposes."
④OMB Memorandum M-05-08. Designation of Senior Agency Officials for Privacy. Feb. Ⅱ, 2005.
⑤John F. Sargent Jr, Shea D A. The President's Office of Science and Technology Policy（OSTP）：Issues for Congress［Z］. Congressional Research Service, 2012.

助 OMB 对联邦研发预算进行审查和分析。从其内部职位的设计来看，OSTP 的职能不仅涉及自然科学和技术政策，还包括社会、行为和经济科学等方面。

奥巴马在 2009 年宣布在 OSTP 中设立联邦首席技术官（FCTO）。在奥巴马的讲话中，对 FCTO 的职责描述是促进技术创新，以帮助创造工作、降低医疗费用、保护国家安全。这个职责界定仍然比较模糊，缺乏进一步明确的表述。FCTO 同时也被任命为总统助理以及 OSTP 负责技术事务的执行副主管。不过 OSTP 明确指出这两个是相互独立而不同的职位。① 在实际工作中，FCTO 常常与 FCIO 一同工作，尤其是在政府数据开放政策中，FCTO 被明确赋予了牵头人的角色。然而也有人指出，FCTO 不仅与其他机构的职能有所重合②，甚至没有明确其基本的责任。③

3. 联邦总务管理局/总务署（General Services Administration，GSA）

联邦总务管理局/总务署作为独立机构，下设 GSA IT 办事处，并新成立"数字服务创新中心"，提供美国联邦数据服务，提供有关如何以最佳方式利用 IT 服务来支持任务目标和服务目标的指导。USA.gov 和 Data.gov 这两大联邦政府公开数据平台的建设也是 GSA 以及其下辖部门的成果。

4. 国家档案和记录管理局（National Archives and Records Administration，NARA）

国家档案和记录管理局是联邦政府的独立机构，是美国政府用以鉴别、保存有重要意义的官方文件和文书并提供获取服务的机构。NARA 的前身是国家档案馆（National Archives Establishment，NAE）。NAE 成立于 1934 年。此前，联邦机构各自保存自己的文件资料，造成了大量资料丢失和损坏。基于此，国会立法成立 NAE，要求联邦文件资料在此集中保存，并由总统任命"美国档案员（Archivist of the United States）"为 NAE 首席主管。④

---

①John F. Sargent Jr. A Federal Chief Technology Officer in the Obama Administration: Options and Issues for Consideration[R]. Congressional Research Service Report for Congress, 2010.
②John F. Sargent Jr. A Federal Chief Technology Officer in the Obama Administration: Options and Issues for Consideration[R]. Congressional Research Service Report for Congress, 2010.
③Scola N. The Chief Technology Officer of the United States is leaving. What now? [N]. The Washington Post, 2014-8-25.
④Act of June 19, 1934 ("National Archives Act")[Z], Public Law 73-432, 48 STAT 1122, "to create a National Archives of the United States Government and for other purposes."

(1) 政府信息服务办公室（The Office of Government Information Services, OGIS）

政府信息服务办公室定期对各机构进行独立、系统的审查，评估它们遵守《信息自由法》的情况。这些审查评估包括该机构的《信息自由法》运作、项目和政策，还包括项目设计、实施和结果等。

(2) 受控非机密信息办公室（Controlled Unclassified Information Office, CUIO）

受控非机密信息办公室隶属于美国国家档案和记录管理局下设的信息安全监督办公室（Information Security Oversight Office, ISOO），是 ISOO 中一个独立的机构。美国定义了一类受控非机密信息（Controlled Unclassified Information, CUI），即"由美国政府产生或持有的，或由代表或服务于美国政府的非政府机构接收、持有或产生的联邦非机密信息，需要采取一定的信息安全措施加以防护，并控制其传递和使用"。2010 年，奥巴马签署了第 13556 号行政命令（EO）"受控非机密信息"，专门对受控非机密信息实施管理。该命令要求，联邦政府各部门必须根据法律法规、政策的要求对 CUI 做好安全防护，按照公开统一的制度规范进行管理。随后发布对 CUI 定义的描述。2012 年，美国国防部在新修订的《信息安全纲要》手册的第 4 卷将 CUI 独立成卷，指导信息的识别与保护，并在手册的第 2 部分给出 CUI 的定义：依据相关法律法规和政府政策，需要保护和控制传播的非机密信息。将非机密信息分成仅供官方使用信息、执法敏感信息、国防部受控非机密信息、限制分发信息等 8 类。2016 年，《美国联邦法规》第 32 条 2002 部分"最终条例"（32 CFR Part 2002）制定了 CUI 的认定、保护、传递、标识、解除控制、处理政策，并对自我审查和监督等方面提出要求，为联邦执行机构和组织处理、持有、使用、共享、接收 CUI 提供规则保障。"最终条例"为机构处理 CUI 提供了基本遵循和统一范式，为第 13556 号行政命令提供了实施指南。2017 年，特朗普政府全面提升了 CUI 管控的地位，发布大量新政策、新标准、新指南，扩展了 CUI 的类别与子类别，扩大了 CUI 的管理范围。[1]

受控非机密信息办公室对 CUI 的认定、标识、保护、传播、解除控制、处理政策做出规范，并对自我审查和监督等提出要求。事项范围是 CUI 认定、标识的基础。截至 2022 年，ISOO 公布公共事项主类 20 个、子类 125 个。公共事

---

[1] 赵墨颖，刘克清，周俊，等.美国 CUI 安全保护体系研究及启示[J].信息安全与通信保密，2022（1）：89-97.

项主类包括关键基础设施、防御、执法、专利等，其中，以关键基础设施为例的事项子类包括信息系统漏洞信息、关键能源基础设施信息、通用关键基础设施信息、有毒物等。该分类为 CUI 的认定和标识提供了标准化的依据。不管信息由哪个机构产生，只要需要保护和传播控制，均须在 CUI 办公室设立的网上登记处进行登记，每一类事项范围登记表由类目名称、类目描述、控制标识、保护与传播的授权、保护标准、解除控制等部分组成。登记表中对 CUI 设立了保护等级，以防信息非授权窃取或疏忽泄露；设定了传递控制等级，以限制信息的传播范围，包括禁止对外传播、仅限联邦雇员、仅限联邦雇员和承包商、不得向承包商传播、传播清单受控制、仅授权向某些国民发布以及仅显示等。受控非机密信息办公室根据 CUI 注册表对机构的 CUI 保护措施进行审查、评估、监督，确保其符合保护要求。

（3）国家解密中心（National Declassification Center，NDC）

其由 David S. Ferriero 于 2009 年 12 月 30 日根据美国总统第 13526 号行政命令成立。其主要目标是简化解密流程、促进质量保证措施，以及对确定具有永久历史价值的档案进行解密方面的标准化培训。其使命是在维护国家安全的同时，推进具有历史价值的永久档案的解密和公开。

5. 美国司法部（Department of Justice，DOJ）

信息政策办公室（The Office of Information Policy，OIP）负责"鼓励和监督各部门遵守《信息自由法》"，并在整个政府范围内"提出政策指引"。1969年，美国政府在法律顾问办公室（OLC）内成立了信息自由委员会，其职责是对各机构执行《信息自由法》提供建议和帮助。后历经演变，直至 2008 年成立了由总检察长直接领导的 OIP[1]，其基本职责是"鼓励各部门遵守《信息自由法》，并确保总统的备忘录和总检察长对《信息自由法》的指导意见在政府各部门被完全实施；同时还对各部门实施《信息自由法》提供政策指引"[2]。

6. 美国国土安全部（Department of Homeland Security，DHS）

美国国土安全部承担信息安全方面的一些职责。2014 年，奥巴马政府发布了《联邦信息安全现代化法案》（The Federal Information Security Modernization

---

[1] Office of Information Policy. Organization, Mission and Functions Manual. [EB/OL]. [2020-02-09]. https://www.justice.gov/jmd/organization-mission-and-functions-manualoffice-information-policy.
[2] The Website of the Office of Information Policy (OIP) [EB/OL]. [2021-03-22]. https://www.justice.gov/oip/about-office.

Act of 2014，FISMA 2014）。该法案被以"信息安全"为题纳入《美国法典》第44卷第35章第Ⅱ子章。该法案除明确了各联邦机构在信息安全方面的基本职责外，还特别说明了行政管理和预算局主管和国土安全部（DHS）部长的相关职责。OMB主管负责整个政府内部关于信息系统安全政策、原则、标准和指引（除国家安全信息系统）的开发并监督实施。DHS部长则负责对各机构信息系统安全政策和实践的管理工作。其下属国家保护和程序局（NPPD）里的网络安全和通信办公室（CS&C）负责国家网络和通信基础设施的安全管理工作。① CS&C下辖的国家网络安全和通信完整性中心（NCCIC）则负责提供网络监控、事故响应等服务。

7. 美国商务部（Department of Commerce，DOC）

（1）美国商务部国家标准与技术研究所（National Institute of Standards and Technology，NIST）

美国商务部国家标准与技术研究所是美国商务部下属的一个物理科学实验室和非监管机构，任务是促进创新和行业竞争力。NIST的业务领域很广，在信息技术方面，NIST及其七大实验室之一的信息技术实验室（ITL）负责国家安全之外的信息安全管理和技术标准等的开发和制定工作。

（2）美国国家技术信息服务局（National Technical Information Service，NTIS）

美国国家技术信息服务局是美国商务部下属的另一个重要的数据治理机构，负责为各联邦政府机构提供创新数据服务，借此推进联邦数据优先倡议、建立卓越运营并实现任务成果。NTIS建立了美国目前最大的政府信息资源中心，全面收集由政府资助立项的科学、技术、工程及商业信息供免费使用。业务上NTIS的主管要向NIST的主管和商务部部长汇报。NTIS的National Technical Reports Library提供经过认证的美国政府技术报告，拥有300多万的资料信息和80多万篇科技报告全文。目前NTIS正在调整自己的使命，通过联合私人部门建立合作伙伴关系，为联邦机构提供创新性的数据服务，促进经济增长、提高政府运行效率，满足"数据驱动政府（Data Driven Government）"的需求。②

---

①The website of Office of Cybersecurity and Communications[EB/OL].[2021-03-12] https://www.dhs.gov/officecybersecurity-and-communications/.
②The website of the National Technical Information Service（NTIS）[EB/OL].[2019-05-07]https://www.ntis.gov/about/aboutus.html.

8. 首席信息自由官委员会（Chief Freedom of Information Act Officer Council，CFOIAOC）

2016年，奥巴马政府依法成立了"首席信息自由官委员会"，规定由OIP和OGIS的主任担任委员会的联合负责人。其他成员则包括OMB负责管理业务的常务副主管和各机构的首席信息自由法官员等。按照FOIA，每个行政机构都要指定一名高级官员作为"首席信息自由法官员"和"信息自由法公共联络员（FOIA Public Liaisons）"，负责本机构对《信息自由法》的执行。前者的职位相当于助理部长（助卿），并直接对所在机构领导负责。

9. 联邦隐私委员会（Federal Privacy Commissioner，FPC）

2016年2月，奥巴马签署了第13719号行政命令，成立了"联邦隐私委员会（FPC）"①，其目的是进一步加强在政府搜集公民信息的过程中保护公民隐私权。该委员会主席由行政管理和与预局算办公室负责管理事务的常务副主管担任，并由主席指定一位副主席主持日常工作。该委员会成员包括国务院、财政部、国防部、司法部等24个联邦部门。此外，联邦隐私委员会还需要协调联邦首席信息官委员会，并酌情联系总统行政办公室内的其他机构的理事会、委员会和办公室等。CIOC要与FPC之间交换信息。②

10. 政府部门的技术/数据管理职位

政府部门的技术/数据管理职位主要包括各机构的首席信息官（CIO）、首席技术官（CTO）、首席信息自由官（FOIA）、首席信息安全官（CISO）、高级地理信息官员（SAOGI）、首席隐私执行官（CPO）、高级隐私官（SAOP）等。

**（三）美国数字政府的治理结构**

美国数字政府的治理形成了鲜明的特点，就是以直接服务于总统的行政部门为核心机构的治理结构。以总统行政部门为中心，美国数字政府和数据的治理注重多部门和职位体系的相互作用和协同。如OMB在1985年发布的《联邦信息资源管理》通告（A-130）是美国联邦政府信息政策的集大成者，被认为是"关于信息技术管理政策和指导意见的一站式文档库"。③ 该文件详细界定了联邦机构在信息资源管理上的基本职责，但在之后的历次修改中也有较大调整。在2016年的新版中，除规定所有机构的一般性职能，尤其是各机构

---

①Barack Obama. The President Executive Order 13719: Establishment of the Federal Privacy Council. February 9, 2016.
②Groups. The Website of CIOC[EB/OL].[209-05-25] https://cio.gov/about/groups/.
③The Chief Information Officers Council. Architecture Alignment and Assessment Guide. October 2000.

CIO 以及首席财务官（CFO）、首席采购官（CAO）和首席人力资源官（CHCO）等职责外，还规定了其他相关部门的专项职能，其中商务部（DOC）主要负责信息处理标准等；国土安全部（DHS）主要负责信息安全政策的监督和支持；联邦总务署（GSA）主要负责技术的使用和保障；国家档案和记录管理局（NARA）主要负责电子档案管理，人事管理办公室（OPM）主要负责人力资源；所有部门都必须就所辖相关事宜向 OMB 提出建议或咨询。①

又如《开放数据政策》备忘录的主题词为"开放数据政策——管理信息资产"。在其附录中指出，联邦首席信息官将与 FCTO 以及 OMB 下属的另一个机构"信息与监管事务办公室（OIRA）"一同工作，帮助彼此提高互联互通和政府信息开放。为此，FCIO 需要在联邦 CIO 委员会（FCIOC）的支持下，建立跨部门工作组，讨论解决各机构共同的问题和分享最佳实践和案例。同时，对于联邦政府各机构而言，本机构的首席信息官（CIO）要与本机构的首席采购官、首席财务官、首席技术官、高级地理信息官员、高级隐私官、首席信息安全官、记录管理高级官员和首席信息自由法官员一同协调实施上述备忘录，并且尤其强调 CIO 要与 SAOP 加强合作。② 美国电子政务的治理结构如图 2-5 所示。美国信息自由和数据开放的治理结构如图 2-6 所示。

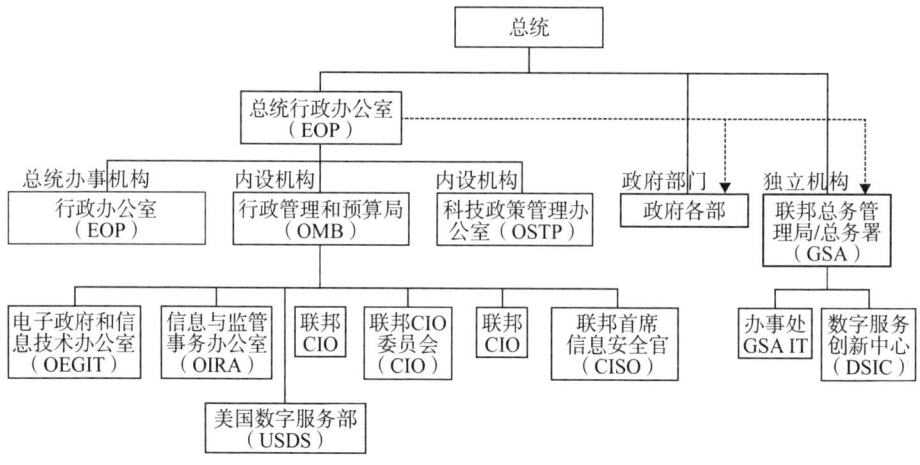

图 2-5　美国电子政务的治理结构

①黄璜.美国联邦政府数据治理：政策与结构[J].中国行政管理，2017（8）：47-56.
②同①。

政府数字化转型的战略、能力和模式 | 第二章

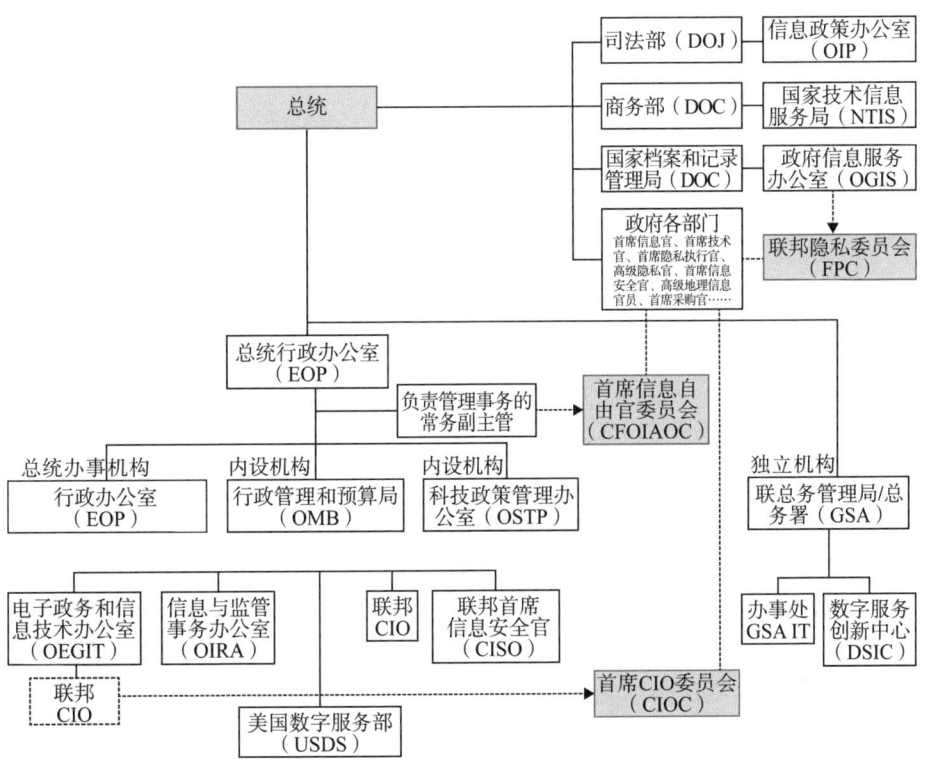

图 2-6　美国信息自由和数据开放的治理结构

## 二、英国政府数字化转型的战略和政策

数字化作为一种新的公共服务方式和沟通渠道，是技术运行的直接产物，但是从长远来看，数字化是对公共服务内容和方式的持续变革，并且可以为社会创造更多的公共价值。政府数字化转型的目标为：优化完善公共部门数字治理结构、让公民随时随地得到服务、实现政策决策和执行数字化，最终达到真正为公民服务的目的。英国作为数字化改革的第一梯队，在这一领域有着深远的影响，全面分析英国政府数字化转型的过程，提炼其核心思想和要素，能够为他国政府数字化转型提供借鉴。

（一）英国政府数字化转型的战略、阶段和特征

英国政府作为在世界范围内数字化改革的先行者，在改革过程中所出台的各项政策及战略鲜明地表现出了其独有的特征。

1. 英国政府数字化转型的战略目标

在大数据背景下,英国政府把数据称为21世纪的"新石油",认为所有部门都应以数据为驱动力,要切实发挥政府数据对于社会的价值,就应尽可能地加大政府数据的开放程度和共享程度。英国政府先后出台了各项政策,从战略角度推动数字化转型,其数字化的成熟度、影响力、执行力已超越美国。

2. 英国政府数字化转型的治理机构①

在英国数字治理机构和职能的不断变化中,一些部门的职能具有相对稳定性,这些部门也是政府数字化转型中的关键机构。总体来看,内阁办公室、政府数字服务局（GDS）、信息专员（IC）、信息专员办公室（ICO）、数字文化传媒体育部（DCMS）、数据战略委员会和公共数据组等机构在数字化转型中扮演着重要角色。

（1）内阁办公室和政府数字服务局

内阁办公室是英国政府数字化转型的核心机构,其相关职责包括：①确保数据治理政策被有效制定、协调和实施；②支持国家安全委员会和联合情报组织；③协助英国政府管理和应对网络安全危机；④为政府各项改革方案提供专家支持,确保公民能够获得有效的公共服务；⑤负责制定政府网站标准指南,推动政府数据发布并使政府运作更加透明；⑥加强数字技术和政府间数据的管理和使用；⑦提高公务员队伍的数字能力。由内阁办公室牵头成立公共部门透明委员会（Public Sector Transparency Board, PSTB）作为监督政府透明议程的核心部门,负责协同公共部门数据专员和数据专家制定公共部门数据开放的标准,确保所有政府部门在规定期限内发布关键公共数据集。同时在公共部门透明委员会中设立隐私保护专家,为各部门数据发布提供专业的隐私保护知识经验。

作为内阁办公室的组成部分,政府数字服务局（Government Digital Service, GDS）是根据《Directgov 2010 and Beyond: Revolution not Evolution》报告中的提议,在2011年组建成立的。作为引领英国政府数字化转型的核心部门,政府数字服务局设立的目标是把每个人触及政府数字服务的用户体验变得简单、一致且友好。它由旨在推动政府数字化转型的政府数字技术部长级小组和中央政府及权力下放主管部门的数字、数据和技术领导者负责管理。其相关职责包括：①为一致、连贯、高质量的服务提供最佳实践指导和咨询；

---

①部分参考李重照,黄璜.英国政府数据治理的政策与治理结构[J].电子政务,2019（1）：20-31.

②制定和管理数字服务、数据开放和技术操作规范等标准；③构建和支持通用平台、服务、组件和工具，维护和改进 gov.uk 等跨政府平台和工具；④扩大 GDS 学院，支持跨政府数字、数据和技术专业建设，提升政府数字能力等。作为数字化转型的核心机构，GDS 主要负责提供以数据和技术为中心的服务，以求提供更高质量的公共服务。同时，GDS 还负责对公共部门以及其他组织使用政府数据进行管理和监督。此外，通过对个人隐私数据以及保密数据的审查、分析，保障公民个人隐私安全并支持政府保密工作。

（2）信息专员办公室和信息专员

成立于 2005 年的信息专员办公室是一个由信息专员担任首席执行官和会计主管，接受数字文化传媒体育部资助的独立机构，其旨在维护公共利益的信息权利，促进公共机构开放和保护个人的数据隐私。它牵头信息通信管理局（Office of Communications，Ofcom）和商业、能源和工业战略部（Department for Business, Energy & Industrial Strategy，BEIS），主要职责包括：①开展数据保护工作，确保英国脱离欧盟后能够继续保护个人数据在欧盟成员国内无障碍地流动；②培训和引导公众获取公共部门信息并答复公众疑问；③编制实施指南，确保《数据保护法》《通用数据保护条例》《隐私与电子通信指令》的并行使用及有效实施，并对违反监管的情况实施制裁。

信息专员是根据《数据保护法》(1998)的要求设立的，是负责数据保护的独立监督机构。信息专员由英国女王任命，直接对议会负责，主要职责包括保护个人隐私、维护公共利益和公民的信息权利、协助信息公开。《信息专员办公室管理协议 2018—2021》是政府数字服务局与数字文化传媒体育部在 2018 年签订的。该协议明确专员的主要工作是保障英国公民的信息权，制裁违反协议的情况。[①]

管理委员会（Management Board，MB）是为了协助信息专员履行职责而组建的一个非法定的咨询机构，由信息专员担任主席，其主要职责是向信息专员就信息专员办公室的有效运作提供咨询意见，确保两者在法定授权范围内履行其监管职责。

（3）数字文化传媒体育部

数字文化传媒体育部的前身是由 1997 年时任英国首相布莱尔成立的文化传媒体育部。2015 年，卡梅伦首相将国家档案馆和英国信息专员办公室两个机构

---

[①] 李重照，黄璜. 英国政府数据治理的政策与治理结构[J]. 电子政务，2019（01）：20-31.

的数据保护的职能移交到文化传媒体育部。随着职能的增加，文化传媒体育部成为英国政府数字化治理的核心部门，并于2017年正式更名。数字文化传媒体育部是一个具有部长级别的部门，在2018年纳入由各部门的技术领导组成的数据领导者网络（Digital Leaders Network，DLN）后，进一步增强了数据治理领域的职能。

（4）数据战略委员会和公共数据组

数据战略委员会的主要相关职责是向内阁大臣提供发布公共数据的建议，为中央和地方的开放数据机构提供资金支持，帮助这些机构消除开放数据中的技术屏障，以及寻求数据价值的最大化。它代表政府部门指导公共数据组（Public Data Group，PDG）的合同管理，并就其数据如何促进经济增长为内阁部长提供建议。PDG的主要职责是将政府机构和数据聚合在一个组织内，通过协调一致的路径和方法促进公共数据的存取，从而确保公众能在免费使用数据的同时，通过适当的途径来提高公共部门信息投资效益并吸引私营机构投资。

3. 英国政府数字化转型的实施阶段

（1）数字化转型的第一阶段

数字化转型的第一阶段是英国政府数字化转型的准备阶段。2009年是世界数据开放元年，英国国家档案馆发布了《信息权利小组报告》。同年，英国财政部发布了《放在前线第一位：智慧政府》战略，要求完全公开政府数据并尽可能公布各类公共数据。2010年1月，英国政府数据网站（Data.gov.uk）建立。卡梅伦对政府透明度提出新标准，提出要减少财政赤字和创造更好的公共支出效益。为了响应卡梅伦的命令，英国财政部于2010年6月成立综合在线信息系统（Combined Online Information System）。该系统负责公开英国政府开支的初始数据，包括政府授权的其他机构的预算、实际开支等方面的信息。英国信息政策与服务部门颁布了《简化英国公共部门信息的再利用：英国政务许可框架与政务公开许可》，进一步明确政府透明、公开数据的原则。2012年，英国财政部主计长与办公室部长提交了《开放数据白皮书：释放潜能》与《自由保护法案》，明确政府发布数据的形式应以机器可读为标准，同时规定了开放数据的版权与收费标准。之后，政府数字服务局编制发布了《公共部门透明委员会：公共数据原则》，确定了数据开放的方式及格式，同时限制了适用范围。

（2）数字化转型的第二阶段

数字化转型的第二阶段是英国政府数字化转型的重要时期。2013年英国政府发布了《抓住数据机遇：英国数据能力策略》，强调部门之间和部门与其他机构之间的责任划分，认为政府必须努力提高公民参与积极性，提供多样化的参与途径，以顾客为导向改变公共服务政策和方式，全方位提高政府数据处理能力。英国内阁办公室发布的《2013年至2015年英国开放政府行动计划》中，从数据开放、诚信建设、财政透明、给公民赋权、自然资源公开5个维度确定了未来计划。[①] 2014年英国卫生部发布了《2014—2015年卫生部数字更新战略手册》，强调要节约卫生部的时间和成本，采用数字工作方式使工作更加方便、快捷。

（3）数字化转型的第三阶段

数字化转型的第三阶段是英国政府数字化转型的纵深发展阶段。近年来英国政府数字化转型目标不仅是公共服务能力的构建和财政支出的降低，并且结合实际情况融入了社会公共价值的考量，进而充分考虑受现实情况制约不能接入数字化公共服务人群的现象，循序渐进、推而广之，达到数字化转型"不让一个人掉队"的根本目的。

4. 英国政府数字化转型的核心特征

（1）以用户为导向的服务理念

政府以用户服务为导向，从公民的角度出发，将更多的选择权交给民众，分析用户的使用习惯、掌握民众需求，以求更好地满足民众需求。另外，英国政府认识到公务员、企业也和普通公民一样，都是用户，必须了解并满足他们的需求，才能真正实现政府数字化转型，达到服务公民、服务社会的目的。为此，英国政府努力为公务员创造更好的工作环境、提供专业的工具和技术，使公务员高效地开展工作，并且面向民众和企业提供完善的培训和技术支持，使民众和企业全方位地了解并支持政府的工作。

（2）坚持推行可持续性的变革

自2012年以来，英国在数字化转型领域一直保持着引领者的地位，积极探索数字化转型的方向、纠正过往出现的问题。但是，数字化转型是一个长时间的计划，制度建立、组织变革和目标设立等均需要建立可持续的改革战略。英国现阶段的任务是研究2025年以后的发展道路，以求做出更深刻的改变。目前的战略调整可能涉及政府机构的重塑，增加、减少或者撤销相应的政府部门，最终实现以用户为中心提供数字化的公共服务，更加快速地完成

---

① 张晓娟，孙成，向锦鹏，等. 基于国际评估体系的政府数据开放指标特征与模式分析[J]. 图书与情报，2017（02）：28-40.

数字化转型。

(3) 灵活的和可重组的战略

政府数字化转型是为了确保政府能够适应时代的巨变,并跟上技术发展的潮流,因此英国政府制定了更加灵活且可重组和发展的战略,提高政府各项技术能力,推广共享模式建立开放标准,提高政府充分应用公共数据的能力。同时,技术进步是减少财政支出和时间成本的有效途径,政府有更多余力和选择权以应对经济和政治方面的变革。此外,情境化的数字治理方案是英国政府数字化转型的重要方向。情境化旨在支持国家、地区、城市、社区和其他区域和社会单位,根据其具体情况发展自身,例如追求具体的公共政策和可持续发展目标。这个阶段是建立在早期阶段的基础上,将数字化成果应用于公共政策和发展,发展的侧重点是将数字政府行动专业化,使其制定的目标、运行方式、制度设计和核心理念适用于不同的背景,即要考虑环境特异性和开发目标的结合。情境化阶段要求数字政府寻求社会、经济、政治、文化的发展,符合国家、地区、城市和人民的需要,情境化意味着政府制定的目标远远超出了政府本身的需要,这是在目前提出的数字化模型中的最高阶段。①

**(二) 英国政府数字化转型的治理方式**

1. "数字即平台"的战略

自2016年脱欧公投起,英国致力于发展本国经济,维持着欧洲第三大经济体的地位。同时,英国政府为了解决历年来数字化转型出现的问题,并建立起与当前经济发展相适应的政府体系,于2017年出台了《政府转型战略(2017—2020)》(Government Transformation Strategy 2017 to 2020),强化"数字即平台"的理念,提出政府要以民众的需求为核心,不断地以更高效、更人性化的方式解决公共服务中的问题,制定清晰明确的数字化路线,提高工作效率、提升公民体验,使英国的民众、企业和其他机构都能够享受到优质、可靠的体验。② 英国为构建一种"全政府"的公共服务模式,在政府转型方面做出了系统性安排,以求向英国民众提供世界一流的公共服务。该战略的目标和任务,可以概括为以下几点:

---

①Janowski T. Digital Government Evolution: From Transformation to Contextualization [J]. Government Information Quarterly, 2015, 32 (3): 221-236.
②张晓,鲍静. 数字政府即平台:英国政府数字化转型战略研究及其启示[J]. 中国行政管理, 2018 (03): 27-32.

(1) 培养数字化人才和培育数字文化

英国致力于培养世界范围内最具有数字意识的公务员队伍，使英国政府成为全球领先的公共服务提供者。为了达成这一目标，首先要提高领导者的数字管理技能。英国在政府内部提供数字、技术职业岗位，依托各种教育机构和渠道提升人员各项技能，为数字专业人才创造良好的学习机会和学习氛围。其次，针对非专业化数字人才，倾向于培养他们适应数字文化，对政府数字化转型保持积极态度，及时学习与业务相关的技能和知识并理解数字化工作方式的优势。

(2) 建立跨政府部门业务联动系统

英国政府数字化转型的目标之一是扩大政府部门的服务范围，这也是世界各国在发展过程中达成的共识。因此需要政策制定与实际情况密切结合：既要覆盖政府内部的各项工作，也要面向全体公民提供全方位的公共服务；既要从政策角度确保数字化转型的进度以及方向，也要结合实际情况解决现实存在的公共问题。

(3) 推动跨政府部门业务的整体转型

创建共享平台和数据复用能力，尽快建立跨部门共享平台，以有效避免数据的重复和叠加。英国政府运用 gov.uk 网站来实现跨部门的服务，包括但不限于地方政府服务、第三方提供的服务和外包服务。英国政府已经终止与单一、大型的供应商的合作。

2. 公共服务的彻底数字化

2013年10月，英国政府制定并公布了《政府数字化战略》，将数字政府作为公共服务供给的优先方式，即实现公共服务的默认数字化。在默认数字化的前提下，数字化的公共服务将成为英国政府提供公共服务的主要方式。2012年6月，英国政府颁布《政务改革方案》，首次提出"默认数字化"的方针。英国内阁办公室于2013年12月发布的《政府数字化策略》中，已将政府各项在线服务功能全部整合到英国政府门户网站；公众只需访问政府门户 gov.uk 即可获取各项信息并接受服务。政府数字服务小组还颁布了一系列指导意见，协助其他部门和机构理解并明确政府门户网站的作用和发布标准。各级政府和机构发布信息或者提供的服务必须符合各项标准，并通过政府数字服务测评，才能出现在政府门户网站上。

### （三）英国政府数字化转型的启示

1. 基于技术能力构建前瞻性的数字化转型体系

英国政府数字化转型之所以能够成功落地，是因为在前期准备阶段内阁成立了专业的数字服务组。该服务组担任起推动数字化转型的艰巨任务，需要使大众广泛接受数字化政府的运行模式。同时，数字服务组的重点工作是制定各项数字标准，开发、运营各大技术平台和政府门户网站 gov.uk，协助和支持其他业务部门学习数字技能，将数字化的管理方式运用到日常工作中。此外，还要不断拓展其他领域的业务，照顾到没有接触过数字化的民众，及时总结实施战略等。

2. 注重数字化转型的系统性建设和整体化推进

数字化转型成功的关键之一在于其系统性和整体性。英国政府在推动数字化转型过程中，出台了各项具体的实施战略，在战略落地前内阁成立了相应数字小组，作为推动数字化转型的强力后盾和支持。要健全数字化转型的法规政策保障，积极推进各项机制建设。政府部门领导的数字意识对于部门的数字能力建设有着重要的影响。对主要负责人进行培训，提升数字技能，培养数字化意识。通过招揽数字化人才，扩充专业人才的队伍，作为政府数字化转型的重要支撑。另外，还要意识到创建政府部门之间、政府部门与其他社会组织之间沟通的渠道，使之充分讨论以求得解决问题的最佳途径。

3. 加强数字化转型的结构优化和组织制度建设

在数字化转型的过程中，英国政府致力于培养拥有数字技能的人才和文化氛围，建立拥有专业才能的公务员队伍；同时建立跨政府部门业务联动系统，消除部门之间、政府与其他社会组织之间的壁垒，增加数据的流动性和共享性。此外，英国政府不断加快推动跨政府部门业务的整体转型，与社会其他组织达成合作，将社会治理的一部分责任和权力还给社会，以求给公民提供精准、便捷、快速的公共服务。英国政府改变信息化项目招标过程，降低企业和其他组织参与数字化建设的门槛。此外，英国政府在数字化转型的各个阶段都充分发扬合作开放精神，搭建开放共享平台以吸引中小型企业加入数字市场。这为我国的数字化转型提供了启示：首先，数字化转型是一项长期工作，要做好长期改革的准备；其次，政府需要从法律和政策角度保证数字化转型的进程，法律和政策是政府推进工作强有力的后盾和驱动力；最后，积极与社会力量达成合作，提升数字化转型的效益。

## 第三节 ▎中国政府的数字化转型

中国政府的数字化发展起步很早,电子政务的发展历程可以追溯到20世纪80年代,当时已经开始在政府管理中使用计算机。1993年被称为政府信息化元年,以"三金工程"的建设为标志,中国政府持续推进数字化建设,在基础设施、法律法规、治理机构、政策体系、技术标准、政府数字化与行政审批和政务服务改革创新,以及经济社会发展的融合上,取得了显著成果,在联合国电子政务调查评估中排名逐次上升。

### 一、中国政府数字化转型的阶段

(一)第一阶段(1983—1993年)

1983年,关于"新技术革命的挑战与我们的对策"的全国大讨论之后,国务院批准组建国家计划委员会经济信息管理办公室,主要负责制定全国经济信息管理系统的长远建设规划和年度实施计划等。1986年,国务院将国家计划委员会计算中心、经济信息管理办公室、国家计划委员会预测中心合并,成立国家信息中心。同时,国家计划委员会、财政、金融、税务、电力、海关等重要的政府管理信息系统开始建设。1987年,钱天白教授发出了中国第一封电子邮件。

(二)第二阶段(1993—2009年)

1993年,"三金"(金桥、金关、金卡)工程启动。1994年4月20日,中国连入Internet的64K国际专线开通,实现了互联网的全功能连接。1999年,我国开始推进政府上网工程,由原邮电电信总局和原国家经贸委经济信息中心等40多家部委(办、局)信息主管部门联合策划发起,各省、自治区、直辖市电信管理局作为支持落实单位,联合信息产业界各种力量。随着政府上网工程的全面推进,中国政府站点迅速增加,网页内容日益丰富。2002年,国家信息化领导小组成立,中共中央、国务院组建而成,具体工作由工业和信息化部(以下简称"工信部")承担。2002年,中共中央办公厅、国务院办公厅联合下发了《国家信息化领导小组关于我国电子政务建设指导意见》，提出"二网、一站、四库、十二金"。2006年，中共中央办公厅、国务院办公厅发布了《2006—2020年国家信息化发展战略》，明确了电子政务总体任务、框架体系、行动计划。

**（三）第三阶段（2009—2016年）**

这一阶段的主要特征是政务微博、政务微信、移动政务App、智慧城市、数据开放的推进。2013年发改委第266号文件提出，电子政务工程建设管理应向注重支撑部门履行职能、提高政务效能、有效解决社会问题转变。2015年7月4日，国务院印发了《国务院关于积极推进"互联网+"行动的指导意见》。2015年的《政府工作报告》中首次出现了对"智慧城市"发展的明确倡议。2015年8月31日，国务院印发了《促进大数据发展行动纲要》（国发〔2015〕50号），提出"加快政府数据开放共享，推动资源整合，提升治理能力"。该纲要系统地分析了我国目前面临的机遇与挑战，指出我国大数据发展的战略计划，在充分了解我国目前大数据建设发展具备一定的基础之上，也提出了我国大数据建设目前存在的数据共享困难、数据管理跟不上、缺乏统一的数据管理机构、缺少法律法规的监督管理等问题。该纲要提出在数据资源共享、大数据资源统筹、政府治理大数据管理、公共服务、现代农业、现代工业等方面的十大基础工程全面推进我国大数据发展和应用，加快建设我国成为数据强国。此后，国务院及地方各部门也相继发布了具体的大数据应用计划，促进了我国大数据发展的快速铺进与应用。例如原环境保护部发布了《生态环境大数据总体方案》、水利部发布了《关于推进水利大数据发展的指导意见》、原国土资源部印发了《促进国土资源大数据应用发展的实施意见》等等。2016年9月25日，国务院印发了《关于加快推进"互联网+政务服务"工作的指导意见》。

**（四）第四阶段（2016年至今）**

这一阶段的主要特征是政务信息资源共享管理、"互联网+政务服务"、数字政府治理、"放管服"改革、网络安全和数据安全。2016年4月26日，《推进"互联网+政务服务"开展信息惠民试点实施方案》由国务院转发，国家发展和改革委员会（以下简称"国家发改委"）、财政部、国家卫生健康委员会（以下简称"国家卫健委"）、国家标准化管理委员会（以下简称"国家标准委"）等部门联合推进，促进信息共享与互认，促进各部门之间政务协同，用数据流动代替群众跑腿，服务理念由主动变为被动。之后，《政务信息资源管理暂行办法》《关于加快"互联网+政务服务"工作的指导意见》《政务信息系统整合共享实施方案》相继发布,为政务信息系统的互联互通、提升行政效率、贯彻"放管服"改革目标提供政策支持,从实际行动上提高公共服务的质量和效率。2017年1月,国务院办公厅印发了《"互联网+政务服务"技术体系建设指南》,从技术角度对"互联网+政务服务"提出了相关战略及具体实施的计划与要求,着眼于技术基础平台建设,总结了地方政务服务的现状和问题。从建设问题出发,整合各方面资源,提出了具体的解决方案和操作方法,重点从业务支撑、基础平台、关键保障、评价考核系统等方面进行完善,旨在为政府服务的标准化、协同化、精准化、便利化提供技术和服务体系指导。[①]

随着信息技术革命下人工智能的快速发展,我国顺应时代潮流,积极推动创新型社会发展,积极推动人工智能的发展与利用。2017年7月,《新一代人工智能发展规划》由国务院印发,为我国人工智能的未来发展提供了战略指导。根据该规划内容,我国基于人工智能积极开展"人工智能+经济""人工智能+社会""人工智能+国防"等实践,利用人工智能建设智能政府、智能社会,促进知识、技术、产业深度融合,加快人工智能培养,完善管理制度,形成人才、制度、文化三维度相互融合支撑的统一系统,为应对未来风险挑战、推动社会智能化提供重要基础,为数字政府建设提供坚实的技术支撑。相关部门积极响应国家战略,相继发布战术性政策文件,工信部和科技部发布了《促进新一代人工智能产业发展三年行动计划(2018—2020年)》《国家新一代人工智能开放创新平台建设工作指引》等文件,为人工智能的发展提供政策支撑。

2018年6月22日,国务院印发了《进一步深化"互联网+政务服务"推进政务服务"一网、一门、一次"改革实施方案》。2019年5月15日,中华人民共和国国务院令第711号修订《中华人民共和国政府信息公开条例》。2020年,在联合国电子政务调查评估中,我国首次升至非常高的EGDI组,这一进步可以归功于在国家和地方层面实施全面的数字政府政策和举措。2020年以后,社交媒体被广泛应用于数字化公共服务,成为连接人民、企业和政府的数字化工具。最显著的例子是微信和支付宝,个人可以通过智能手机获取公共服务。各级政府在社交媒体上建立官方账户,以促进与公众的直接互动。2021年3月13日,《中华人民共和国国民经济和社会发展第十四个

---

[①]国务院办公厅.关于印发"互联网+政务服务"技术体系建设指南[A/OL].[2017-1-12]. https://www.gov.cn/zhengce/zhengceku/2017-01/12/content_ 5159174.htm.

五年规划和2035年远景目标纲要》提出"加快数字政府建设""数字技术广泛应用于政府管理服务,推动政府治理流程再造和模式优化,不断提高决策科学性和服务效率"。2022年6月6日,为贯彻落实党中央、国务院关于加强数字政府建设的重大决策部署,国务院发布了《关于加强数字政府建设的指导意见》(国发〔2022〕14号)。2022年9月13日,为进一步加强政务数据治理,国务院办公厅印发了《全国一体化政务大数据体系建设指南的通知》(国办函〔2022〕102号)。2023年,中共中央、国务院印发了《数字中国建设整体布局规划》,力图全面提升数字中国建设的整体性、系统性、协同性,以数字化驱动生产生活和治理方式变革。

## 二、中国数字政府的治理结构

数字政府的实现"依赖于由不同政府角色组成的数字政府生态系统,包括非政府组织、企业、协会和个人,通过与政府的交互,支持数据、服务、内容的生产与访问"[①]。Sharon S. Dawes将数字政府理解为数字时代持续发展的政府和治理的适当基础设施,涵盖了政府的目标和角色、对广泛的社会趋势的认识、对不断变化的技术性质的关注、信息/数据管理、选择和自我决定的人文要素、跨越边界的互动和复杂性等,并强调"它们代表了一个动态、开放的社会技术系统,其中技术因素和社会因素扮演独立和相互影响的角色"[②]。在中国,"领导小组"、政务服务和数据管理局(简称"政数局")和政府部门构成的领导型网络治理结构,以及政府部门组织领导、社会组织提供技术设计、互联网企业负责技术实施,基于共同目标形成组织间网络关系,已成为数字政府构建和运行的重要形式。

### (一)国家层面的数字政府治理机构

1.中央网络安全和信息化委员会办公室

中央网络安全和信息化委员会办公室(以下简称"中央网信办")隶属于中央网络安全和信息化委员会,是其下设的办事机构。依据2018年3月"党和国家机构改革方案",中央网信办改为"中央网络安全和信息化委员会",目的是强化国家网络安全和信息化的统一领导和协同力度。其中就包括电子政务统筹工作,在电子政务统筹协调工作方面发挥了巨大作用。电子

---

[①]王益民.数字政府[M].北京:中共中央党校出版社,2020:38.
[②]Dawes S S. Governance in the Digital Age: A Research and Action Framework for An Uncertain Future[J]. Government Information Quarterly, 2009, 26(2): 257-264.

政务作为数字政府建设的基础工作,对数字政府的未来发展具有重大意义。除此之外,中央网信办还肩负着部分网络信息安全的问题。具体来看,中央网信办在数字政府建设方面起着突出作用。一是建立统筹协调机制。2016年由中央网信办领头,由中央网络信息办公室牵头,中央办公厅、国务院办公厅、国家发改委等有关部门参加的全国电子政务协调机制建立,建立了国家电子政务工作协调会制度、重大事项协商以及重大事项报告制度。二是完善战略规划。中央网信办联合国家其他相关部门,为完善我国数字政府战略实施做出了重要努力,制定并发布了《"十四五"国家信息化规划》《国家电子政务标准体系建设指南》《信息化标准建设行动计划(2024—2027年)》等。

2. 工信部

工信部是2008年国务院机构改革后设立的,承担了原国家信息化领导小组的具体工作。工信部主要职责体现在两个方面。一是统筹管理国家信息化工作,工信部主要通过下属的通信发展司、通信信息管理局等机构,并联合国务院其他部门统筹推进国家信息化工作,制定相关政策,在电子政务建设、信息资源共享、政务资源统筹规划、资源互联互通方面也承担着重要职责。二是网络安全监管,目前工信部的网络安全管理局负责网络监管,主要职责有网络安全平台建设、网络安全日常监管、网络安全政策制定等。[1]

3. 国家电子政务外网管理中心

我国于1986年建立了国家经济信息系统和国家经济信息中心,并于1988年正式改名为"国家信息中心"。2010年,国家信息中心加挂国家电子政府外网管理中心的牌子。国家电子政务外网管理中心(以下简称"国家信息中心")是国家发改委直属事业单位,其下设公共技术服务部、信息和产业发展部、大数据发展部、信息与网络安全部。[2] 国家电子政府外网管理中心是国家经济信息系统的领导机构,牵头建设国家电子政务外网管理系统;而且参与了许多主要的国家建设项目,包括国家电子政府外联网、发展和改革委员会的垂直网络和金宏项目等,在数据共享互通、业务协同等方面发挥着巨大作用,是国家信息化发展战略的重要推动机构。除此之外,国家信息中心在政务信息整合共享、国家数字化战略规划与咨询、大数据决策支持等

---

[1]中华人民共和国工业和信息化部.工业和信息化部机构职责[EB/OL].[2014-02-22]. https://www.gov.cn/fuwu/2014-02/22/content_ 2618642.htm.
[2]国家信息中心.国家信息中心简介[EB/OL].[2024-08-02]. http://www.sic.gov.cn/sic/78/94/list/index_pc.html.

方面发挥了巨大作用。①

4. 国务院办公厅电子政务办公室

国务院办公厅电子政务办公室主要职责有三个：一是国务院办公厅和机关政务信息的规划、管理和保障；二是中央政府网站的建设与维护运行；三是国务院办公厅连接地方政府和国务院其他部门网络的建设与管理。

5. 国家数据局

2023年3月，中共中央、国务院印发了《党和国家机构改革方案》，组建国家数据局，将中央网络安全和信息化委员会办公室承担的研究拟订数字中国建设方案、协调推动公共服务和社会治理信息化、协调促进智慧城市建设、协调国家重要信息资源开发利用与共享、推动信息资源跨行业跨部门互联互通等职责，国家发改委承担的统筹推进数字经济发展、组织实施国家大数据战略、推进数据要素基础制度建设、推进数字基础设施布局建设等职责划入国家数据局。国家数据局是由国家发改委管理的机构，于2023年10月25日正式揭牌。国家数据局主要负责协调推进数据基础制度建设，统筹数据资源整合共享和开发利用，统筹推进数字中国、数字经济、数字社会规划和建设等。

### （二）政府信息系统整合共享协调工作机制

为落实推进《政务信息系统整合共享实施方案》（国办发〔2017〕39号），国家成立政务信息系统整合共享推进落实工作领导小组，建立部际协调工作机制。国家发改委主任任领导小组组长，成员包括中央网信办、中央编办、工信部、公安部、财政部等部门和单位负责人，审计署、国有资产监督管理委员会、国家标准委、国家电子政务办公室、国家信息中心。推进实施工作领导小组由组织推进组、技术支持组、专家咨询组三个工作组组成。② 政府信息系统整合共享推进领导小组协调工作机制如表2-6所示。

---

①黄璜，孙学智.中国地方政府数据治理机构的初步研究：现状与模式[J].中国行政管理，2018（12）：31-36.
②国务院办公厅.国务院办公厅关于印发政务信息系统整合共享实施方案的通知（国办发〔2017〕39号）[EB/OL].[2017-05-03].https://www.gov.cn/gongbao/content/2017/content_5197010.htm.；国家发展改革委、中央网信办、中央编办、财政部、审计署.《加快推进落实〈政务信息系统整合共享实施方案〉工作方案》（发改高技〔2017〕1529号）[EB/OL].[2017-05-03].https://www.gov.cn/xinwen/2017-08/28/content_5221066.htm.

表2-6 政府信息系统整合共享推进领导小组协调工作机制

| | 小组 | 所在单位 | 成员 | 主要职责 |
|---|---|---|---|---|
| 政府信息系统整合共享推进领导小组组长：国家发改委主任 | 组织推进组 | 国家发改委员会高新技术产业司 | 中央网信办、中央编办、工信部、公安部有关司局、财政部、审计署、国有资产监督管理委员会、国家标准委等部门以及国家信息中心 | 定期召开工作推进会，及时反馈、整合、共享工作进展和考核情况 |
| | 技术支持组 | 国家信息中心 | 工信部、公安部、保密局、国家加密局、国家标准委等 | 组织起草相关标准规范 |
| | 专家咨询组 | | 由国家发改委、中央网络信息办公室牵头 | 对政府数据共享开放的提供咨询指导 |

**（三）地方数字政府治理机构**

地方的数字政府治理机构主要包括网络安全和信息化委员会办公室、政府办公厅（室），以及专门的数据管理部门。需要强调的是，2018年党和国家机构改革以后，地方政府的数据治理部门呈现出多种形态：一是政府办公厅（室）加挂数据局牌子；二是发改委或经济和信息化厅（局）加挂数据局牌子；三是新成立的政务服务和数据治理机构；四是成立专门的数据治理机构，或作为政府组成部门，或作为政府直属机构。

**（四）政府与企业的合作模式**

企业可以成为公共服务的提供主体，其电子商务运营的经验可以用于数字政府建设之中，是数字政府治理的重要参与主体。政府与企业之间的协同机制更多体现在市场化运作之中。数字政府项目的市场化运作可以增强项目管理的灵活性，弥补体制内人才不足、经验欠缺、效率偏低等问题。政府与企业在数字政府建设的硬件和软件方面都有着重要合作。

从技术层面看，一些企业为数字政府的建设运营提供了技术支持和平台。例如浙江、江苏、贵州等"互联网+政务服务"的云平台建设由阿里巴巴公司提供了重要的技术支持。海南、福建等全国大部分省市地区已与阿里巴巴在政务服务云平台建设上形成了战略合作伙伴关系。国税总局、海关总署、国家知识产权局、人社部、交通运输部、中国气象局等政府部门也都大量采用了阿里云的技术，产生了多项迭代创新的实践业务。① 很多省级和地方政府也与企业建立了长期稳定的协作关系。例如，在数据管理方面，一是通过成立大数据产业有限公司，推进政府数据社会化市场化管理，如贵州省成立了云上贵州大数据产业发展有限公司（国有），并授权该公司运营政府云平台及政府数据服务。二是建立大数据产业园区，由国有大数据服务公司和私营企业参与入股，政府与社会开展数据合作，促进数据的市场化应用。在民生领域，商业企业提供的第三方服务也不断渗透到群众生活中，BAT（百度、阿里巴巴、腾讯）广泛参与政务服务。2019年6月5日由国务院办公厅主办的"中国政务服务平台"微信小程序正式上线，该小程序接入了31个省（自治区、直辖市）和新疆生产建设兵团，以及40余个国务院部门相关政务服务资源，提供223项高频民生服务，涵盖人社、司法、民政、营商、教育、助残等，腾讯及数字广东公司联合为平台提供技术支持。

---

① 李文瑶. 阿里云被集成，助力数字政府实践［EB/OL］.［2019-04-04］. https://www.sohu.com/a/305932995_100245994，2019-4-14.

# 第三章
# 政府数字领导力的模型建构及路径

在制定和执行国家和地方数字化转型战略方面，政府的数字领导力至关重要，涉及理念引领、结构性转型，以及体系化的运行和保障机制构建等多个层面。这也可以被解构和建构为目标、体系和结构等多个维度，彼此之间相互交叠、互相影响，构成了政府数字领导力的整体。公务员处于提供公共服务和治理的最前沿，在确保政府质量和数字化能力，以及实现经济社会的可持续发展方面发挥着关键作用。在数字时代，领导者同时也应当是领导人才。领导人才本身兼具"领导"和"人才"两方面属性，既要行使领导职能、发挥领导作用，又要能够引导和影响组织成员进行创造性劳动。① 政府部门领导者的数字治理能力已成为领导力的一个重要组成部分，也对政府组织和公务员的数字化能力起到引领和塑造作用，如何有效提升领导者的数字治理能力便成为各级政府面临的共同课题。本章分析了政府数字领导力的维度及其构成，探讨了数字政府领先国家的数字领导力，并进一步运用 WSR 方法论对数字时代的政府领导者的数字治理能力的要素及其提升进行了分析。

---

①杨国栋，吴江.领导人才及其培养价值探析[J].领导科学，2020（1）下：27-29.

## 第一节 ▎政府数字领导力的维度和结构

在数字时代，如何有效提升数字领导力已成为国家、政府和各类组织所面临的共同课题。数字领导力通常被认为是"认知和了解当前信息通信技术，为自己和组织选择性地采用新兴信息通信技术，以及使用这些信息通信技术的能力"[1]。数字化已成为当今所有发展的核心，但只有政府发挥数字领导力，才能激发数字化的最大潜力。政府数字领导力具有多重维度，它既是构建数字化发展共识和促进数字化价值共创的综合性能力，也是政府在数字化的开放系统中推动数字经济发展、实现数字政府构建和建设与数字生态环境相适配的体系化能力，还是基于职能权责，通过关系管理，实现数字化过程中组织领导、数字化领导机构和行政工作人员相协作的系统性能力。目标、体系和结构三重维度之间相互交叠、互相影响，构成了政府数字领导力的整体。

### 一、面向数字化发展的共识构建与价值共创能力

在数字时代，一个负责任的政府必然要谋求建立数字化先行优势。但数字化也具有较强的复杂性、不确定性，面临诸多已知或未知的风险与挑战，其过程也存在多主体、多利益群体之间的价值冲突与博弈。政府需要有效汇聚、协商、凝聚和构建各个领域关于数字化发展的需求和愿景，促进相互之间的合作，实现数字化发展的成果惠及全民。

（一）构建数字化发展共识的能力

人类社会已经迈入数字时代，数字成为互联网新的表达方式，数字化正在改变人类的思维和行为方式。近年来，世界各主要国家纷纷推出本国的数字愿景，如：美国的"数字经济议程 2016"、法国的"数字化路线图"、日本的"创建最尖端 IT 国家宣言"、欧盟的"欧洲数字议程（DAE）"、德国的"数字战略 2025"、新加坡的"智慧国家 2025"、中国的"国家信息化发展战略纲

---

[1] Van Wart M, Roman A, Wang X. Operationalizing the Definition of E-leadership: Identifying the Elements of E-leadership[J]. International Review of Administrative Sciences, 2017, 85（1）: 80-97.

要",数字化发展已成为全球共识。作为一个幅员辽阔、人口众多、区域发展不平衡的单一制国家,中国在数字化发展中,尤其需要发挥党和各级政府的引领、推动和协调作用。在国家走向全面数字化的新阶段,在数字中国步入"全面渗透、跨界融合、加速创新、引领发展"的关键点上,各级政府部门要基于国际国内比较、数据分析、实证调查,形成行业、地区的数字化发展共识,目的就是要以数字化建设和发展为主线,帮助各行业找准供需着眼点和转型基准点,合作挖掘数字化价值潜能,创新推动数字经济社会快速发展,让数字红利、科技革新和改革开放成果惠及人民,更让政府治理回归本真。

(二)促进数字化价值共创的能力

在中国数字化的进程中,党和国家的价值理念和顶层设计、政府的有效引领和强力推动,以及经济社会各个领域的推波助澜跨界联动,已经使"万物皆比特"成为国人共识,数字化建设的必要性和重要性也得到前所未有的重视。在建设数字中国的背景下,数字技术转变为新的生产要素和治理工具,成为实现"以人民为中心"的发展、"发展成果由人民共享"的重要手段。将数字化发展共识转变为数字化发展普惠全民,是中国政府的本质和目标所在。当前,我国数字化发展仍存在数字动力释放尚不充分、区域发展不平衡、数字鸿沟依然较大、发展环境不够完善等问题,但数字技术作为"新基建"的底层逻辑,仍具有最终弥合鸿沟、实现普惠的潜在能力。在数字化发展中,政府不能仅仅作为实现数字化发展目标的制定者、推动者和维护者,还要成为数字化发展的价值的探索者和创造者,其核心思想是强调数字化进程中政府的职能并非单纯地遵照执行,而是一个能动的涉及战略管理的价值创造过程。要实现数字化过程中的价值创造和价值共创,政府与企业、社会,以及公民要发展为一种合作的关系。在信息管理、创造服务价值和行政领导三个领域,政府在数字化中的角色发生范式转变:从信息垄断者到信息提供者、经纪人和消费者;从唯一的"看管者"到服务提供者和网络管理者;从官僚领导者到合作促进者和框架提供者。

## 二、适应"组织—环境"交互的数字化转型能力

根据美国领导学家理查德·哈格斯、罗伯特·吉纳特和戈登·柯菲所设立的领导研究模型,"领导是领导者、追随者及其所处情境的交集,是这三个因素互动的产物"。[1] 从组织的视角,政府既是经济社会数字化的领导者,

---

[1] [美] 理查德·哈格斯,罗伯特·吉纳特,戈登·柯菲. 领导学[M]. 4版. 朱舟,译. 北京:清华大学出版社,2004:76.

也是自身数字化转型的承载者。由于数字化进程已经根本地改变了政府管理的情境，情境的变化又深刻影响着政府管理的对象和领域，而情境和领域的变化又必然会影响政府管理自身，进而在政府领导数字化的过程中产生了三个彼此关联、相互作用的能力向度。

### （一）推动数字经济发展的能力

数字化已经成为经济发展的新动能。政府作为推动经济发展的重要力量，担负着推进数字产业化和产业数字化的重要职责。2015年，国务院发布《关于积极推进"互联网+"行动的指导意见》《关于促进大数据发展行动纲要》；2016年，中国开创性地将数字经济列为G20创新增长的重要议题；2017年以来，国家发改委、工信部等部门陆续下发了《国家数字经济创新发展试验区实施方案》《关于推进"上云用数赋智"行动 培育新经济发展实施方案》等针对数字经济的政策文件，设立数字经济相关重大工程及试点工作。在地方层面，山东、广东、四川、福建、河南、浙江、贵州、安徽、江西、天津、陕西等省份先后制定了20余份数字经济发展重大工程、数字经济专项资金管理办法等政策文件，力图打造政策环境的先发优势。数字经济发展具有多种模式，政府还需结合基础条件、资源、能力、人才，以及目标任务和所处阶段的不同，科学谋划、理性设计，提供适合实际的数字经济发展政策环境。政府也要推动数字经济的互利共赢，提供激励措施，使公共和私营部门同时受益，并鼓励伙伴关系和合作。例如，政府可以实施激励初创企业创新的政策，并采用电子商务战略以简化业务流程，并建立有效的创新生态系统。

### （二）实现数字政府构建的能力

新一代信息技术，如大数据、物联网、云计算、人工智能等在政府治理、社会治理中的综合应用，可以帮助政府更加全面、准确地了解公共管理的需求和实际状况，提升公共服务覆盖面、精准度和服务能力。"全面发展数字政府能够引领公共领导力"[1]，中国已经形成了独具特色、卓有成效的数字政府实践："互联网+政务服务""互联网+监管"在深化"放管服"改革，在优化行政体系、过程和能力上取得显著成效；"一网通办""一网通管""一网、一门、一次"改革、一体化在线政务服务平台建设，以及政府开放数据、数据治理等实践的开展，在提升政府治理效能、服务经济社会发展、增进民生福祉等方面起到了重要作用。从数字"领导"的功能出发，实现数字政府构建，需要政府运用整体方法，通过持续的改进过程实现渐进性的转型。首先是综合环境分析。评估法律和制度框架、愿景、价值和态度。其次是共

---

[1] 臧超，徐嘉.数字化时代推进政府领导力的三重向度[J].领导科学，2020·10（下）：119-121.

同愿景创设。确定一个可持续发展的愿景，阐明在具体情境下数字政府的作用，并制定一个任务战略。再次是战略与能力构建。选择数字转型需要保障的各种要素条件，包括思维转换、制度建构、机构设置、信息技术基础设施建设、人员能力培养、资源调用与运用等。最后是监管与评估。通过多种渠道、多向沟通来评估转型的效果，以促进合法性与公共信任。

### （三）建设数字生态环境的能力

要有效发挥数字领导力，政府还必须成为数字生态环境的塑造者。基于新的信息技术不断扩展的应用范围和日益增长的能力，政府的数字领导不仅包含"数字""治理"等新的元素，更强调对新的数字化技术、数字政府，以及治理的整合，从而构建一个更符合实际的、动态的治理模式和整体环境。由此，政府数字领导力还体现在为数字化的各个方面、各个领域提供"生态基座"的能力上，其关键内容包括三个方面：一是数字信用体系。"包括技术型要素和管理型要素，涉及硬件环境基础信用、信息平台和信息系统信用、环境基础信用、信息信用和信息人信用"[1] 等，需要政府与企业、社会合作，充分运用信息技术，建立统一的标准规范、系统的法规政策、严格的管理制度。二是数字安全体系。基于总体国家安全观，不断增强网络安全治理能力，需要政府、社会组织和个人在内的其他利益主体共同参与，充分考虑所面临的各种安全威胁及其使用人群的素质能力，并综合考虑数字隐私和伦理，采取法规、政策、管理、技术、舆论等多种措施。三是数字评价与责任体系。基于"如果无法评价，就不能进行管理"的管理理念，建立多向互动的数字服务质量评价体系、安全评价体系，以及以此为基础的责任体系。

## 三、基于职能权责和关系管理的协作治理能力

政府数字领导力存在于多个领域、多重关系之中，但如果没有强大的内部能力作为支撑，它就难以持续地发挥作用。从组织的角度来看，政府在数字化中扮演领导者的角色，其领导力存在于整个行政体系之中，"领导力可以被理解为通过关系管理来实现组织目标的过程"[2]，要实施有效的数字领导，需要区分组织成员和机构的不同角色和作用，提升各自的领导力并相互协作，构建系统性能力。

### （一）组织领导的数字化理念和领导能力

信息化是"一把手"工程，数字化也如此。在数字化过程中，领导者需

---

[1] 张贝尔，张锐昕.如何构建电子政府信用体系[J].上海行政学院学报，2016（3）：27-34.
[2] 谢克海.5M视角下的领导力理论[J].南开管理评论，2018（4）：219-224.

要构建新的领导思维、领导行为、领导关系,并有效处理与数字化情境、被领导者之间的关系,带领组织在数字化情境中取得成功。其一,要推动组织层面的理念创新。领导者的引领性的数字化思维和理念,描绘了新的数字化"理想",推动了组织的整体性思维转换,引导了数字化的组织制度变迁。其二,要构建数字治理的顶层架构。领导者应当具备顶层设计和宏观指导能力,构建和优化数字化的治理结构。如在美国总统克林顿、布什和奥巴马任期内,先后成立了"政府信息技术服务小组(GITS)""电子政府和信息技术办公室(OEGIT)""电子政府工作小组(EGTF)""数字服务创新中心(DSIC)""政府信息服务办公室(OGIS)""首席信息自由官委员会(CFOIAOC)""联邦CIO委员会(CIOC)""联邦隐私委员会(FPC)"等,形成了较为完备的数字治理结构。各级政府的领导者都应当重视数字化总体架构,确立数字化发展的布局,不断提升统筹各方、创新发展的能力。

### (二)数字化领导机构的组织协调能力

自20世纪90年代开始,为适应并促进信息技术在公共管理中的应用,各级政府在机构和制度建设方面已有大量创新,并且随着技术的持续创新和治理的发展,不断进行调整和优化。当前,数字化机构在各国政府的架构中占据越来越重要的位置,其组织和机构设置也趋于多元化和体系化。数字化机构既是有效执行政府的数字化理念和战略的组织基础,也是协调各政府部门和工作人员实施数字化转型的重要支撑。数字化领导机构的领导力主要体现为强大的组织协调能力。其一,系统完备的组织结构。数字化领导机构应当成为政府机构的重要组成部分,并"独立"地发挥作用。政府的中枢机构和各政府部门,也应根据需要成立各类数字化机构,推动数字化领导形成系统合力。其二,运转协调的职责体系。在大数据时代,政府实施数字领导处于数据的流动之中,其有效性高度依赖于在开放数据、数据共享和开发利用中的数据治理,涉及跨部门、跨层级的协调,应当尽可能地赋予数字化领导机构对数据治理的综合协调权力。在核心的数字化机构、重要数字(信息)机构,以及各部门的支持和保障机构之间,要合理分配权责并建立协调机制。政府还需完善数字化领导者的职位体系,并根据环境变化发展新的领导特质。

### (三)行政人员的数字化管理与服务能力

在数字时代,数字化已经成为一种泛在的存在方式。无论是在组织层面的"数字治理"上,还是在与公民持续交互的"数字感受"上,行政人员的数字化管理和服务能力已成为影响政府数字领导力的重要因素。行政人员需要掌握的数字化能力将随着新的信息技术和前沿技术的逐步融合而不断发展。在组织中,不同的机构、职位和人员与数字技术、数据"连接"的方式存在差异，其对数字素养和能力的需求也就呈现出多样性。政策咨询和辅助决策的人员需要具有数字化思维和数字技术应用技能，特别是数据分析技能。特定的职能部门，如公共卫生、教育、社会保障等相关领域的工作人员，应当具备运用数据协助政策分析能力，以支持从规划到实施、评估、优化的公共政策全过程管理。各个政府部门都需要受过专门培训的技术和数据专家，包括数据科学家、云计算架构师、隐私和网络安全专家、人工智能专家、具有尖端技术知识的创新专家等。政府部门的大多数工作人员要能够将数字技术和数据用于日常业务。为了保持和发展行政人员的数字素养和技能，政府还应制定必要的激励措施，吸引数字人才，并建立有效的培训机制。

## 第二节 ▎数字政府领先国家的数字领导力

自 2020 年开始，联合国电子政务调查将电子政务发展指数（EGDI）非常高的组别中最高评级等级（VH）的一些国家列为电子政务发展的领先国家。2020 年的 14 个领先国家分别是丹麦、韩国、爱沙尼亚、芬兰、澳大利亚、瑞典、英国、新西兰、美国、荷兰、新加坡、冰岛、挪威、日本。2022 年的 15 个领先国家分别是丹麦、芬兰、韩国、新西兰、瑞典、冰岛、澳大利亚、爱沙尼亚、荷兰、美国、英国、新加坡、阿拉伯联合酋长国、日本、马耳他。在连续两次的调查中，有 13 个国家，分别是丹麦、韩国、爱沙尼亚、芬兰、澳大利亚、瑞典、英国、新西兰、美国、荷兰、新加坡、冰岛、日本均入选了电子政务发展的领先国家。因此，这些国家在数字政府发展的领导力构建上能够提供一些共性的经验和启示。联合国电子政务调查评估寻求各国在电子政务发展的组织体制、法律和战略框架方面的信息，并发现各国具有很强的一致性，反映了电子政务领先国家在领导力方面的共享特征：在战略性数字政策的指导下，构建了共享数字系统、技术、流程和组织模式的核心基础设施；为开发和提供以用户为中心的数据驱动型政府服务提供了一个强大而灵活的组织框架；具备创造数字化的公共服务产品和开发数字平台的能力。2020 年 12 个电子政务发展的领先国家的主要调查结果（美国和冰岛未包括在内）如图 3-1 所示。2022 年 14 个电子政务发展的领先国家的主要调查结果（美国未包括在内）如图 3-2 所示。

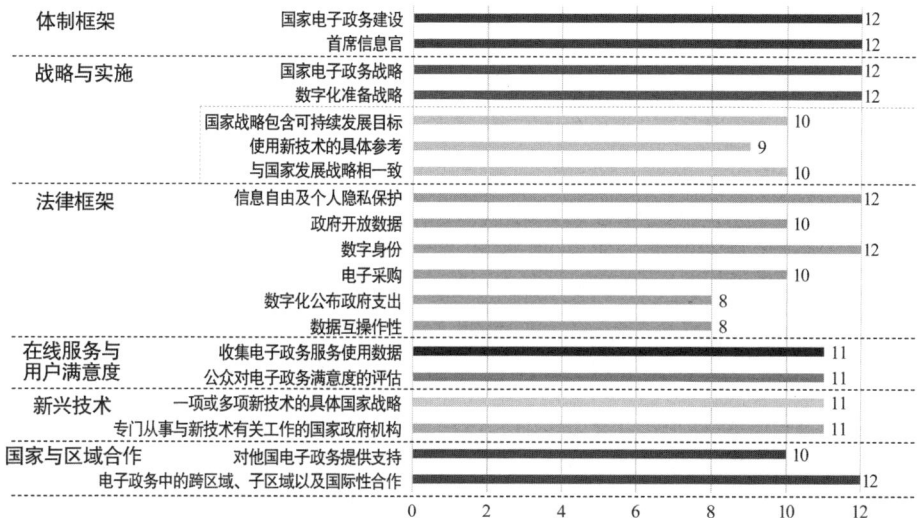

图 3-1 2020 年 12 个电子政务发展的领先国家的主要调查结果（美国和冰岛未包括在内）

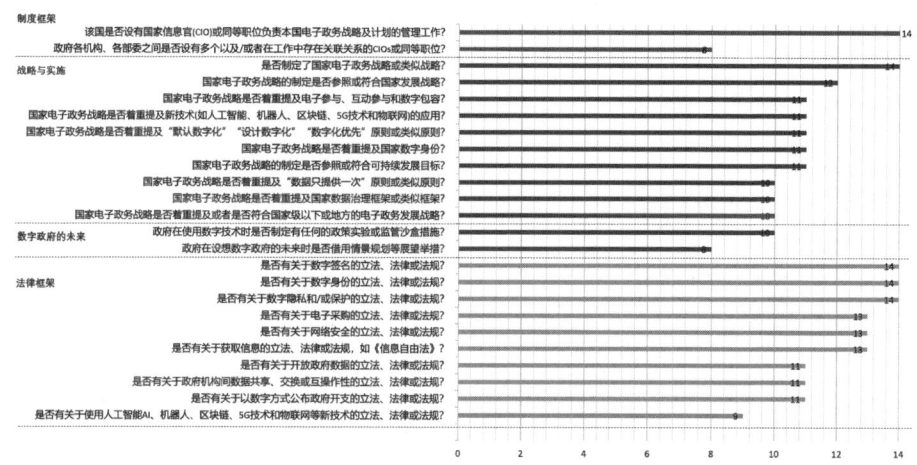

图 3-2 2022 年 14 个电子政务发展的领先国家的主要调查结果（美国未包括在内）

## 一、数字政府的战略与实施

在国家层面制定数字政府战略，是电子政务发展的领先国家的重要特征。国家层面的数字政府战略不仅重要，还要具有一致性、全面性和包容性：

（1）国家层面需要制定数字政府战略，并且数字政府战略还要与国家整体战略具有一致性。即国家整体战略要将数字政府战略列入发展的重要内容，数字政府战略的制定需要参照或符合国家整体战略,并能够支撑国家战略目标及其实施过程。

(2) 数字政府战略应当体现可持续性、普惠性和包容性。即在战略中提及可持续发展、数字普惠和包容、电子参与等内容。因为数字政府转型应致力于确保所有人,包括弱势群体,都可以使用新技术来增进福祉。这就要求政府提高数字包容性,以人民的需求为中心。

(3) 国家层面的数字政府战略应当体现对地方层面的引领性和带动性。数字政府建设具有网络性和复杂性,需要采用整体的方法,其中的一个重要方面就是国家与地方的一致性和协同性。国家层面的数字政府战略为地方数字政府战略提供指导和支持,地方数字政府战略在国家战略的指导下依据具体的情境设定适应性的内容。

(4) 数字政府战略需要明确数字政府的基本原则和重要内容。其主要涉及默认数字化、数字化优先、"数据只提供一次"等,同时,也需要对数字身份、数字治理框架等进行设定。

(5) 数字政府战略应当体现技术发展的前沿性。要对已广泛应用的技术和仍在发展的新技术,如人工智能、机器人、区块链、物联网的应用进行重点强调,并采取相应的激励措施推进。在利用人工智能、深度机器学习、区块链这些新技术方面制定了具体的国家战略,并在国家层面制定机制,以便在制定政策、设计服务时充分地发掘这些技术的潜能。

## 二、数字政府的制度框架

数字政府的制度框架是由组织机构、职位体系和政策措施构成的。

(1) 在国家层面设立专门机构或部门来负责,由首席信息官或类似职务的领导持续执行多年的数字政府计划,并得到与之相关的不同政策领域执行计划的支持。中央机构可以是一个部委或机构,其主要职责是帮助政府制定政策、协调政策的实施,同时全面负责电子政务应用、数据科学和人工智能、传统和云计算基础设施、网络安全、物联网等方面的数字服务。对于这些国家而言,整个政府的数字化都已经通过一个中央机构(部门、部委或专门机构)强有力地实现了制度化。中央机构的负责人为一名高级政府官员(如国家首席信息官或首席数字技术官),连续多年负责数字议程,并向总统、内阁或总理汇报工作。

(2) 不仅国家层面要有高级官员负责持续地开展数字政府建设,地方政府各部门也需要设有多个或在工作中相互关联的信息化管理职位,如 CIO、CTO、CDO 等,并建立相应的正式或非正式的协会、委员会等协同和合作组织。

（3）促进数字政府持续改进的措施和机制，包括重新思考、规划内部流程、简化程序，以便更有效地满足公众的需求；在公民/用户提出服务要求之前就预测他们的需求，或者收集他们对服务质量的反馈、与电子政务相关的使用数据、在线公开的结果、与相关公共机构的共享数据，并且让他们能获取有关公共服务的实时信息的政策；鼓励企业、社会和公民参与制定数字政府政策、监管、技术实验的举措；采取提升公民数字素养和能力的措施；制定相关规章和标准，阐明公共机构、私人机构和社会组织等合作伙伴应如何合作，以及最大限度地增加数字服务的可获得性和普惠性、包容性的举措。

### 三、数字政府的法律和法规保障

为数字政府建设制定全面的法律和监管体系，从而为数字身份、在线信息和与个人数据相关的服务确立法规、标准和指导方针。这包括但不限于获取途径、安全、信息自由和个人数据保护方面的立法。

（1）为数字交易建立的法律框架。主要涉及数字身份认证、数字签名，以及有关数字隐私和保护、数字伦理方面的法律法规。这对企业和社会，以及政府公务员有效采用和实施数字政府的措施至关重要。

（2）为数字公开和网络安全制定的法律法规。政府需要确保公民能够自由地获取信息，其中典型的表现是《信息自由法》。同时，为了推进政府业务的公开透明、控制腐败，公开政府预算、制定电子采购公开化的立法也非常必要。在数字公开的同时，也需要法律法规来确保在这一过程中的安全。

（3）为政府开放数据制定的法律框架。在数据保护和隐私立法的框架内，管理政府以开放、可机读的方式共享数据。政府开放数据与政府信息公开一样，都需要遵循有效、高效、透明、负责以及公众信任的原则。

（4）数字政府技术采纳和运行的措施与标准。其主要包括两个方面内容：一是有关新技术，如人工智能、区块链、物联网等的法律法规；二是有关政府机构间数据共享、交换和互操作性的法规和标准。

## 第三节 ┃ 领导者数字治理能力的要素及提升

在以数字化为基石的新一轮科技革命的背景下，数字治理已经成为各国政府重要的战略选择。数字治理是指在数字时代，以数字化赋能治理体系和治理能力、构建新型治理体系为目标①，依托数字技术，简化办事程序、提高办事效率、向社会提供高质量公共服务的过程。"能力"意为完成一项目标所体现的综合素质。由此，可将政府部门的领导的数字治理能力定义为：领导者坚持以人民为中心的根本宗旨，充分利用和挖掘数字技术的作用，在实现治理目标的过程中所体现出的数字素养和领导力。提升数字治理能力，不仅是高素质干部队伍建设的要求，也是所有领导者顺应时代发展提高自身能力的必然选择。

2022年国务院发布了《国务院关于加强数字政府建设的指导意见》，提出"将领导干部的数字治理能力作为各级党校（行政学院）的教学培训内容，持续提升干部队伍数字思维、数字技能和数字素养，创新数字政府建设人才引进培养机制，建设一支讲政治、懂业务、精技术的复合型干部队伍"。2021年11月5日，中央网络安全和信息化委员会办公室（以下简称"中央网信办"）与中华人民共和国国家互联网信息办公室高规格发布《提升全民数字素养与技能行动纲要》（以下简称《行动纲要》），将全民数字素养与技能上升为国家战略。《行动纲要》指出"数字素养与技能是数字社会公民学习工作生活应具备的数字获取、制作、使用、评价、交互、分享、创新、安全保障、伦理道德等一系列素质与能力的集合"。②这意味着数字治理能力将成为领导干部执政能力的重要组成部分③，成为衡量其执政水平的重要向度之一。基于WSR方法论，可以从思想、知识和行为三个层面厘清领导者数字治理能力的核心要素，并构建物理、事理和人理的三维体系，提出促进领导者数字治理能力提升的系统性实践策略。

---

①李韬，冯贺霞. 数字治理的多维视角、科学内涵与基本要素[J]. 南京大学学报（哲学·人文科学·社会科学），2022，59（01）：70-79+157-158.
②黄如花. 全球数字素养与技能提升：国际图联的贡献[J]. 情报资料工作，2022，43（02）：22-28.
③李素玲. 领导干部要注重提高数字治理能力[J]. 中国党政干部论坛，2020（05）：90-92.

## 一、WSR 方法论下的领导者数字治理能力

### （一）领导者的数字治理能力

数字治理能力应适应新时代的要求。数字时代的到来，全方位重构了政府与社会之间的关系。随着我国数字治理体系的不断完善，数字技术日益成为驱动政府改革创新的重要力量。与此同时，领导干部所处的工作环境，面对的工作内容、工作方式都发生了巨大的变化，这意味着对于政府部门的领导者来说，必须要提高自身数字治理能力，以快速适应数字化时代所带来的工作上的变化与挑战。

其一，对于领导者而言，数字治理能力是对传统治理理念的突破。数字化状态被引入政府内部的过程中，不仅是对政府内部进行"赋能"，也实现了对政府外部公众的"赋权"。[①] 一方面，数字治理通过为外部公众"赋权"重塑社会治理机制，通过改变传统治理理念中公众与政府的关系，助推政府在治理过程中与公众的双向互动；另一方面，数字治理要求治理者秉持信息资源共享理念，将政府的权力和功能向社会让渡，通过信息网络平台"还数于民"，使数据资源最大限度地发挥价值。这意味着领导者所具备的数字治理能力是对传统单一主体治理理念的突破，进而要求领导者转变原先固有传统理念，形成资源开放、共享、共建的治理理念，接受治理主体由单一化向多元化转变，促进形成社会、政府与企业多方共治格局。

其二，政府部门的领导者的数字治理作用发挥也是对传统治理方式的变革。习近平总书记曾指出："如果我们不识变、不应变、不求变，就可能陷入战略被动，错失发展机遇，甚至错过整整一个时代。"[②] 数字化时代，政府治理环境、内容与过程的复杂性不断提高，传统的治理方式对外难以满足社会公众日益增长的需要，对内无法解决由于治理内容冗杂化、过程烦琐化而导致的治理低效率。数字治理强调将新一代数字信息技术与治理理论相结合，达到简化行政程序、提高公共服务质量的目的。这就要求领导者具备能够变革传统治理方式的数字治理能力，通过将互联网、大数据、云计算、区块链等技术与政治、社会、经济、文化等各个领域的资源相融合，从而推动治理向科学化、民主化、高效化方向发展。这也可以理解为，领导者在治理过程中，将各类型的数字化技术作为中间介质，通过介质载体传导发散，赋能于治理手段、过程之中，从而对传统治理方式进行变革，形成符合新时代特征

---

①吕美璇.中国数字政府治理困境与解决路径研究[J].改革与开放, 2020 (16)：31-35.
②习近平同志《论科技自立自强》主要篇目介绍 [N].人民日报, 2023-05-29 (002).

的领导和治理方式。

### (二) 数字治理能力的 WSR 视角

WSR 方法论是从中国传统哲学思辨视角出发处理复杂性问题的系统方法论，在分析非结构化的复杂巨系统时，有更好的独特性和有效性。该方法论综合多种方法，将"物理""事理""人理"巧妙配置、有效利用，从而解决复杂问题，体现出中国的哲学辩证思维。在 WSR 的创建者顾基发看来，WSR 中的"物理"指关于客观物质世界的知识，"事理"更多立足于运筹学意义上的事理学，"人理"也应该结合计算机等来实现其技术化和工具化。[①] 也就是说，"物理"揭示事物的真实现象与客观规律；"事理"是指在问题处理过程中人们所面对的客观存在及其规律；"人理"是指在处理问题过程中人们之间的相互关系、感情、习惯、知识、利益、斗争和管理等。[②] WSR 强调在分析复杂问题时需要从多角度、多层次考虑，根据研究对象"物（W）"的方面、为了更好地运用"物"而形成的"事（S）"的方面以及运用"物"的主体"人（R）"的方面展开分析。从"物""事""人"三个维度构建分析体系，以"知物理，明事理，通人理"为目标，系统、完整、分层次地对复杂问题进行研究。WSR 方法论要素与领导者的数字治理能力提升路径的契合性如图 3-3 所示。从"物"的层面来看，数字治理资源属于"物"的范畴，想要提高领导者的数字治理能力，首先应该保障数字治理资源的供给，在此基础上，领导者需要自主学习掌握数字治理基础原理、技术操作等知识，做到"知物理"；从"事"的层面来看，为了在数字治理中充分发挥数字技术工具价值，应该将数字化技术与领导者的职责发挥相结合，为此需要完善数字治理的相关机制，做到"明事理"；从"人"的层面来看，提升领导者数字治理能力应该着眼于数字治理主体，考虑各层级、各类型领导干部的工作属性，根据级别、岗位等特点有针对性地提高领导干部的数字治理能力，达到"通人理"。

---

①顾基发.物理事理人理系统方法论的实践[J].管理学报，2011，8（3）：317-322.
②刘春年，张凌宇.应急信息可信度研究范式的三维阐释与构建——基于工程化思维与 WSR 方法论[J].现代情报，2017，37（06）：24-30.

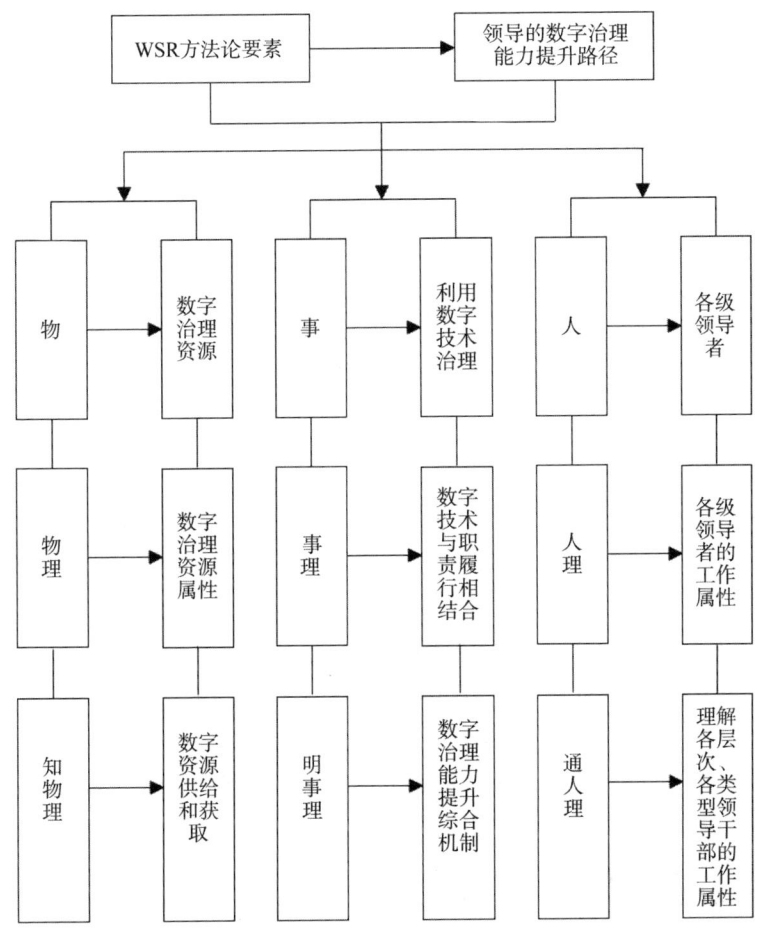

图 3-3 WSR 方法论要素与领导者的数字治理能力提升路径的契合性

## 二、领导者数字治理能力的核心要素

要提高领导者的数字治理能力,首先需要厘清构成数字治理能力的核心要素,根据对数字治理能力在数字时代所具有的时代意蕴的分析,可以将领导者数字治理能力划分为思想认识、知识素养和领导能力三个层面。

### (一)思想认识层面

思想和思维作为一种重要资源,是传统治理能力向数字治理能力转换过程中的重要推动力。因此,领导者的数字治理能力应该包括这一核心要素。

"动荡时代最大的危险不是动荡本身,而是仍然用过去的逻辑做事。"① 数字化时代背景下,最危险的事情就是仍然沿袭原先的思维逻辑,不仅无法融入现代化社会,还会阻碍新事物的发展。领导者需要打破固有思维、更新原有观念、走出既定格局,做到坚持宗旨意识、不断强化互联网思维、积极培养数字化意识。

其一,宗旨意识。"任何事情,出发点错了,方向也就偏了。"② 领导者作为国家治理体系和治理能力现代化的推动者,国家、社会治理的重要决策者,必须坚持宗旨意识。宗旨意识意味着使命、目标、社会责任和价值观。对于政府的领导者来说,宗旨意识要求在执政和行政过程中,坚持以人民为中心,从人民群众的需要出发,将人民群众的根本利益放在首位。从数字治理战略目标的实现角度来看,用数字赋能政府行政过程的根本目的在于满足公众对美好生活的需求,通过数字化技术"让群众少跑路",本质上是构建以人民为中心、提供便利化的公共服务的多元化治理体系。基于此,领导者在开展工作时,需要坚持将满足人民的需求作为数字治理的出发点和落脚点。唯有如此,才能在工作环境、内容和方式发生巨大变化的情况下自觉提升数字治理能力,主动面对知识深奥难理解、技术复杂难操作等挑战。

其二,互联网思维。互联网技术渗透于人们生活的方方面面,不仅改变了社会生产模式、交流方式和组织形态,又因其交互性、传递性、虚拟性等特点使政府治理面临前所未有的挑战。2018年,习近平总书记在全国网络安全和信息化工作会议上强调:"当今世界,谁掌握了互联网,谁就把握住了时代主动权;谁轻视互联网,谁就会被时代所抛弃。"为了应对互联网时代所带来的全新社会形态,领导者应及时学习和强化互联网思维,不断提高自己的执政能力和水平。互联网思维是信息时代强调公众参与、公民社会和多中心协作治理的一种网状思维结构。③ 一方面,领导者应该聚焦互联网"以用户为中心"的核心思想,做到"学会用、敢于用、善于用"互联网搭建与公众交流沟通的互动平台,了解民众所想,清楚民众所需,才能精准满足"用户"多元化甚至个性化的服务需求。另一方面,在百年变局的时代背景下,领导者应该充分把握互联网发展规律和趋势,保持较高的信息敏感度,及时捕捉到潜在性风险隐患,提前谋篇布局,在数字化转型进程中顺应大势、抢占先机、创新应用。

---

①[美] 彼得·德鲁克.动荡时代的管理[M].姜文波,译.北京:机械工业出版社,2018:3.
②习近平.摆脱贫困[M].福州:福建人民出版社,1992:174.
③朱锐勋.基于互联网思维的政府领导力研究[J].电子政务,2016(02):60-66.

其三，数字化意识。意识能够反映客观事物，同样也可以反作用于客观事物。树立正确的意识能够推动人们的实践活动顺利开展，从而促进客观事物的发展。领导者作为数字治理的"关键少数"，应该积极培养数字化意识。数字化意识可以从两个层面来理解，第一层含义是数字意识，也就是从数字角度看待社会治理、政务处理、公共服务供给等，领导干部的数字意识越强，越能尽快适应工作中数字化的需要。因此，政府领导应主动使用数字化技术手段与社会公众互动、感知社会态势、审视政务行为，积极主动地将数字技术融入政府治理中，做到用好网络平台，走好群众路线。第二层含义是数据思维，即能否将"数据"视为一种新资源最大限度地发掘其内在价值。信息技术的更新迭代推动着数字时代向"数智"时代转换，数据日益成为这场时代转换的关键动力。领导干部应该充分认识到数据资源的重要性，树立"数据就是生产力"的理念，利用数据掌握一般发展规律，做到用数据思考、用数据管理、用数据决策。

## （二）知识素养层面

数字素养是提升干部队伍数字化转型的关键之一，也是数字政府建设的重要内容之一。[①] 习近平总书记曾提出干部能力"持续升级、不断扩容"的问题，强调领导干部要增强学习新知识、掌握新本领的自觉性和紧迫感，重新学习，全面提高领导能力和执政水平，否则就无法适应世界的变化，无法应对形势和任务发展带来的新挑战。[②] 领导者转变了传统思维模式，形成利用数字技术进行治理的意识，但是要做到会用、善用数字化技术，还需要学习相关数字化理论知识和数字化技术操作技能。

其一，数字化理论知识。知识储备的更新速度如果跟不上时代的变化，很容易与社会脱节。领导者对数字化理论知识的学习如果滞后于时代的发展，就会由于缺乏理论背景的支撑和基础知识的指导，在工作中遇到复杂化工作难入手、信息化操作难下手、数字化管理难接手等问题。当前科学技术发展迅速，面对数字化转型的考验、数字治理能力不足的短板，领导者更要把勤于学习最新知识作为提升能力素质的根本。数字治理涉及跨学科领域，这也要求领导者应该具备管理学、计算机学、信息管理学、情报学等多类学科知识。除此之外，领导者应该及时学习与数字化发展相关的前沿知识，打破对云计算、大数据、区块链等晦涩难懂的技术原理的恐惧心理，充分了解互联

---

① 陈振娇，周若馨，熊璋. 提升干部队伍数字素养促进数字政府建设 [EB/OL]. [2022-05-15]. http://theory.people.com.cn/n1/2022/0515/c40531-32421925.html. E.
② 习近平. 推进党的建设新的伟大工程要一以贯之 [J]. 民心，2019（10）：4-9.

网方面的法律法规，积极关注数字化领域的相关信息，紧密关注前沿科技发展态势。只有掌握多学科、多领域的知识，才能在领导和决策中切实增强工作的科学性、预见性、精准性，有效利用数字化技术不断提升行政效率与效能。

其二，数字化技术操作技能。如今在各类技术盛行的时代，新型数字化技术如雨后春笋般涌现，政府领导应该秉持"实践出真知"的理念，充分掌握数字化软件工具与新型技术的基础操作方法，在此基础上充分发挥它们的功能作用。例如，着眼于数据挖掘与分析的大数据技术被政府部门逐渐引入社会治理中，作为治理带头人，领导干部需要清楚大数据技术的内涵与特点，懂得基本操作流程，才能领导所属人员有效地进行数据挖掘、数据分析、数据价值释放。领导干部应该摒弃原有的"事不关己"的态度，不能简单地认为数字技术只与专业技术人员相关，自己的工作不涉及就不学习。事实上，只有亲自学习了解一项技术的发展历程与操作流程，才能真正把握住该技术的核心特点，更好地将其赋能于治理过程之中，这也符合数字治理所强调的技术与治理有机融合。

### （三）领导能力层面

"为学之实，固在践履。苟徒知而不行，诚与不学无异。"学习知识的目的在于实践，领导干部学习了数字化理论知识和技术后，不是坐而论道、学而不用，而是应当在发挥自身职能作用时将所学融入其中，真正做到善用数字技术手段开展工作，提升履职和服务能力。其主要体现在数字化服务创新能力、数字化科学决策能力、数字化资源共享能力三个方面。

其一，数字化服务创新能力。在数字化转型急遽发展、信息技术迅速更迭的时代，领导干部的数字化服务创新能力是数字技术在治理过程中实现工具价值的强大动力。数字治理的落地实践应该坚持为人民服务的原则，满足人民群众多样化、差异化的服务需求。[1] 因此，数字化服务创新能力是指领导干部以实现满足公众需求为目的，运用数字化手段为公众提供新型公共服务的能力。近年来，我国各省都陆续开发建设了移动政务服务平台，例如，2014年浙江省上线了"浙里办"政务服务平台，通过创新服务模式、丰富政务功能、优化管理方式，实现了从"最多跑一次"到"一次都不用跑"、从"人找服务"到"服务找人"、从"全省通办"到"跨省通办"等政务服务创新转变，真正为公众的生活带来了便利。在这个过程中，领导干部能否从实践层面将数字化技术创新应用于政务服务供给中，直接决定了平台的综合

---

[1] 廖福崇.基于"制度—行为"框架的数字治理能力生成模式研究[J].湖湘论坛，2022，35（02）：78-93.

治理水平。这就要求领导干部具备数字化服务创新能力,在充分了解政府服务提供平台运行机制的基础上,借助大数据、云计算等技术精准把握不同群众的办事需求,从而实现数字技术与政务服务的深度融合,让群众感受到"少跑腿、好办事、不添堵"的新型服务体验。

其二,数字化科学决策能力。领导者的数字治理能力应该包含利用数字技术进行科学决策的能力。习近平总书记在2020年秋季学期中央党校(国家行政学院)中青年干部培训班开班式上强调"将提高科学决策能力作为年轻干部必须提高的七种能力之一"。面对数字时代所带来的复杂化、多维化的决策问题,科学决策的关键在于能否详尽掌握与决策内容相关的资料和数据。这意味着领导干部在进行决策时不能只凭借自我感觉、过往经验"拍脑袋"决策,而是要通过数字化技术收集数据、分析数据,了解民众需求和社会"痛点"问题,实现决策依据由"小样本"向"全样本"转换,提高决策的科学性和预见性。除此之外,领导干部在组织和领导政策制定时,还需要利用数字技术深化社会组织与公民的治理参与,通过汇总各个信息网络平台上的民众诉求与建议实现决策效果的反馈控制,从而提升决策制定的精准性和决策过程的透明度。例如,借助网上问政平台、政务微博、市长邮箱等渠道掌握社会舆论走势,了解公众对政策的态度,充分与民众协商交流,做到问政于民、问需于民、问计于民。

其三,数字化资源共享能力。数字资产、信息资源和数据要素等成为重组全球要素资源、重塑全球经济结构、改变全球竞争格局的关键力量。当前我国大数据开发与应用尚处于初始阶段,政府垄断着最有价值的核心数据,与其他社会主体形成严重的数据资源不对称。[①] 在政府内部,由于多重利益主体高度分化造成的部门阻隔,缺乏共享意识的领导干部会将部门间的资源共享视为利益的输出,严重阻碍了数字化资源的统筹利用。因此,数字化资源共享能力是指领导干部能够跳出孤岛思维的桎梏,在确保数据安全的情况下,主动推动数字化资源在部门间共享,积极向社会公众开放公共数据,打破"信息壁垒"实现数字化资源的价值释放。具体而言,要求领导干部在实际工作中能够站在"着眼全局"的层面上,搭建政府部门之间数字化资源互换共享的桥梁,推进面向社会公众数据开放平台的建设,推动多元主体对数据进行开发利用,让数据流动融合。

---

① 王顺顺.大数据时代领导干部整体思维、共享思维和人本思维转向探究[J].领导科学,2018(21):47-48.

## 三、领导者数字治理能力提升体系

根据对领导干部数字治理能力核心要素的分析，结合WSR方法论，分别从物理、事理和人理维度构建能力提升三维体系，全面、系统地考虑如何提升领导干部的数字治理能力，践行"懂事物本理、明做事原理、通人情道理"的准则并提出相关建议（如图3-4所示）。

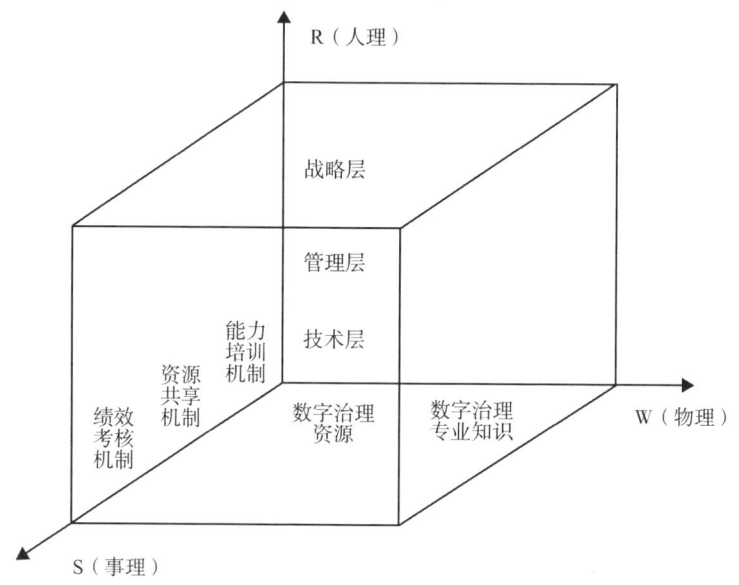

图3-4 领导者数字治理能力提升体系

### （一）懂事物本理：加大数字资源供给和知识学习

结合"事物本理"的思想，主要从两方面提升领导干部数字治理能力：

其一，需要完备数字治理资源。数字治理资源是数字政府建设的物质基础，是进行数字治理必不可少的关键要素。要提高领导者的数字治理能力，首先应该给予领导者充足的数字治理资源作为保障。目前，我国各地区在数字基础设施建设发展方面存在一定的差距，东部地区与中西部地区、城市与农村地区差距较大，部分地区数字化水平较为落后、数字技术匮乏。不均等、不平衡的数字治理资源供给直接影响了领导干部数字治理能力的提升。"工欲善其事，必先利其器"，数字治理工作的开展，需要以线上网络平台作为桥梁与群众产生连接，可以说，平台就是数字时代领导干部治理的"利器"。因此，应该加强数字基础设施建设，尤其是各地区数字化服务平台的建设与完善。除此之外，数据资源作为数字治理资源中的核心元素，影响着领导干部科学决策、社会治理等职能的发挥,应该大力推进数据资源整合与开放平台建设,弥合各地区、各部门之间的数字鸿沟,最大限度地发挥数据资源价值,以此提高领导干部的数字治理能力。

其二,领导者需要通晓数字治理相关知识。领导者需要自觉学习数字治理专业知识,做到"懂物理"。现如今,治理数字化进程不断推进,各类信息技术日新月异,领导者应该紧跟时代步伐,积极主动地学习数字化知识与技术。但在具体工作中,部分领导者对数字治理方面的专业知识都望而却步,持有一种逃避的心态,认为这些枯燥、晦涩的专业化知识应该交由专业人士学习。其实不然,领导干部处于统筹全局的地位,需要以超越传统治理思维的高度看待数字治理问题,时刻保持"好学"精神,把握数字治理发展脉络趋势,了解数字技术最新理论知识,不仅要从书本中学习,还要在实践中积累经验,通过多渠道获取数字治理的知识,为更好地开展数字治理工作奠定坚实的基础。

(二)明做事原理:构建数字治理的综合机制

从事理维度来看,结合"做事原理"的思想,从完善数字治理相关机制层面提升领导者的数字治理能力。

其一,创新领导干部数字化能力培训机制。干部教育培训是干部队伍建设的重要环节,对提高领导干部的数字治理能力起到关键性作用。因此,应该定期开展领导班子数字治理教育培训活动,按照建设高素质专业化人才队伍的目标创新教学内容与方式。一方面,在培训模式上进行创新,根据所授课程内容的特点,合理采取讲授式、专题探讨式、情景模拟式等不同教学形式,除此之外,可以充分发挥学员主体作用,邀请学员上台交流"实战"经验,相互学习,共同进步。另一方面,在教学内容上需要与时俱进,紧密围绕数字治理能力核心要素设置相关课程,从思想、知识、行为三个层面对领导干部进行培训。此外,还需要加强培训师资储备,可以选聘政府中具有丰富数字治理经验的官员、高校中研究相关领域的专家学者、企业高管作为客座教授,充实参与培训的师资队伍,提高培训者的专业水平。

其二,完善资源共享机制。作为领导干部数字治理能力核心要素之一的数字化资源共享能力,需要在健全的资源共享机制的保障下才能充分发挥。因此,应该推进政府内部各层级之间信息资源共享机制的完善。在宏观层面,需要明确资源共享目标、原则、范围、安全风险与权责的关系,确保在安全的前提下实现有价值资源的共享;在中观层面,采用合适的资源共享工具,推进区域性开放共享平台功能联动共建,打通各个机构间资源互输通道,打破各个部门间的信息壁垒;在微观层面,规范数据统一标准、数据开放目录,制定资源共享与开放制度，让资源共享有章可循，为领导干部创建一个良好的资源共享环境。

其三，建立数字治理绩效考核机制，构建科学、全面、合理的评估指标。目前在数字治理绩效考核中，对领导干部数字治理自身工作能力评估的研究较少，应当探索建立符合我国领导干部特征的数字治理能力评价指标体系，公平客观地考核领导干部对数字思想的认知水平、数字化理论知识与技术的掌握程度以及数字治理能力的落实情况。对各个地区数字治理工作整体成果以及领导干部个人工作绩效进行考评，能使领导干部迫于压力主动提升自身的数字治理能力，从而提高政府服务效率。

### （三）通人情道理：理解多层级、多类型的数字领导属性

从人理维度来看，应充分考虑领导干部所处部门、层级、岗位等特点，根据自身职能特点，精准地、有侧重点地提升数字治理能力。

在整个干部队伍中，根据领导干部具体负责的相关工作，通过参考企业层级划分标准，可以将其大致分为三个层级，分别是技术层、管理层和战略层。首先，作为技术层级的领导干部，其工作重心在数字化技术的应用与开发等专业化方向，需要有一定的知识储备与技术专长。因此，对于提升此类领导干部数字治理能力的重点应放在数字化知识掌握、技术操作熟练程度、科技创新能力与前沿技术研究能力等方面。其次，管理层级的领导干部可以理解为通过协调各方资源，执行与落实具体政策的负责人。对于此类领导干部应侧重提升其利用数字化技术实现自身职能发挥的能力，着眼于数字化服务创新、数字化科学决策与数字化资源共享等方面能力的提升。最后，对于战略层领导而言，数字治理技术操作与运用方面的能力不再是重点。处于战略层的领导干部，需要在面对内外部环境变化时，能够保持一定的预见性与应变性，明确组织最高目标和战略方向。因此，该层级的领导干部需要在思想层面突破传统治理理念，培养以互联网思维思考问题、以数字化技术解决问题的数字化思维方式，以更包容、更开放、更现代的方式进行数字治理的宏观规划。

# 第四章
# 以数据为中心的数字政府建设

在数字时代,"数据成为原始生产资料,成为一种具有经济和社会价值的新资源"①,"数据之于信息社会就如燃料之于工业革命,是人们进行创新的力量源泉"②。数字和数据技术及相关应用的指数级增长和快速发展将毫无疑问地影响公共部门。传统的政府数据来源包括人口普查、各类调查和管理数据,这些数据不仅能够很好地服务管理部门,其前景更是无限广阔。人们可以利用大数据、社交媒体、人工智能以及各种数字技术,在包括医疗卫生、就业、公共交通、水资源管理、公共安全、气候变化等所有部门,制定出更有效的政策与解决方案。从技术驱动的电子政务转向数据驱动的基于"数据流动"的数字政府是治理思维的转换,即从"如何借助技术来帮助解决治理问题"转换为"如何提高数据的利用能力来提升治理效益"。③ 政府数据一直很重要,并日益变得更加重要,在数据技术革命和数据应用激增的推动下,全球正在从20世纪20年代初的传统技术型电子政务向以政策为导向、以数据为中心的数字政府发展。本章探讨了政府数据及其治理的现状和趋势,建构了政府数据治理的框架体系,并探讨了政府数据治理的生态系统的要素及其关系。

---

①蔡翠红.国际关系中的大数据变革及其挑战[J].世界经济与政治,2014(5):124-145.
②[英]维克托·迈尔·舍恩伯格,肯尼思·库克耶.大数据时代[J].盛杨燕,周涛,译.杭州:浙江人民出版社,2013:230.
③黄璜.数字政府的概念结构:信息能力、数据流动与知识应用[J].学海,2018(4):158-167.

## 第一节 ▎政府数据及其治理

伴随着20世纪70年代计算机技术的快速发展，以及20世纪90年代政府和企业的数字化转型，数据逐渐被视为与自然资源、物质资源、人力资源同等重要的资源。数据逐渐成为企业和全社会的一种战略性资产，同时也成为决定国家竞争力的重要因素。当前，数据已被赋予多重战略意义：首先，数据被视为"未来的石油"，这是从资源角度凸显其重要性；其次，数据作为国家和地方用来重构治理模式、提升治理效率的重要工具，将深刻影响政府治理的方式和过程；最后，新兴技术产业中最年轻且活跃的部分之一就是大数据产业，成为经济社会发展的新引擎。顺应大数据潮流、主动转变观念、积极谋变的政府将顺势崛起，而对全球新趋势无动于衷、因循守旧的国家和组织将逐渐失去竞争的活力。

### 一、政府数据及应用现状

数据治理是指与数据在组织中的使用相关的一种管理行为，包括组织、系统、过程和工具。数据治理的概念首先出现在私营部门中。早期的数据治理是由企业的信息资源管理部门提出并实施的，更强调对数据本身的管理。它是以数据的全生命周期理论为基础，对所有数据进行整体规划、质量管理和风险管理的过程，也是涉及整个组织的应用程序开发和数据技术管理的策略和流程。随着数据资源成为最关键的生产要素之一，数据资源对各级组织的需求越来越大，成为社会发展的趋势，构成了国家实施数字战略的基础。

数据治理最初是用于业务管理的一种管理方法，并且是可以影响组织中数据应用情况的管理行为。数据治理的最终目标是为数据增值，改进企业的管理[1]。随着政府数据逐渐被社会重视，数据治理也逐渐延伸至政府治理的过程中。

在学术层面，数据治理已成为电子政务理论发展新的方向和公共管理研

---

[1] 夏义堃.试论数据开放环境下的政府数据治理：概念框架与主要问题[J].图书情报知识，2018(01)：95-104.

究的新领域。阿莱克斯·彭特兰（Alex Pentland）提出"数据新政"[①]；约翰·米克斯维特（John Micklethwait）和阿德里安·伍尔德里奇（Adrian Wooldridge）认为，国家和政府正处于第四次革命的进程中，其中一个重要因素是计算机、互联网和数据革命已经改变国家的形态与政府职能[②]。Yu-Che Chen 等发展了公共服务的协作数据网络[③]的概念模型，并进行了实证分析。还有许多研究者探讨了大数据/政府数据治理体系、框架、路径和工具等。事实上，政府数据一直至关重要，"几十年来，各国政府和公共管理的学术界对收集、保护、使用和分享政府数据的方式非常感兴趣"[④]。在当前数据技术革命以及不同类型和形式的数据（包括小数据和大数据、实时数据和地理空间数据）应用激增的推动下，创建和使用数据的方式已发生了巨大的变化。政府数据构成了可用于创造公共价值的公共产品。实时处理越来越大、越来越复杂的数据集的技术能力不断增强，使政府有可能获得使电子服务更加高效、包容、灵敏和负责的认识以及开发预见性服务所需的前瞻性能力。可以说，与数据有关的潜力和机会几乎是无限的，政府应与所有利益相关者合作，确保数据的收集、管理和利用能够改善政府运作和造福社会所有成员。

《联合国电子政务调查报告 2022》认为，在全球范围内，数据的总量预计将从 2018 年 33 ZB（Zettabyte，即十万亿亿字节）增加到 2025 年的 175 ZB，增加 5 倍以上，其中 49%的数据将被存储在公共云端。国际数据公司（IDC）发布的《全球数据圈预测，2023—2028》预计，全球数据量在 2024 年达到 159.2 ZB，并在接下来的几年内持续增长，预计到 2028 年将增至 384.6 ZB，年复合增长率高达 24.4%。这一显著增长主要归因于人工智能技术的广泛应用和不断发展。研究人员估计，2025 年，由物联网（LOT）驱动的设备数量将达到世界人口的 10 倍（约 750 亿）。此趋势加上 5G 网络和其他下一代设备的传播，将使社会在人工智能、区块链、增强和虚拟现实（AR 和 VR）等领域拥有以数据为中心的应用，并将进一步促进数据供求，使世界成为一个真正的数字社会。国家互联网信息办公室发布的《数字中国发展报告（2022

---

[①] [美] 阿莱克斯·彭特兰. 智慧社会：大数据与社会物理学[M]. 汪小帆, 汪容, 译. 杭州：浙江人民出版社, 2015: 1.
[②] Micklethwait J, Wooldridge A. The Fourth Revolution: The Global Race to Reinvent the State[M]. London: Penguin, 2015: 1.
[③] Chen Y C, Lee J. Collaborative Data Networks for Public Service: Governance, Management and Performance. Public Management Review[J], 2018, 20 (5): 672-690.
[④] Henry N L. Knowledge Management: A New Concern for Public Administration[J]. Public Administration Review, 1974, 34 (3): 189-196.

年)》显示,2022年,我国大数据产业规模达1.57万亿元,同比增长18%;数据产量达8.1 ZB,同比增长22.7%,占全球数据总量的10.5%。2024年5月24日,全国数据资源调查工作组发布的《全国数据资源调查报告(2023年)》显示,2023年全国数据生产总量达32.85 ZB,同比增长22.44%,这相当于1 000多万个中国国家图书馆的数字资源总和。同2022年比较,中国数据年产量增长22.44%,其中,和智能网联汽车相关的出行数据,同比增幅达到49%;和工业机器人等智能生产设备相关的制造数据,同比增幅达到20%。

随着全球数据社会的到来,政府数据在全球范围内越来越重要,人们与政府之间的日常互动不断以多种方式转化为政府数据。例如,填写在线表格、点击政府门户网站的链接、进行电子服务交易、与在线聊天机器人互动以及进入使用传感器的公共空间等。所有部门的政策与管理促进了数据的生成,而这些数据又可以被投入促进更好的政策和治理过程中。联合国公共事务部收集和整理了相关的术语,包括大数据、公共数据、政府数据、行政管理数据、开放政府数据、实时数据等,认为这些术语之间存在一些微妙的差异(见表4-1),还有一些具有交叉和重叠的关系。

表4-1 与政府数据有关的术语[1]

| 项目 | 含义 |
| --- | --- |
| 大数据 | 通常与体积大、多样性、实时性和价值密度(Volume Variety Velocity Value)有关;通常在政治和社会背景下被定义为"与数据有关的思想、资源和实践的集群或集合"。大数据也指"对与数据有关的一系列丰富而复杂的特点、实践、技术、道德问题和结果的不精确描述" |
| 公共数据 | 包括所有在公共领域获得的数据,比如各国政府、学术界(例如科学数据)、社会和私营部门创造的数据 |

---

[1] Riigi Teataja. Public Information Act [EB/OL]. [2016-1-18]. https://www.riigiteataja.ee/en/eli/518012016001/consolide.; United Nations. United Nations National Quality Assurance Frameworks Manual for Official Statistics, Including Recommendations, the Framework and Implementation Guidance. [EB/OL]. [2023-6-30]. https://unstats.un.org/unsd/methodology/dataquality/references/1902216-UNNQAFManual-WEB.pdf; opengovdata.org. The Annotated 8 Principles of Open Government Data". [EB/OL]. [2007-12-8]. https://opengovdata.org/; McNeely C L, Hahm J. The Big (data) Bang: Policy, Prospects, and Challenges[J]. Review of Policy Research, 2014, 31 (4): 304-310; Sugimoto C R, Ekbia H R, McNeely C L, Hahm J Mattioli M. Big Data is Not a Monolith, Information Policy Series [M]. Cambridge: Massachusetts, MIT Press, 2016.

续表

| 项目 | 含义 |
| --- | --- |
| 政府数据 | "以任何方式在任何媒介上记录和记载的……在履行法律或在此基础上发布的立法规定的公共职责时获得或创建的"公共数据子集 |
| 行政管理数据 | 政府机构收集的关于其业务的数据;包括卫生、社会服务、司法和教育等部门的公共服务交易数据。行政管理数据来源是指政府机构或代表政府工作的其他实体主要为行政目的而建立的数据集,包括个人和法律实体的行政登记册以及各部委和专门机构的记录,例如纳税申报、社会服务记录和海关数据等。不同地区的行政部门是行政管理数据的另一个来源 |
| 开放政府数据 | 以各种(包括机器可读的)格式向公共领域开放和提供的数据,通常允许许多人访问、使用、修改和共享;基本上,所有的开放的政府数据都是政府数据,但并非所有的政府数据都是开放的政府数据 |
| 实时数据 | 收集后立即传送的持续不断的实时数据流;这些数据几乎能够即时显示政府和/或人民的行动,通常在违反预期变化和期望迅速反馈的情况下被利用。关于这类数据如何推动政府决策的一个例子便是它们能够监测和分析推特的信息源,以了解一国境内特定人口的流动情况,从而预测和规划省级的电子服务需求 |

## 二、围绕政府数据的政策和制度趋势

数据技术和应用的发展正在以多种方式使公共部门受益,而这就要求政府以公开、包容、问责、能力和一致性原则进行数据治理。

### (一) 数据是一种关键资源

政府是数据的主要生产者和收集者之一,其拥有的大量数据构成了宝贵的资源,可供社会和各利益相关者用于多种目的。政府数据的数量、种类、速度和价值都在迅速增加,有时被称为"石油"或"黄金",这反映出人们越来越认为数据是电子政务乃至整个政府的燃料或货币。据估计,在欧洲23个最大的国家政府中,最佳地利用数据和分析技术将节省15%~20%的费用,相当于1 500亿至3 000亿欧元。[1] 显然,数据现在被视为数字政府的关键资源和战略资产。在一些国家,数据被用来指导整个政策周期。更广泛、更有

---

[1] Organization for Economic Cooperation and Development. Enhancing Access to and Sharing of Data: Reconciling Risks and Benefits for Data Reuse across Societies [M]. Paris: OECD Publishing, 2018.

力地使用政府数据，可以在改革和创新制度、加强服务提供和与公众接触方面发挥催化作用。可以说，将数据置于公共治理和提供以人为本的服务的核心位置，会形成以数据为中心的政府。其基本理念是，数据对任何机构来说既是关键的投入，也是关键的产出。在实际工作中，数据将各机构把客观事实和经验证据相结合变为可能。数据还加强了政府各机构履行职责、创造公共价值和为公共利益做出贡献的能力。

（二）政府开放数据

自2014年以来，联合国电子政务调查揭示了与开放政府数据有关的发展趋势。如拥有开放型政府数据门户的国家数量从2014年的46个（24%）跃升至2020年的153个（80%）。在接受调查的成员国中，59%的国家制定了开放政府数据政策，62%的国家拥有了元数据或数据字典，57%的国家接受了公众对新数据集的请求，52%的国家提供了如何使用开放政府数据的指导。[①] 与开放数据有关的其他潜在有益影响包括加强透明度和公共问责制，以及促进公众参与决策和解决现实问题。越来越多的国家优先考虑在网上发布数据集，既是为了挖掘开放数据的参与潜力，也是为了向公众反馈打开大门。

政府越来越多地将大数据、实时数据和地理空间数据等非常规数据源纳入其开放范畴。根据《联合国电子政务调查2020》，在国家门户网站中使用聊天机器人（人工智能支持的聊天应用）的国家数量翻了一番，从2018年的28个增至2020年的59个。53%的会员国（122个国家）还通过其国家门户网站或数据门户提供地理空间开放数据。这种新的数据来源不仅将提高公共部门的生产力，为公共决策提供更多的洞察力，而且还将提高公共政策的透明度和可追溯性，并能更好地了解人们的意见、需求和经验。政府数据与数据科学的结合使各机构能够通过大量的实时和历史数据来辨别和分析社会的表面或潜在的各类情况。这可以为政府创造新的机会，并有助于改革现有的行政体系和职能，进而以十年前无法想象的方式提供崭新的服务。联合国统计委员会声明，"使用大数据和其他新的数据来源对国家统计机构的现代化至关重要"。[②]

---

① United Nations Department of Economic and Social Affairs. United Nations e-Government Survey 2020[R]. New York：UN，2020.
② United Nations Department of Economic and Social Affairs. United Nations e-Government Survey 2020[R]. New York：UN，2020.

## (三) 数据标准化和分类①

数据标准化和分类对于确保公共部门数据的一致性和兼容性至关重要，但在政府的不同层级和不同部门之间实施数据标准化和分类将是一项重大的挑战。在一些国家，由一个主要部委或一个部际协同机制（如委员会）处理与数据标准化和分类有关的问题。如在新西兰，统计局是政府数据的牵头机构，拥有制定数据标准准则和管理框架的权力。还有一些国家建立了管理公私数据伙伴关系的法律机制。如日本通过了《促进公私数据利用基本法》，通过基础设施建设和规范公私参与合作，促进和管理公私数据的使用，同时也规范了政府内部的角色分工。② 但即使制定了国家层面的标准化准则，其也并不总是能够得到严格遵守。为了将规则与共同的目标和组织价值观形成结合起来，所有相关公共机构，无论是中央还是地方，无论是政府机构还是其他类型的公共部门，都应参与制定和修订国家数据准则的过程。

## (四) 关联数据、数据共享、交互操作和数据交换③

政府数据对经济和社会发展有着巨大的潜在影响，但只有当数据通过共享、链接、开放格式，或者通过某种形式的数据服务或数据交换平台在各机构之间和向公众提供时，才能激活和最大限度地发挥其价值。表4-2列举了政府开放、共享、链接和交换数据，以及加强互操作性的不同方法。目前，各国政府以不同的方式处理互操作性问题。一些国家一直在执行具体的技术要求和标准，以建立或提高互操作性。一些国家通过了关于交互操作的政策（包括法律、法规、标准或准则），还有一些国家实施了相关的体制改革。例如，澳大利亚2018年关于新的数据治理立法，强制要求所有政府机构使用开放标准实现互操作性。在肯尼亚，《国家支付系统法》要求所有服务提供商使用能够与国内和国际上其他支付系统交互操作的系统。孟加拉国卫生部采取了一项举措，为已经或将要开发的数据库系统制定电子卫生数据标准和操作交互框架。这不仅使卫生部和其他政府机构受益，而且使业务伙伴、私营部门和民间社会组织受益。④

---

①United Nations Department of Economic and Social Affairs. United Nations e-Government Survey 2020[R]. New York：UN，2020.
②電子政府の総合窓口（2008）.平成二十八年法律第百三号 官民データ活用推進基本法[e-Gov, Basic Law for Promotion of Public Private Data Utilization（Act No. 133 of 2008）].[EB/OL].[2019-09-01]. https：//elaws. e-gov. go. jp/search/elawsSearch/elaws_ search/lsg0500/detail? lawId=428AC1000000103.
③United Nations Department of Economic and Social Affairs. United Nations e-Government Survey 2020[R]. New York：UN，2020.
④United Nations Department of Economic and Social Affairs. United Nations e-Government Survey 2020[R]. New York：UN，2020.

表 4.2　政府开放、共享、链接和交换数据，以及加强互操作性的不同方法

| 方法 | 描述 | 例子和其他说明 |
| --- | --- | --- |
| 政府开放数据 | 发布开放的政府数据，供政府内部和公众使用 | |
| 数据共享 | 根据管理数据格式，规定数据管理以及保存、安全和隐私规则的准则、政策分享系统 | 爱尔兰的《2019年数据共享和治理法》① |
| 交互操作 | 使各系统和设备能够以标准化和符合背景的方式交换来自多个来源的机器可读数据，并解读共享数据。标准是数据交互操作的关键，因为这些标准使不同系统组成部分能够无缝集成，而不会失去任何意义或完整性 | 乌拉圭②、巴西③、秘鲁④和阿根廷⑤有互操作法案/法令；葡萄牙的《国家数字互操作性条例》⑥ 涉及在国家计算机系统中采用开放标准 |

---

①Irish Statute Book Data Sharing and Governance Act 2019. [EB/OL]. [2023-09-14]. https：//revisedacts. lawreform. ie/eli/2019/act/5/front/revised/en/html.
②IMPO Centro de Información Oficial Decreto N° 178/013. [EB/OL]. [2013-07-25]. http：//www. impo. com. uy/bases decretos/178-2013.
③Presidência da República Secretaria-Geral Subchefia para Assuntos Jurídicos Decreto N° 8.789, de 29 de Junho de 2016. [EB/OL]. [2016-06-29]. https：//legislacao. presidencia. gov. br/atos/? tipo = DEC&numero = 8789&ano = 2016&ato = ce8ITTq1EeZpWT5e8.
④Gobierno del Perú. Decreto Supremo N° 083-2011-PCM (2011). [EB/OL]. [2011-10-21]. https：//cdn. www. gob. pe/uploads/document/file/357170/DS_N%C2%BA_083-2011-PCM. pdf.
⑤InfoLEG. Ministerio de Justiciay Derechos Humanos de Argentina, Administración Pública Nacional Decreto 1273/2016, Simplificación Registral. [EB/OL]. [2016-12-19]. https：//servicios. infoleg. gob. ar/infolegInternet/anexos/265000-269999/269242/norma. htm.
⑥Diário da República Eletrónico. Resolução do Conselho de Ministros N 2/2018. [EB/OL]. [2018-01-05]. https：//dre. pt/pesquisa/-/search/114457664/details/maximized.

续表

| 方法 | 描述 | 例子和其他说明 |
|---|---|---|
| 数据交换 | 通常是上述两个或两个以上要素的组合；通过应用编程接口（API）、数据交换门户或集中数据服务提供双向数据交换的平台 | 爱沙尼亚的数据交换平台（X-Road）由中央管理，以使政府信息系统和数据库相互连接，并使政府和公民能够在其权限范围内通过互联网安全地发送和接收信息。[1] 在美国，国家信息交换模式——"使不同的公共和私营组织能够有效地交互信息的共同词库"——已被用于综合应用，如灾害援助改进方案，该方案为"40多种联邦资助的援助形式提供了一个单一投入点"[2] |

**（五）基于证据的政策制定**[3]

技术的不断进步使公共组织可处理日益庞大和复杂的数据集，决策者可以有更好的洞察力和预测能力，实现从直觉到"以数据为中心"的决策。经过充分研究的数据-知识-信息-智慧范式表明：除非数据被用于解决特定情境下的具体问题，否则数据不是证据。"决策者真正寻求的是证据，但数据在没有经过解释过滤之前并不是证据。"[4] 图 4-1 中的右边金字塔说明了数据如何以越来越复杂的方式（从汇总到探索和分析）被加以利用，并最终用于以数据为中心的政策制定和决策。数据有助于决策者获得所需的证据，但如果不能发现数据中的结构或模式，数据就不是有用信息。如果不能通过统计分析验证这些模式并理解其影响，数据就不是有用知识。现在，通过提供更

---

[1] Nordic Institute for Interoperability Solutions X-Road：the Free and Open Source Data Exchange Later Software. [EB/OL]. [2024-10-01]. https：//x-road. global.
[2] National Information Exchange Model (NIEM). [EB/OL]. [2024-01-10]. https：//bja. ojp. gov/program/it/national-initiatives/niem.
[3] United Nations Department of Economic and Social Affairs. United Nations e-Government Survey 2020 [R]. New York：UN, 2020.
[4] Presentation by Sofie Maddens (Head of the Regulatory and Market Environment Division, ITU, BDT). UN DESA Expert Group Meeting on Addressing Emerging Requirements and Challenges for Policy and Decision-Making in Digital Transformation in Developing Countries [R]. New York：United Nations Department of Economic and Social Affairs, 2019.

多经过验证的数据技术，可以更好地实现这些进程。

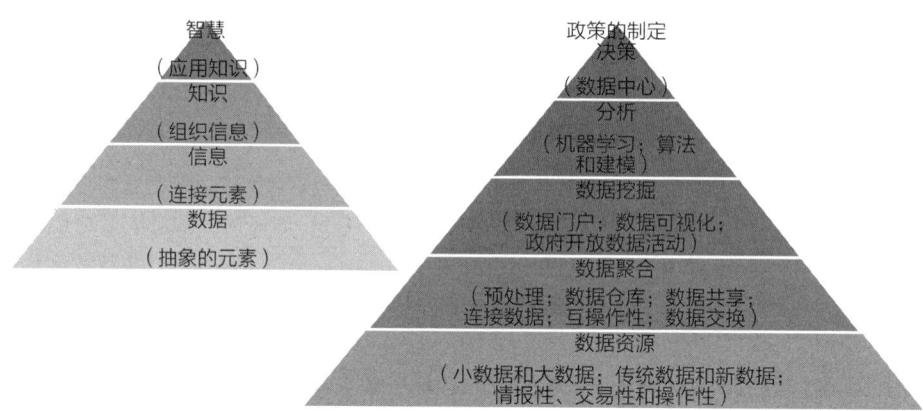

图 4-1　政府数据在证据建立和政策制定中的作用①

几十年前，政府就提出要利用信息为公共政策的制定提供依据。但在过去相当长的一段时间里，由于缺乏数据和相关的技术能力，这一领域的进展甚微。近年来，随着以不断发展的数据技术为动力的嵌入式分析和自助分析的出现，这种情况已经发生了一定程度的变化。美国 2018 年通过的《循证决策基础法》（或《基于证据的政策制定基础法》），是具有示范性的举措。② 2016 年，美国循证决策委员会成立，以探讨政府如何更好地利用其数据，为未来的政府决策提供信息。该委员会花了一年半的时间进行审议和实况调查，并于 2017 年 9 月发布了一份报告，报告中优先考虑扩大数据的使用范围，确保隐私，加强政府生成和利用证据的能力，以评估影响健康、教育和经济福祉方案的预算支出。2017 年和 2018 年，《循证决策基础法》获得美国国会批准，并于 2019 年 1 月由总统签署成为法律。此后不久，白宫行政管理和预算局发布了《联邦数据战略》，将数据确定为战略资产，并概述了联邦机构在执行该法案时必须遵守的原则和方法。行政管理和预算局发布了多项指导文件，以帮助各机构处理委员会的一些建议，包括关于制定评价官员、任命首席数据官员、确定统计专家、制定"学习议程"以及将新行动纳入年度预算和业绩计划的规定。《循证决策基础法》建立了对开放数据、数据清单和数

---

①Kelleher J D, Tierney B. Data Science[M]. MIT Press Essential Knowledge Series, 2018.
②Heckman J. Federal Data Strategy to Impact all Feds, not just "Data Plans for Data Wonks" [EB/OL]. [2010-1-31]. https：//strategy.data.gov/. https://federalnewsnetwork.com/big-data/2020/01/federal-data-strategy-to-impact-all-feds-not-just-data-plans-for-data-wonks/.

据管理的新标准。

（六）人工智能及其他前沿技术的数据政策

政府实施与数据相关的政策，也体现在授权使用人工智能、机器学习和区块链等前沿技术中。许多政府都希望利用各种新技术的潜力。这些创新的技术可用于迅速并随时匹配和连接相关数据和信息的碎片；它们可以通过简化数字化服务交易、减少错误范围和减少要求人们提供相同信息次数的必要性来改善公共服务的提供。一些国家的政府正在国家层面上就涉及多种新技术的问题进行讨论，而有的政府已经通过了将新技术纳入公共管理的战略或政策。

## 三、数据治理的风险和挑战

数字技术和数据的发展正在推动世界朝着积极的方向前进，但同时也带来了一系列的风险和挑战。数据安全、数据隐私和伦理、数据素养是人们主要关心的问题。

（一）数据安全

数据安全不仅会影响机构的有效运作，也会影响医疗和社会安全等重要部门的利益，同时还会威胁到人民的安全，破坏公众对政府的信任。加强和执行数据安全和保护规定的需求与日俱增，人们有理由担心他们的数据会丢失或被盗窃，而政府有义务保护这些数据。截止到2020年，拥有网络安全立法的国家有123个，占联合国成员国的64%，仍然有70个国家没有网络安全立法。此外，由于政府在线服务的使用量不断增加，先进的安全保障措施对于政府门户来说至关重要。

（二）数据隐私和伦理

由于数字化服务的迅速普及，以及公共部门对政务数据使用的增加，数据使用在隐私和伦理方面产生了许多具有挑战性的问题。[①] 在决策时，政府需要使用大量数据来建立良好的算法模型。然而，政府数据的使用与管理之间不可避免地存在着冲突，这就要求政府各部门在使用数据时，必须权衡"家长式"的做法可能践踏个人隐私的问题。由于产生和使用的政府数据越来越多，电子政务的日常工作、互动和实践经常与个人和企业用户的隐私密切相关。由于数据所有权并不总是明确的，为其寻求使用许可可能会很复杂，

---

[①] Pilkington E. Digital Welfare State：Big Tech Allowed to Target and Surveil the Poor, UN is Warned. The Guardian[EB/OL]．[2019-10-16]．https://www.theguardian.com/technology/2019/oct/16/digital-welfare-state-big-tech-allowed-to-target-and-surveil-the-poor-un-warns.

尤其是当数据管制在机构间共享或转让时无法确定或跟踪责任或归属时，这一点就尤为复杂。

由于伦理并不能够上升为法律，因此，数据使用产生的伦理问题往往比隐私问题更难解决。对政府来说，其中一个挑战就是不能总是将伦理纳入政策范畴，由此，在很大程度上，判断政务数据的使用是否恰当取决于更广泛的伦理共识。随着技术进步将对法律的共识推向极限或相关法律和政策不到位，伦理问题变得日益重要。更复杂的是，社会内部和公众之间对数据隐私的看法也是不一样的，并且会随着时间发生变化。与数字政府有关的以数据为中心的政策，要坚持透明和问责措施，使其始终受到明确的政策或业务需要的驱动。为了有效解决隐私和伦理问题，政府必须了解公众的看法。通过电子参与，所有成员，包括弱势群体，都能清楚地表达他们对数据的关切，并向政府部门提供必要的反馈来指导其政策的制定。

### （三）数据素养

在数字政府运行中，许多领域都需要专门知识，包括数据获取、分析、可视化、数据共享、互动研究、基于证据的决策、数据安全和隐私保护。尽管政府部门可能知道数据治理能够带来的价值，但最终决定高水平数据能力的成本可能超过预期收益。因此，政策制定者很难把握数据和数据治理创造价值的潜力。应用数据科学的创新通常会打破公共部门现有知识和能力的界限，并可能造成"灰色地带"。为此，需要增强政府官员和行政人员的数据素养，使他们能够把握新的数据现实，自信地进行创新，并根据明确的规则保护数据安全和隐私。

有些政府机构已经认识到，政务数据对于工作流程非常重要或非常方便，但还没有将其看作战略资产。因此，组织文化和个人心态需要改变，从被动式数据方法，转向积极主动地将数据视为资产的观点。[1] 实际上，尽管以数据为中心的政策制定和实施需要更强的数据能力，但一些新兴的数据技术，例如自助分析使数据更易于使用。决策者和其他不具备高级数据分析技能的人，可以通过使用自助分析和可视化工具，轻松进入以数据为中心的思维模式。

---

[1] O. B. Nielsen, J. S. Persson, S. Madsen. Why Governing Data is Difficult: Findings from Danish Local Government [C] // Elbanna A, Dwivedi Y K, Bunker D, et al. Smart Working, Living and Organising. TDIT 2018. IFIP Advances in Information and Communication Technology, 2019 (533). Springer, Cham.

## 第二节 ▎政府数据治理的框架体系

在数字时代,"人正在成为一切数据足迹的总和,人们的一切行为都以数据的形式被记录、被储存和被处理"①。数据治理与技术治理并不一致,"数据不是技术的衍生品,而是技术的价值所在""尽管技术的重要性毋庸置疑,但是技术本身并不产生数据、信息和知识……是数据让技术更富有价值,而非相反"。② 数据是贯穿于全部治理活动和治理过程的核心资源。就决策和管理的科学化而言,可以没有技术,却不能没有数据来提供"事实",因为是数据而非技术对治理成败和强弱产生直接影响。在以数据为中心的电子政务中,有效的数据治理的进展常常受到现有的治理架构的阻碍。因此,现有的电子政务架构限制了政府利用数据的潜力。不应将数据治理作为信息通信技术治理的一部分,因为信息技术部门可能无法解决数据问题。从用户的角度看,在原有的治理框架下,他们也可能不确定如何请求或访问所需的数据,而这将影响数据的可用性、完整性、互操作性、安全性和隐私性。

## 一、数据治理框架

Doris Maharlika H. Dizon 提出了国家电子政务数据治理框架,这一框架包括要素、主要支柱和基础三个层面③,如图4-2所示。

### (一)数据管理是数据价值发挥的前提

数据管理是指组织对其整个数据生命周期进行的规划、执行和控制,以期最大化数据的价值。它涵盖了从数据采集、存储、处理到最终使用等全部过程。良好的数据管理需要进行全面的战略规划,包括确定组织的数据需求、数据架构的设计、明确数据收集方式、建立数据安全与采取监控措施等。同时还需要具体的执行方案,如数据采集系统的搭建、数据处理流程的设定,

---

① 徐继华. 智慧政府:大数据治国时代的来临[M]. 北京:中信出版社,2014:前言.
② 黄璜. 对数据流动的治理:论政府数据治理的理论嬗变与框架[J]. 南京社会科学,2018(2):53-62.
③ Dizon. D M H. Data Governance in Fostering Policy Coherence and Collaboration for Cleaning the River Ganga [A]. Robert James Wasson and Xun Wu, eds. Ganga Rejuvenation: Governance Challenges and Policy Options. Singapore:World Scientific Publishing Co,2016:297-335.

以及数据分析和应用平台的开发等。在数据管理过程中，必须重点关注数据质量的管理。需要监测和提高数据的完整性、一致性、准确性、及时性等指标，保证数据质量满足业务需求。此外，还需要进行数据服务、数据安全、数据生命周期、元数据等方面的管理。成功的数据管理还需要组织管理的配合，如成立数据管理部门，或在IT、业务部门中设立数据管理岗位，明确数据管理的职责分工。

数据管理是数字时代所有组织需要进行的工作。2018年3月，由工信部牵头指导、全国信息技术标准化技术委员会大数据标准工作组组织制定并正式发布了国内首个数据管理领域国家标准——《数据管理能力成熟度评估模型》（GB/T 36073—2018），并于2018年10月正式实施。数据管理能力成熟度评估模型（Data Management Capability Maturity Model，DCMM）定义了数据战略、数据治理、数据架构、数据应用、数据安全、数据质量、数据标准和数据生存周期8个核心能力域，细分为28个过程域和445条能力等级标准。对于政府来说，该模型也具有广泛的适用性。

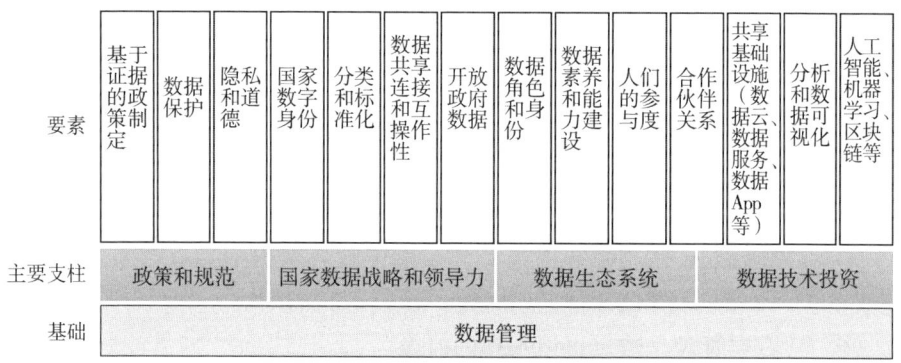

图4-2 电子政务的数据治理框架①

（二）政策、机构和人员，治理过程和数据技术之间的动态关系支持数据治理

数据治理是由政策、机构、人员、流程和关键技术之间的动态关系所驱动的。有效的数据治理框架以四大支柱为基础：政策和法规、国家数据战略和领导力、数据生态系统和数据技术投资。有了适当的数据治理，根据现有数据做出的决定就不会因为数据质量低下、数据伪造、数据过时或安全或隐

---

①Dizon D M H, Parcia P S, Kumar R, et al. Data Governance in Fostering Policy Coherence and Collaboration for Cleaning the River Ganda [J]. Ganga Rejuvenation: Governance Challenges and Policy Options, 2017: 297-335.

私威胁而使政府或公众面临风险。前两个支柱（政策和法规、国家数据战略和领导力）强调，政策合法化和制度化对于数据治理的有效实施十分重要；第三个支柱是数据生态系统，它反映了数据过程与企业、公众参与之间的关系；第四个支柱则强调了技术在支持数据使用和管理方面的适用性。

（三）**数据治理需要多元的、复杂的、互构的要素的支撑**

这些要素内容广泛，可以看作主要支柱的分解，包括：基于证据的政策制定，即政府将数据纳入政策制定过程，反映了数据在公共决策方面的定位；数据保护、隐私和道德、国家数字身份，这是企业和社会能自由、合法应用数据的前提和保障；分类和标准化，数据共享、连接和交互操作，开放政府数据、数据角色和身份等，构成了促进数据深层次应用，挖掘和创造数据价值的环境要素，它们对构造数据治理的生态系统至关重要；数据素养和能力建设、人们的参与度、合作伙伴关系是充分发挥数据治理的不同群体的各自作用，促进数据治理的合作共治的基础性要素，也属于数字生态系统的范畴；共享基础设施、数据可视化、人工智能、机器学习、区块链等是数据领域最新发展的前沿性技术，这些技术既对数据治理的提升创造了技术条件，也反映了政府与数据治理发展的认知与使用意向。

## 二、国家数据战略和数据领导力

数据领导力对于执行国家数据战略和数据治理框架至关重要。由于不完全理解或不认识数据治理及其具体的项目能够产生的价值，政府高层可能不会支持它。这种挑战在数据探索和利用的交汇点最为明显：政策制定者和其他政府领导人可能直到看到成功的实例后，才能理解利用数据资产创造价值的潜力。政治领导层面的支持是数据治理成功的关键，一个机构能否为数据治理构想出一个战略方向，这通常取决于最高管理层能否了解数据的价值创造潜力。目前，很多国家都日益认识到政府数据的作用和重要性，并进行了重要的机构改革。在一些国家和地方政府中，首席数据官（CTO）得到了广泛的认同，就像很早出现的 CIO 一样。CIO、CTO 或其他相关职位，对于推进政府的数据治理发挥了重要的作用。也有的国家，在国家、省或地方层面设立专门的有关数据管理的办公室或类似机构，负责收集数据、进行分析，并帮助解决公共政策问题。许多政府也正在招收和聘用专业的数据人才，他们在政府中的角色就像财务人才、法律人才和其他专业人才一样重要。《2020年全球数据质量报告》显示，在政府机构的数据治理领域中，存在许多不同的数据角色，包括具有领导和监督职能、政策咨询职责、政策审批权的决策者和数据管理者，以及数据专家和一般公共管理人员。需要认识到，几乎所有的政府机构和人员都需要具备一定的数据技能,但不同的岗位类别需要不同的角色和技能组合,如表4-3所示。

国家数据战略和数据领导力的提升,需要组织机构和政策的支撑。但如果机构改革因政治或资源限制而无法实施,则政府也可以实施渐进性的改革。一个可以选择的方法是:首先,为国家数据治理建立必要的体制框架和基础设施。其次,可以设立一个中央实体机构,例如委员会、领导小组或办公室,制定数据治理的具体指标,以及规范的数据管理程序和数据战略规划。最后,可以采用试点项目,迅速在某一个领域取得成功,再进行经验总结和政策扩散。

以新加坡为例,正是通过持续的政府创新,才实现了数据治理结构和数据领导力在国家层面的转变。新加坡在总理办公室设立了智慧国家及数字政府办公室,该办公室将数据视为"数字政府的核心"。为了使未来的数字政府更加"以用户为中心,高效地完成关键任务",并使各个部门和各级机构"数据与数字紧密结合",新加坡建立了国家数据系统。该系统服务于大量的内部和外部使用者,包括个人、企业和公共管理者。为了解决现有政府数据结构存在的问题,2018年新加坡推出了政府数据战略。2023年为了战略的实施,总理办公室设立了政府数据办公室。"战略的重点是在新的综合数据管理框架下对公共部门进行重组并确定在整个生命周期内管理数据所需的水平使能因素。"此外,可信任中心(Trusted Centers)整合来自单一真实来源(Single Sources of Truths,SOTs)的数据,为用户提供一个集中平台,以访问重要的政府数据集,"并向用户提供访问政府核心数据集的一站式服务。需要跨部门数据集的用户无须到每个数据源逐个索取数据,分别位于统计办公室(个人和企业)、新加坡土地管理局(地理空间)以及智慧国家和数字政府(传感器)的3个可信任数据中心实现交互操作"。采用整体政府的方式,"新加坡公共服务机构也对组织结构进行了重大变革,将数据置于机构数字化转型工作的前沿和中心",置于最高领导层之中。政府数据办公室编制的"一份指南提供给各机构用于制定和执行数字战略,作为数字化工作的一部分"。它还为首席数据官开发了一种新的能力框架,专业化首席数据官的角色,并赋予首席数据官推动其机构数据转型的任务。新加坡还对政府的结构性培训提供支持,提高政府官员的数据能力。强调数据是政府转型的推动力,这将使相关的政策、过程、系统和人员落实到位,以便于公共部门能够系统地获得、管理和使用工业规模的数据。[1]

---

[1] Singapore's Smart Nation and Digital Government Group[EB/OL].[2024-12-12]. https://www.smartnation.gov.sg/milestones/; Govtech Singapore. Digital Government Blueprint[EB/OL].[2024-12-11]. https://www.tech.gov.sg/digital-government-blueprint/; Daniel Lim Yew Mao Bringing Data into the Heart of Digital Government[J]. ETHOS, 2019(21).

表 4-3　数据用户在政府中的不同角色和技能组合①

| 角色（非排他性） | 说明 | 所需技能组合 |
| --- | --- | --- |
| 数据领导<br>数据管家 | 各种头衔和职能：<br>首席数据官<br>首席数字战略官<br>首席信息官<br>首席政府技术官<br>首席评价干事<br>首席创新官<br>数据大使 | 领导技能（技术和政策），为数据的再利用、共享、可扩展、数据质量、安全和隐私提供数据监督、政策和技术框架；制定跨政府的数据标准和管理数据资产清单；管理开放政府数据<br>例：新西兰政府授予统计人员首席数据官的头衔，2015 年美国政府任命了第一位首席数据官 |
| 政策制定和决策者 | 部长、秘书或其他具有决策作用的高级官员 | 能理解和解读数据分析报告，从中能获得增值的见解和决策；能得出以数据驱动或以数据为中心的见解，通过战略决策产生预期的结果和影响 |
| 政策分析员（部门） | 具有分析技能，特别是具有与特定部门（如卫生或教育部门）相关的领域专长的人员；能够协助政策分析，以支持公共决策（从规划到实施再到评估） | 能使用智能工具和自助分析，善于利用数据"发现"答案；为政策制定者提供数据驱动的洞察力和前瞻性，以了解结构化或非结构化数据；利用分析软件程序中的算法，在不同领域（包括医疗保健、灾害管理、犯罪和安全以及交通管理）做出明智的决定 |
| 行政人员 | 公共部门的大多数雇员 | 能够从数据可视化中获益；能够将数据用于日常业务或报告中 |
| 数据科学家 | 经过技术培训的分析和数据科学专家；与商业智能相关的"权力用户" | 接受过学术或技术培训；具有特定技能（能够处理 Python 和其他数据工具和数据服务）；能够处理基于数据的基础设施、数据仓库和统计；对主题领域专业知识有语境理解；可能具有专业技能（在 AI 等领域） |

---

①Heckman J. OMB：Evidence Act Guidance in "very last stages" of Clearance Process［EB/OL］.［2019-05-15］. https：//federalnewsnetwork. com/big-data/2019/05/omb-evidenceact-guidance-in-very-last-stages-of-clearance-process/.

## 第三节 ▎政府数据治理的生态系统

政府数据既是一种公共资源,又是一种社会技术现象,既影响经济、社会、政治发展,也反过来受其影响。政府数据治理的生态系统由技术与治理、管理与运营,以及公共、私人和社会公众等多行为体的相互协调、共同行动和相互作用所构成,其存在和进化对释放数据价值和创造公共价值至关重要,应当围绕数据生态系统建立国家数据战略。

### 一、技术系统

数据生态系统的技术系统包括以下几个关键组件:①数据存储,包括关系数据库、数据仓库和数据湖等,用于存储和管理各种类型和规模的数据。②数据处理框架(如 Apache Hadoop、Apache Spark)和数据分析工具(如 Tableau、Power BI)。③数据集成和 ETL 工具(如 Informatica、Talend),帮助将数据从不同来源整合到统一的平台上。④数据流管理(如 Apache Kafka、Apache Flink),用于实时数据流的管理。⑤数据治理和质量管理,包括数据治理工具(如 Collibra、Informatica Data Governance)和数据质量管理工具(如 Talend Data Quality),确保数据的准确性、一致性和合规性。⑥元数据管理,通过元数据管理工具(如 Alation、Data Catalog),用于管理和维护数据的元数据,提供数据发现和数据血缘跟踪功能。⑦数据安全和隐私保护,包括数据加密工具、访问控制系统和隐私保护技术(如 Data Masking、Differential Privacy),用于保护数据的安全性和隐私性。⑧数据可视化工具(如 Tableau、QlikView)帮助用户通过图表和面板直观地展示数据分析结果。⑨云基础设施,提供灵活的计算和存储资源,以支持数据生态系统的各个方面。⑩API 管理和数据共享平台,主要用于管理数据接口和数据共享,促进跨组织的数据协作。这些基础设施共同构建了一个完整的技术层面的数据生态系统,支持从数据收集、存储、处理、分析到数据治理和安全的全生命周期管理。

此外,在考虑数据基础设施时,政府应当认识到,尽管公共数据的数量、种类和速度在快速增长,但并非所有数据都需要存储。实际上,存储大量或理论上没有穷尽的数据而没有明确的目的，最终将是不可持续的。也就是说，大多数政府都要处理大量甚至是不断增长的数据，仅对现有系统进行升级，通常无法保证能够始终访问并有效地共享、使用和分析大量数据，这就需要有一项战略，即基于数据的目的更智能地做出关于存储和删除信息的决定，而不是试图规范已存的数据。

## 二、组织系统

政府数据治理的生态系统，需要公共组织治理机构、管理机制、政策法规和协调机制的支撑。

在治理机构上，需要建立专门的数据治理机构，负责制定和监督数据政策、标准和流程，确保数据的质量和安全。政府各部门或机构内部也需要设立数据管理的专门职位，负责具体的数据管理任务，如数据收集、存储和维护等。建立数据协同的治理格局，有助于厘清不同主体的权责界限，为数据在不同主体之间的有序流通搭建桥梁，允许更多主体参与数据要素市场的创建，促进数据要素市场的规范化发展。[①] 数据治理需要多元化，既包括数据需求的多元化，又包括数据资源的多元化。从数据需求的多元化来看，由于政府部门是服务公民的政府部门，而政府的使命就是为民众服务，于是，民众的需要就变成了政府部门进行数据处理的根源动力。政府管理者通过公共数据来发现民众的需要、创造服务，从而满足了公民需求，又提升了政府部门的数据治理水平。从数据来源的多元化看，数据需求的主体在产生需求后，会促使其寻找、挖掘自己想要的数据，从这个方面来说，公众作为不同于政府的力量，是政府数据来源的基础。同样地，多元主体亦可以通过自身优势收集有价值的数据反哺于政府。因此，在建立合作治理的数据生态系统的过程中，有必要激发非政府主体的热情参与数据治理，发挥各自的优势，形成合力。

在管理机制上，需要进行数据质量管理，确保数据的准确性、一致性和完整性；实施元数据管理，提供数据的关联性信息，促进数据的发现和理解；实行数据生命周期管理，管理数据从创建到销毁的全生命周期；建立技术标准和规范，包括数据格式和标准，数据接口和 API 标准以及安全标准。在数字政府建设过程中，只有保证政府数据的流动，才能充分发挥其价值和潜力。2019 年，《国务院关于在线政务服务的若干规定》规定：推进各地区、各部

---

①袁康,刘汉广.公共数据治理中的政府角色与行为边界[J].江汉论坛,2020（05）：120-127.

门政务服务平台规范化、标准化、集约化建设和互联互通，推动实现政务服务事项全国标准统一、全流程网上办理，促进政务服务跨地区、跨部门、跨层级数据共享和业务协同，并依托一体化在线平台推进政务服务线上线下深度融合。① 要站在服务数字国家的角度，建立数据协同治理格局，加快制定我国数据战略总体政策，循序渐进地推动现有政策的交流和互信互认，完善数据管理的相关策略。②

在政策法规上，包括数据保护法规，如欧盟的《通用数据保护条例》（GDPR），确保用户数据的隐私和安全；数据共享政策，明确数据共享的范围和条件，促进数据的开放和共享；开放数据政策，明确数据开放的范围、方法、程序和标准。以中国为例，最早的数据管理法律法规是2013年6月发布的《电信和互联网用户个人信息保护规定》，此后，中央政府陆续颁布了各类法律、规定、规划、办法、方案（详见表4-4），各省市也根据各自的特点出台了许多地方性的法规和政策。

表4-4 2013年以来我国出台的数据开放共享相关文件（列举）

| 序号 | 时间 | 名称 | 目的 | 颁发部门 |
| --- | --- | --- | --- | --- |
| 1 | 2013年6月 | 《电信和互联网用户个人信息保护规定》 | 规范行业内个人数据 | 工信部 |
| 2 | 2015年8月 | 《促进大数据发展行动纲要》 | 明确全面推进大数据发展应用 | 中共中央、国务院 |
| 3 | 2016年9月 | 《政务信息资源共享管理暂行办法》 | 加快政府信息互联互通和公共数据共享 | 中共中央、国务院 |
| 4 | 2016年11月 | 《中华人民共和国网络安全法》 | 促进经济社会信息化健康发展，规范数据安全原则 | 全国人民代表大会常务委员会 |
| 5 | 2016年12月 | 《大数据产业发展规划（2016—2020年）》 | 加快实施国家大数据战略，推动大数据产业健康快速发展 | 工信部 |

---

①国务院.国务院关于在线政务服务的若干规定（国务院令第716号）[EB/OL]．[2019-04-26]．https://flk.npc.gov.cn/detail2.html?ZmY4MDgwODE2ZjNjYmIzYzAxNmY0MTQ2OGNlODFmYjg.
②王丽丽，安小米.在线政务服务数据的协同治理——对8个发达国家的比较研究[J].图书情报知识，2021，38（03）：130-143.

续表

| 序号 | 时间 | 名称 | 目的 | 颁发部门 |
|---|---|---|---|---|
| 6 | 2017年5月 | 《政务信息系统整合共享实施方案》 | 推动政务信息系统整合共享 | 中共中央、国务院办公厅 |
| 7 | 2017年6月 | 《政务信息资源目录编制指南（试行）》 | 加快建立政府数据资源目录体系，推进政府数据资源的国家统筹管理 | 国家发改委 中央网信办 |
| 8 | 2017年8月 | 《加快推进落实〈政务信息系统整合共享实施方案〉工作方案》 | | 国家发改委 |
| 9 | 2017年10月 | 《关于开展政务信息系统整合共享应用试点的通知》 | 明确试点目标、地区、部门和任务 | 国家发改委 |
| 10 | 2018年1月 | 《公共信息资源开放试点工作方案》 | 明确推进信息资源开放是重要的改革任务 | 中央网信办、发改委、工信部 |
| 11 | 2018年4月 | 《科学数据管理办法》 | 保障科学数据安全，提高开放共享水平 | 中共中央、国务院办公厅 |
| 12 | 2020年3月 | 《关于构建更加完善的要素市场化配置体制机制的意见》 | 深化要素市场化配置改革，促进要素自主有序流动 | 中共中央、国务院办公厅 |
| 13 | 2021年1月 | 《建设高标准市场体系行动方案》 | | 中共中央、国务院办公厅 |
| 14 | 2021年6月 | 《中华人民共和国数据安全法》 | 对政务数据的安全性和公开性提出明确要求 | 全国人民代表大会常务委员会 |

在组织协调机制上，需要建立跨部门协作的正式或非正式的协调机构，促进不同部门之间的数据共享和合作；培养组织内的数据驱动文化，提升数据利用的意识和能力；提供相关培训和教育，提升员工的数据管理和分析能力。

对中国而言，中央层面要加快建立专门针对数据开放的法律法规，不仅要完善已有的关于公共数据开放的法规标准，修订与数字政府发展不相匹配的相关政策文件，也要探索新的、符合我国实际国情的、能适应政府数据开放治理要求的配套保障机制。针对开放平台，要明确平台的建设标准、流程、规范等问题；针对不同地区的不同情况，要制定不同层次、适合不同主体的法律制度；针对政府主体与市场、社会关系，要加强对其个人隐私权、商业机密等的保护，限制主体行为，确立行业标准，从而更好地促进公共数据开放。

绩效管理是一种有效的工具，被用来提高政府效能、促进政府治理创新。[①] 政府主体的多元性和复杂性为政府多元合作奠定了基础。多元合作绩效管理体系可以重构数据治理过程中的多元主体关系，为公共数据治理创造价值。

信息对等是多元合作绩效管理体系建立的前提，由于企业、公众与政府等主体之间存在着天然形成的不对等关系，导致公共信息不对称，当合作能带来的资源和信息与公共价值目标一致时，各主体的积极性会被调动起来，再加以适时地宣传和鼓励，就能有效缩短主体间的距离，降低多元合作成本，提高政府公信力。而且，多元主体合作作为公共服务供给的新形式，可以帮助政府职能逐步由管理者转向协调者，在提升非政府主体对政府依赖性的同时，改善了主体间的关系，打破了主体间的信息不对称，调动了主体的积极性，更有助于提升合作绩效。

增强政府公共数据治理中政府与非政府合作意识，制定合理的制度政策，将为多元协同绩效管理系统的建立奠定基石。各地方政府要运用统一规划并与各自实际情况有机结合的合作机制，防止数据的重复建立以及无法使用线上数据的特殊群体的信息资源缺失，并积极推动数据共享开放，以形成与此相适应的全方位、多领域、差异化的绩效体系。

适当地组织培训和宣传有助于提升多元主体合作的可持续性。一方面，对政府相关部门进行培训可以帮助其转变视角，从非政府主体的角度出发，切实考虑他们的需要，从而更好地了解他们的喜好，为他们提供更多方面和角度的支持。另一方面，要对公众进行培训和宣传，能帮助其认识、了解政府动态，知晓政府此刻正在做什么；了解和掌握多元合作绩效管理的知识，将个人感官与开放的数字政府融合，作为日常生活的一部分，从而获得长足

---

① 白皓，易苏欣怡. 构建政府绩效管理体系实践路径分析[J]. 中国行政管理，2017（11）：157-159.

的合作动力。

## 三、社会系统

数字技术的应用可以创造一种参与机制，让人们参与到政策制定、服务设计和服务提供的过程中来。在管理政务数据方面，政府面临着日益复杂的挑战。促进企业和公众参与数据管理，有助于政府解决数据治理的技术、成本、效率问题。

通过公众参与，不仅在利用和分享政府数据方面，而且在开发和管理依赖数据的新技术方面都能促进数据的公开和透明。这通常是通过以下行动实现的：发布数据集；通过可视化数据实现信息共享；了解公众对数据和新技术的使用表达意见（包括不满情绪），并关心个人数据安全和隐私问题，政府围绕政府数据和数据科学引入了公众参与程序。尽管并非所有人都愿意参与，但很多公民都想知道政府是否合理使用了他们的数据。公众参与数据治理包括：允许参与者提供关于政策草案、政务服务、平台运行的公开反馈；公众在社交媒体表达意见，并且政府在数据治理政策或过程中考虑社会媒体数据。

在数据治理中，信息技术企业扮演了多重角色，既是承包商，也是政府决策的参与者和技术方案的提出者，建立信息技术企业与政府部门之间的合作关系对于建构良好的政府数据治理生态系统至关重要。英国通过建立政府数字服务局专门机构，帮助政府选择合适的技术，与广泛的供应商建立更简单、灵活的关系。[1] 新加坡通过成立政府技术局（Gov Tech）来创新与机构、部门、企业的合作机制，简化网络办事流程。[2] 在过去的十年里，我国各级政府广泛通过各种类型的企业，并以多种方式加入数据治理之中。2016年，贵州省政府数据开放平台试上线，该平台是由贵州省大数据局牵头，云上贵州大数据产业发展有限公司作为承办单位与技术支撑单位，贵州中软云上数据技术服务有限公司共同参与的政府数据服务门户。[3] 2017年广东省发挥省内运营商优势，与腾讯、华为和三大基础运营商合作，成立数字广东网络有限公司作为数字政府的运营中心，形成"政企合作、管运分离"的运营模

---

[1] 林梦瑶，李重照，黄璜.英国数字政府：战略、工具与治理结构[J].电子政务，2019（08）：91-102.
[2] 胡税根，杨竞楠.新加坡数字政府建设的实践与经验借鉴[J].治理研究，2019，35（06）：53-59.
[3] 向颖芗.数字政府的"贵州经验"[J].当代贵州，2020（01）：56-57.

式，实现政府与企业优势互补。① 目前，各地数字政府建设规划普遍通过建立国有专责的建设和运营公司来推动，寄望于借助"市场机制"的敏捷反应优势来克服传统官僚系统的体制缺陷，这已经成为未来数字政府建设的重要方向。②

---

①吴克昌，闫心瑶.数字治理驱动与公共服务供给模式变革——基于广东省的实践[J].电子政务，2020（01）：76-83.
②王张华，周梦婷，颜佳华.互联网企业参与数字政府建设：角色定位与制度安排——基于角色理论的分析[J].电子政务，2021（11）：45-55.

# 第五章
# 政府开放数据的治理体系和模式

在"数据革命"时代,数据已经成为一种重要的社会资源,而政府作为掌握公共数据资源的主体,向社会公众开放其所保留的数据,供社会进行增值利用和创新应用,将创造巨大的公共价值,推动经济增长和社会发展。政府开放数据是指政府利用现代信息技术手段,将自身保存的不涉及个人隐私和公共安全的数据免费开放给所有民众。与政府信息公开相比,政府开放数据更为关注公民利用数据的权利,侧重于政府数据被利用后所能增值的经济与社会价值。政府开放数据本身不是目标和终点,使数据得到充分利用,使价值得到完整体现才是最终目的。本章梳理了全球政府开放数据的基本理论和发展历程,从组织过程和合作治理角度建构了公共数据开放的治理框架,对部分省市的公共数据开放的组织机构、治理关系,以及制度规范进行分析和总结,最后对公共数据开放运营模式,包括运维模式、政企合作关系,以及授权运营进行了理论凝练和案例分析。

## 第一节 ▎政府开放数据的提出和发展

国际开放政府运动开始于2009年的《透明与开放政府备忘录》。我国自2012年起也加入了政府开放数据的行列。开放数据作为重要的社会资源,是国家治理能力现代化的必然要求,也是提升数字中国建设潜在价值的重要内容。① 2015年,我国首次提出国家大数据的战略目标。同年8月,国务院印发的《促进大数据发展行动纲要》明确我国要稳步推进公共数据资源的开放。② 此后,各级政府出台的各类公共数据的政策有序推进,使得公共数据开放治理成为政府提高公信力、增加透明度、服务民生、促进城市数字化转型的重要起点。③

### 一、政府开放数据的定义、缘由和作用

在大数据时代,公众不再满足获取政府信息,而是希望获得电子的、可机读的数据集,并进行分析和开发利用。数据与信息不同,数据是一手的原始记录,未经过加工与解读,而信息已经过分析加工并被赋予特定意义。政府数据开放和政府信息公开的目标也各有侧重,政府信息公开的目的是保障公众的知情权,提高政府透明度,是政府的责任;而政府数据开放的目的是促进社会对政府数据的开发利用,是政府提供的一项公共服务。④

#### (一)政府开放数据的定义

开放数据是指按照用户特定的需求和一定的互联网协议、规则、框架,对Web数据进行存储和组织,所利用的数据或来自不同的数据源,或是不同

---

① 王见敏,赵飞.大数据背景下地方政府数据开放路径研究——基于协同治理理论视角[J].改革与开放,2019(19):34-36.
② 黄璜,孙学智.中国地方政府数据治理机构的初步研究:现状与模式[J].中国行政管理,2018(12):31-36.
③ 郑大庆,黄丽华,郭梦珂,等.公共数据资源治理体系的演化模型:基于整体性治理的建构[J].电子政务:1-14.
④ 郑磊.到底什么是数据开放?与信息公开有何不同?[EB/OL].[2019-10-8]. https://mp.weixin.qq.com/s?_biz = MzA4NTgxMzQzNQ = = &mid = 2649186868&idx = 1&sn = f35729554db15027df8b30047cc7fe7e&chksm = 87c1f3e0b0b67af6b7bce75d43c36ca4b73ce6813ebd84be66fe8bda21e065c8c62535614560&scene = 27.

的数据类型，最终目标是实现信息在网络空间的开放、共享与重用，以寻求信息数据最大可能地无限获取与重用。① 在狭义上，开放数据一般指政府开放数据。世界银行发布的《如何理解开放政府数据，提高政府责任》中认为，开放数据是"能被任何人出于任何目的不受限制地进行自由利用、再利用和分发，并最大限度保持其原始出处和开放性的数据""政府数据开放是指政府开放、产生、收集和拥有的数据，在知识共享许可下发布，允许共享、分发、修改，甚至对其进行商业使用"。②《联合国电子政务调查报告2020》将政府开放数据定义为："政府主动在网上公开政府信息，使任何人都能不受限制地获取、再利用和再分发。"开放定义（The Open Definition）指出，"开放"意味着任何人都可以出于任何目的自由地访问、使用、修改和共享数据。"开放性"应具备两个维度的特性：一为技术性开放，即数据应为可机读、非专属性的电子格式，从而能被任何人使用；数据还应被置于公共服务器上供公众获取，不设密码和防火墙。二为法律性开放，即这些数据必须被置于公共领域，或处于自由利用条款下，受到最低程度的限制。③

政府数据有狭义和广义之分。狭义的政府数据仅指由各级政府部门在依法履行职责过程中制作或者获取的，以一定形式记录、保存的各类数据资源。而根据《国际开放数据宪章》的定义，广义的政府数据不仅包括国家、区域和地方政府、国际政府组织以及广义的公共部门所掌握的数据，还包括外部机构为政府所创建的数据，以及掌握在外部机构手中但与政府项目和服务相关并具有重大公共利益的数据。

广义的政府数据也被称为"公共数据"。公共数据不仅包括政府数据，还包括政府部门以外的公共事业部门的信息和数据。此外，国有和私有企业受政府委托，得到公共财政支持所创建的数据，以及掌握在这些企业手中但与政府相关、具有重大公共利益的数据也属于公共数据，应向社会开放。

（二）政府开放数据的缘由和作用

政府开放数据有很多理由：第一，政府开放数据包括了民生的方方面面，其来源于人们的生活，应当被人们所应用。第二，政府开放数据能够实现政府开放数据、市场开发应用、社会参与行动三方之间协同合作的治理模式，解决政府能力之外的问题。第三，政府开放数据能够为经济的发展助力，开

---

① 谭健. 开放数据及其应用现状 [J]. 图书与情报, 2011 (4): 42-47.
② 陈尚龙. 大数据时代政府数据开放的立法研究[J]. 地方立法研究, 2019, 4 (02): 103-117.
③ United Nations Department of Economic and Social Affairs. United Nations e-Government Survey 2020[R]. New York: UN, 2020.

发新的商业模式。政府数据通过在企业、公民和政府的合作中可以带来更大的经济价值,并创造公共价值。第四,政府开放数据是政府从数据的收集利用者转型为数据的组织者、管理者和赋能者,既有助于更好地为人们提供服务创造价值,还有助于节省财政开支。第五,政府开放数据是一种合作共赢,能够更好地满足人们对于了解政府、享受服务、参与治理的需求,形成一个动态的开放、利用、收集的数据价值发掘循环,实现政府部门和社会公众的合作共赢。

政府开放数据有许多潜在的好处,如:可以提高透明度和责任感,而创建可访问的软件应用程序和创新方案可以鼓励社会参与。[①] 随着处理复杂数据集的技术能力不断提高,开放的数据集可以为决策者提供更好的洞察力和预见性,并使电子服务更高效、更可靠、更包容。当前,各国政府正努力通过以开放模式发布数据集免费供公众使用来加强公众信任;获取公开的政府数据有助于防止信息操纵,并有助于公共部门提高透明度、打击腐败和加强公共部门问责制。此外,人们对开源软件以及如何将其用于开发也越来越感兴趣。开放式应用程序接口(API)将有助于通过对公民友好的应用程序更有效地访问公共部门信息。

### (三) 政府开放数据的过程

政府数据从开放、利用到创造价值是一个动态循环的过程,政府、数据利用者和社会公众共同构成了一个生态系统(见图5-1)。政府部门作为供给者将数据开放出来,数据利用者作为需求端对数据进行利用,并以其开发的创新应用服务于社会公众,数据利用者和社会公众又进一步共同推动政府开放数据。在这个生态系统中,政府部门是原材料的提供者,数据利用者是加工者,社会公众是最终受益者,各方既有分工,又有协作,形成一种合作众创的关系。

---

① United Nations Department of Economic and Social Affairs. United Nations e-Government Survey 2020[R]. New York: UN, 2020.

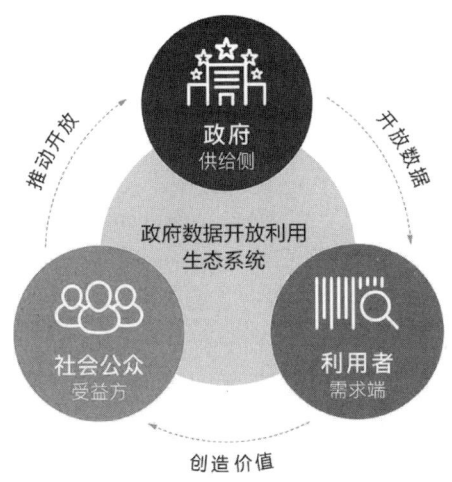

图 5-1 政府数据开放利用生态系统

## 二、全球政府开放数据的发展历程

全球政府开放数据运动始于美国,源于美国具有政府信息公开的历史传统。在电子政务前时代,1967 年的《信息自由法》是信息公开的基础性法律,1972 年的《联邦咨询委员会法》、1976 年的《阳光下的政府法》(这两部又称为联邦开放会议法案),侧重于对政务活动的公开,构成了美国政府信息公开的法制基础。至今,美国在积极推动政府对公共数据开放的权益保护和关键数据收集发布,以及数据质量、安全管理等方面卓有成效。

2007 年 12 月,30 位开放数据倡导者聚集在美国加利福尼亚州,首次提出了政府数据开放的 8 项基本原则:完整的(Complete)、一手的(Primary)、及时的(Timely)、可获取的(Accessible)、可机读的(Machine-readable)、非歧视的(Non-discriminatory)、非专属的(Non-proprietary)、免授权的(License-free)。[①] 2009 年 1 月,奥巴马总统在就任当天即签署了《透明与开放政府备忘录》,明确开放政府须遵循政务透明、公民参与、协同合作等 3 项原则,并责成行政管理和预算局研判相关政策。2009 年 5 月,美国联邦政府开放数据网站 Data.gov 正式上线。2009 年 12 月,行政管理和预算局发布了《开放政府指令》,提出在线发布政府信息、改善政府信息质量、

---

① 郑磊. 开放不等于公开、共享和交易:政府数据开放与相近概念的界定与辨析[J]. 南京社会科学,2018(9):83-91.

开创并制度化开放政府的文化、建立开放政府的政策框架等4项行动主轴。此后,许多国家迅速跟进,制定本国政府数据开放的行动计划和相关政策法规,希望能善用政府所持有的数据,通过社会组织与公众的应用来产生更多增值创新服务,促进政府数据再利用。

2011年,美国、英国、挪威、南非、巴西、墨西哥、印度尼西亚、菲律宾等8国成立了"开放政府联盟"(Open Government Partnership,OGP),参与该计划的国家保证恪守《开放政府宣言》(Open Government Declaration)提出的原则:"开放与公民的接触以改善服务、管理公共资源、促进创新和创建更加安全的社区",该组织现已有75个成员国。2013年6月,美国、英国、法国、德国、意大利、加拿大、日本和俄罗斯在北爱尔兰召开8国首脑会议,会上签署了《开放数据宪章》(Open Data Charter),承诺在2013年年底前,制定开放数据行动方案,最迟在2015年年末按照此宪章和技术附件要求进一步向公众开放可机读的政府数据。《开放数据宪章》将开放数据界定为具备必要的技术和法律特性,从而能被任何人、在任何时间和地点进行自由利用、再利用和分发的电子数据。该宪章还提出了政府数据开放所应遵循的6项原则:默认开放(Open by Default);及时和全面(Timely and Comprehensive);可获取和可利用(Accessible and Usable);可比较和互操作性(Comparable and Interoperable);致力于改善治理和公民参与(For Improved Governance and Citizen Engagement);致力于包容性发展和创新(For Inclusive Development and Innovation)。[①] 2015年,OGP在墨西哥举办了全球峰会,来自40多个国家的2 000多人参加了峰会,包括许多政府首脑和部长。峰会共同签署声明:各国承诺使用OGP平台实现新的开放政府目标,同时OGP也提出如何实现开放数据目标的建议。2019年1月,欧盟各方代表就开放数据和公共部门信息发布的《开放数据和公共部门信息指令》达成协议[②],用以促进公共部门数据再利用。

从目前全球参与开放数据运动的国家来看,既包括美国、英国、法国、奥地利、西班牙等发达国家,也包括印度、巴西、阿根廷、加纳、肯尼亚等发展中国家。欧盟、经济合作与发展组织、联合国、世界银行也加入了开放数据运动,建立数据开放门户网站。根据《联合国电子政务调查报告2020》,已建立政府开放数据门户网站的国家达到153个,在联合国193个成员国中,59%的国家制定了政府开放数据政策,62%的国家制定了元数据或数据字典,57%的国家接受了公众对新数据的请求,52%的国家提供使用政府开放数据

---

[①]汪晓风.社交媒体在美国外交中的战略定位与政策运用[J].美国问题研究,2012(2):75-92.
[②]中国信息安全编辑部.国际动态[J].中国信息安全,2019(02):20-21.

的指导。《联合国电子政务调查报告 2020》还首次将一般行业以及与可持续发展目标实施密切相关的 6 个关键领域（教育、就业、环境、卫生、司法和社会保障）政府开放数据的可用性纳入评估范畴。根据《联合国电子政务调查报告 2022》，已有 117 个国家和地区制定了开放政府数据法律。《开放数据宪章》中优先开放的高价值数据如表 5-1 所示。

表 5-1 《开放数据宪章》中优先开放的高价值数据

| 数据分类（Data categories） | 数据集的实例（Example datasets） |
| --- | --- |
| 企业（Companies） | 公司/企业登记信息（Company/Business register） |
| 司法（Crime and justice） | 违法犯罪的记录（Crime statistics） |
| 地球观测（Earth observation） | 气象（Meteorological/Weather）、农业（Agriculture）、渔业（Fishing） |
| 教育（Education） | 学校名单（List of schools）、学校绩效表现（Performance Review of school） |
| 能源环境（Energy and environment） | 能源消耗（Energy consumption）、污染（Pollution） |
| 金融和合同（Finance and contracts） | 政府的预算决算（National budget） |
| 地理空间（Geospatial） | 地形（Topography）、邮编（Postcodes）、地图（Maps） |
| 全球发展（Global development） | 援助（Aid）、粮食安全（Food security） |
| 政府责任与民主（Government accountability and democracy） | 政府机构地址（Government contact points）、选举结果（Election results）、公务员薪金（Salaries） |
| 医疗卫生（Medical and health） | 处方信息（Prescription data）、绩效数据（Performance data） |
| 科学研究（Science and research） | 实验结果（Experiment results）、基因组数据（Genome data） |
| 统计（Statistics） | 统计资料（National statistics）、人口普查（Census） |
| 社会流动性与福利（Social mobility and welfare） | 住房（Housing）、医疗保险（Health insurance） |
| 交通与基础设施（Transport and infrastructure） | 公共交通时刻（Public transport timetables） |

当前，政府开放数据提供的主要趋势已经从非机器可读格式（例如 PDF）转变为机器可读格式；开放数据的运营模式趋向多元化；开放数据被视为一种重要的数据资产；通过移动应用程序提供更新公共信息的国家日益

增多。

2013年,由万维网基金会组织的"开放数据晴雨表",着眼于衡量政府如何发布和使用开放数据以实现问责制、创新和社会影响的全球指标,从2013年到2017年,合计共有4版,是国际公认的政府开放数据评估项目。此外,还有英国的Data.gov.uk、加拿大的Open.canada.ca等国家级的大数据平台,都是各国为监测公共数据的开放水平而产生的数据开放的评估体系。

### 三、中国政府开放数据的发展现状

在我国,上海于2012年率先建成"上海市政府数据服务网"。省(自治区)的平台建设则始于2015年的浙江省。为了加快建设数据强国,全面深化推进我国大数据发展和应用,2015年8月31日,国务院印发了《促进大数据发展行动纲要》(国发〔2015〕50号),明确指出:要形成公共数据开放共享的法律体系和政策体系。[1] 为加快大数据战略部署,深化大数据应用,各省市纷纷响应国家号召,相继建立了政府开放数据平台,开启了数据开放的时代。

2017年2月,中央全面深化改革领导小组第三十二次会议审议通过了《关于推进公共信息资源开放的若干意见》,要求推进公共信息资源开放,加强规划布局,强化信息资源深度整合促进信息惠民,进一步发挥数据大国、大市场优势,促进信息资源规模化创新应用,着力推进重点领域公共信息资源开放,释放经济价值和社会效应。2017年5月,国务院办公厅印发的《政务信息系统整合共享实施方案》指出,要向社会开放"政府部门和公共企事业单位的原始性、可机器读取、可供社会化再利用的数据集"。2018年1月,中央网信办、发改委、工信部联合印发的《公共信息资源开放试点工作方案》要求试点地区"提升数据的完整性、准确性、有效性、时效性""明确开放数据的完整性、机器可读性、格式通用性等要求"。2021年,国务院常务会议审议通过了《"十四五"推进国家政务信息化规划》。该会议指出,要推动政府数据向社会开放,公共数据开放共享体系能有效提高政府管理效率和服务水平。

截止到2023年年底,我国已有200多个省级和城市的地方政府上线了数据开放平台,其中省级平台22个(不含直辖市和港、澳、台),城市平台204个(含直辖市、副省级与地级行政区)。各地的政府数据开放平台

---

[1]国务院.国务院关于印发促进大数据发展行动纲要的通知(国发〔2015〕50号)[A/OL].[2015-09-05]. https://www.gov.cn/zhengce/content/2015-09/05/content_10137.htm.

正在不断扩散，相连成片，政府数据开放平台已逐渐成为一个地方数字政府建设的"标配"，而国家统一公共数据开放平台也已筹备上线。省级行政区及其下辖省会、副省级城市（不含港、澳、台）数据治理机构设立情况如表5-2所示。

表5-2 省级行政区及其下辖省会、副省级城市（不含港、澳、台）数据治理机构设立情况

| 省级行政区 | 设立时间 | 机构名称 | 省级行政区下辖省会、副省级城市 | 设立时间 | 机构名称 |
| --- | --- | --- | --- | --- | --- |
| 重庆市 | 2018年 | 重庆市大数据应用发展管理局 | | | |
| 上海市 | 2018年 | 上海市大数据中心 | | | |
| | 2018年 | 上海市大数据中心 | | | |
| 天津市 | 2018年 | 天津市大数据管理中心 | | | |
| 北京市 | 2018年 | 北京市大数据中心 | | | |
| 内蒙古自治区 | 2017年 | 内蒙古自治区大数据中心 | 呼和浩特市 | 2017年 | 呼和浩特市大数据发展管理局 |
| 广西壮族自治区 | 2018年 | 广西壮族自治区大数据发展局 | 南宁市 | 2018年 | 南宁市信息网络管理中心 |
| 宁夏回族自治区 | 2018年 | 宁夏回族自治区工业和信息化厅 | 银川市 | 2016年 | 银川市大数据管理服务局 |
| 新疆维吾尔自治区 | 2018年 | 新疆维吾尔自治区工业和信息化厅 | 乌鲁木齐市 | 2018年 | 乌鲁木齐大数据中心 |
| 西藏自治区 | 2018年 | 西藏自治区经济和信息化厅 | 拉萨市 | 2017年 | 拉萨市委网信办 |
| 广东省 | 2014年 | 广东省大数据管理局 | 广州市 | 2015年 | 广州市大数据管理局 |
| | 2018年 | 广东省政务服务和数据管理局 | 深圳市 | 2019年 | 深圳市政务服务数据管理局 |

续表

| 省级行政区 | 设立时间 | 机构名称 | 省级行政区下辖省会、副省会城市 | 设立时间 | 机构名称 |
|---|---|---|---|---|---|
| 贵州省 | 2015年 | 贵州省大数据发展管理局 | 贵阳市 | 2016年 | 贵阳市大数据发展管理委员会 |
| 浙江省 | 2015年 | 浙江省数据管理中心 | 宁波市 | 2016年 | 宁波市大数据管理局 |
| | 2018年 | 浙江省大数据发展管理局 | 杭州市 | 2017年 | 杭州市数据资源管理局 |
| 河南省 | 2015年 | 河南省行政审批和政务信息管理局 | 郑州市 | 2019年 | 郑州市大数据管理局 |
| 辽宁省 | 2015年 | 辽宁省工业和信息化厅 | 沈阳市 | 2015年 | 沈阳市大数据管理局 |
| | | | 大连市 | 2018年 | 大连市大数据中心 |
| 江西省 | 2017年 | 江西省信息中心 | 南昌市 | 2021年 | 南昌市大数据中心 |
| 福建省 | 2018年 | 福建数字领导小组办公室 | 厦门市 | 2015年 | 厦门市信息中心 |
| 山东省 | 2018年 | 山东省大数据局 | 青岛市 | 2016年 | 青岛市电子政务和信息资源管理办公室 |
| 安徽省 | 2018年 | 安徽省数据资源管理局 | 合肥市 | 2017年 | 合肥市数据资源局 |
| 吉林省 | 2018年 | 吉林政务服务和数字化建设管理局 | 长春市 | 2018年 | 长春市工业和信息化局 |
| 湖北省 | 2018年 | 湖北省经济和信息化厅 | 武汉市 | 2019年 | 武汉市政务服务和大数据管理局 |
| 湖南省 | 2018年 | 湖南省工业和信息化厅 | 长沙市 | 2020年 | 长沙市工业和信息化局 |

续表

| 省级行政区 | 设立时间 | 机构名称 | 省级行政区下辖省会、副省会城市 | 设立时间 | 机构名称 |
| --- | --- | --- | --- | --- | --- |
| 山西省 | 2018年 | 山西省工业和信息化厅 | 太原市 | 2019年 | 太原市大数据应用局 |
| 青海省 | 2018年 | 青海省工业和信息化厅 | 西宁市 | 2019年 | 西宁市工业和信息化局 |
| 云南省 | 2019年 | 云南省工业和信息化厅 | 昆明市 | 2017年 | 昆明市工信委 |
| 四川省 | 2019年 | 四川省大数据中心 | 成都市 | 2017年 | 成都市大数据和电子政务管理办公室 |
| 海南省 | 2019年 | 海南省大数据管理局 | 海口市 | 2022年 | 海口市工业信息化局 |
| 河北省 | 2019年 | 河北省政务服务办公室 | 石家庄市 | 2015年 | 石家庄市大数据中心 |
| 黑龙江省 | 2019年 | 黑龙江省政务大数据中心 | 哈尔滨市 | 2016年 | 哈尔滨市大数据管理局 |
| 江苏省 | 2020年 | 江苏省大数据管理中心 | 南京市 | 2017年 | 南京市大数据管理局 |
| 甘肃省 | 2021年 | 甘肃省大数据管理局、甘肃省大数据中心 | 兰州市 | 2015年 | 兰州市大数据社会服务管理局 |
| 陕西省 | 2021年 | 陕西省政务大数据局、省政务大数据服务中心 | 西安市 | 2017年 | 西安市大数据管理局 |

但就目前而言，我国政府开放数据的整体水平不高，仍存在许多不容忽视的问题，如：①平台开放度整体偏低。从平台上线的地理空间分布来看，经济发达省份基本已经实现了平台全覆盖，但新疆、西藏、青海、内蒙古、云南、甘肃等西部和经济欠发达地区平台上线情况仍不乐观。从平台上线的时间和范围来看，浙江省率先启动，沿海地区上线平台时间大都早于内陆地

区。目前尚广泛存在部分省份的部分下辖市上线但省平台未上线，或省平台上线但下辖市未上线的情况。政府开放数据平台的建设还处在早期建立阶段，融合程度低、共享程度低、开放性低等问题还普遍存在。②数据流通存在壁垒。由于国家没有统一的线上数据治理平台，目前平台主要由各省自主管理，没有统一的设计标准来规范平台的建设，导致各省市平台数据和质量参差不齐。各省市政府开放数据大都呈现小范围共享、大范围缺失的局面。

针对这些问题，要在组织、制度和安全等方面对数据开放平台进行总体规划和设计。在组织保障方面，一是要通过法规明确负责数据开放的相关主管部门和内部机构的职责分工，依法保护、管理和监督上传的所有数据，建立风险管控、责任追究的机制。二是要建立专职人员的数据开放管理体系，加大资金和人才的投入，定期进行培训，提升专业能力。三是各地可视情况成立公共数据开放专家委员会和信息安全保障工作组，定期定量地进行工作评价和风险评估。在制度保障方面，一是要出台数据公开监督管理措施。二是要建立数据开放的标准规范体系。三是要建立开放平台的运营保障制度，并形成绩效考核机制。在安全保障方面，一是要通过制度和技术加以保障，制定参与主体间的共同协议以规范数据的管理。二是要将数据按安全级别进行分类，并设置相应的权限和针对性的安全保障措施。

## 第二节 ▎公共数据开放治理体系

2014年被称为我国的"大数据元年",随着政府对大数据开发利用的重视程度的提高,公共数据开放取得了显著进展,各行各业也越来越认识到数据的共享和开放在政府治理中的重要性,这使得政府数据治理的模式和能力都成为目前社会各界关注的重要议题。尤其是2018年党和国家机构改革,各地对数据治理机构的组建也在加速中。[①] 2023年10月25日,国家数据局成立(作为国家改革和发展委员会管理的机构),从国家层面统筹协调数字中国、数字经济、数字社会的规划和建设。就目前的趋势而言,尽管公共数据的开放及其利用程度越来越成为政府数据治理能力评估中的一个重要指标,但相比英美等国政府开放数据运动的先行国家,我国政府开放数据在整体上尚处于起步阶段,并且开放水平和程度参差不齐。开放水平和程度较高的省市如何继续保持发展优势以反哺经济社会发展,相对落后的省市如何通过借鉴先进经验从而提高自身的发展水平,成为理论和实践界所应关注的一个重要问题。

### 一、公共数据开放治理框架

开放数据(Open Data)是一种哲学理念及实践,要求一定的数据可以被任何人自由获取,没有版权、专利或其他机制限制。在我国各级政府的政策文件中,一般使用公共数据的概念和用法。上海市政府、浙江省政府等都将公共数据定义为行政机关以及履行公共管理和服务职能的事业单位,在依法履职过程中采集、产生、获得的各类数据资源。广东省政府将公共数据定义为:公共管理和服务机构,在依法履行职责、提供公共服务过程中制作或者获取的,以电子或者非电子形式对信息的记录。公共数据开放是指公共管理和服务机构在公共数据范围内,面向社会提供具备原始性、可机器读取、可供社会化利用的数据集的公共服务。公共数据包括政府公共数据、企业公共数据、科研公共数据等,推动各部门、各地区、各行业、各领域的公共数据

---

[①] 黄璜,孙学智.中国地方政府数据治理机构的初步研究:现状与模式[J].中国行政管理,2018(12):31-36.

资源共享开放及利用是国家大数据发展的重要任务。

## （一）分析框架构建

公共数据开放已经成为公共管理领域，尤其是公共部门信息技术利用的热点主题，相关的经典议题主要集中在治理机制、平台构建、影响因素、治理方法等方面。

### 1. 公共数据开放治理机制

徐绪堪等分析了数据提供方、数据使用方、数据管理组织博弈三方的矩阵，提出政府需要完善数据收益确认机制、数据确权与建立双方信任机制的政策建议①。倪千淼调查了政府数据开放共享的现状并提出政府需要不断完善政府数据确权机制、市场化机制、法律监管机制、隐私权保护机制和安全保护机制。②

### 2. 公共数据开放平台构建

刘新萍等从数据发现和数据获取、工具提供和利用成果、互动反馈和公众传播以及账户体验7个维度构建了政府数据开放平台功能和体验的研究框架③。雷玉琼等认为突破数据开放平台的纵深发展需要关注发展模式、组织能力、职责体系等核心内容④。

### 3. 公共数据开放影响因素

Janssen K 认为用户对数据价值的认知是政府数据开放共享的主要挑战，不同程度的认知障碍会给数据开放共享带来相应的阻碍。⑤ Shengxiang Yang 等指出不同文化环境也会影响政府数据开放共享的使用和数据流转的效率。⑥ Sharon S. Dawes 等认为政府数据开放共享影响因素包括数据的完整性与准确性、系统平台的便捷性、技术工具的开发难度等。⑦ Sylvain Kubler 等认为元

---

①徐绪堪，李一铭，庞庆华.数字经济下政府开放数据共享的演化博弈分析[J].情报杂志，2020，39（12）：119-125+87.

②倪千淼.政府数据开放共享的法治难题与化解之策[J].西南民族大学学报（人文社会科学版），2021，42（01）：82-87.

③刘新萍，袁佳蕾，郑磊.地方政府数据开放准备度研究：框架与发现[J].电子政务，2019（09）：2-11.

④雷玉琼，苏艳红.地方政府数据开放平台发展模式及绩效差异[J].中国行政管理，2020（12）：40-46.

⑤Janssen K. The Influence of the PSI Directive on Open Government Data：An Overview of Recent Developments[J]. Government Information Quarterly，2011，28（4）：446-456.

⑥Yang S，Nguyen T T，Li C. Evolutionary Dynamic Optimization：Test and Evaluation Environments [M]// Evolutionary Computation for Dynamic Optimization Problems. Berlin，Heidelberg：Springer Berlin Heidelberg，2013：3-37.

⑦Dawes S S，Lyudmila Vidiasova，Olga Parkhimovich. Planning and Designing Open Government Data Programs：An Ecosystem Approach[J]. Government Information Quarterly，2016，33（1）：15-27.

数据质量对政府数据开放共享具有显著影响,指出政务数据共享需要加强元数据质量的管理①。盛小平等从科研人员、政策、数据、技术、组织、平台、资金和法律8个方面探究了科学数据开放共享的影响因素②。

4. 公共数据开放治理方法

Vijay Khatri 和 Carol V. Brown 指出数据开放共享治理需要实现政策制定、流程管理、技术和职责划分的统一,并提出了相应的治理策略。③ 马海韵等认为数据开放管理需要系统性的行动框架,该框架一般包括行动的理念、工具、场域和安全防控举措等。④

基于上述研究,我们认为政府要有效地推动公共数据开放、提高公共数据治理能力,需要多方面因素的配合:(1)统筹领导能力。公共数据开放既需要统筹,也需要管理,统筹领导能力是政府推动公共数据开放的根基,由它衍生出了政府的组织、制度、协同以及社会合作层面的能力。(2)组织能力。就组织的本质而言,它是一种为达成组织目标而采取的分工合作体系。组织能力与政府的结构有关,政府的结构影响其权力的确立及发挥作用的大小,责任的分配及官员问责制和报告的关系,以及协调和沟通的措施和程序。(3)制度能力。制度即规则,构建制度的目的是维护秩序和规范行为,同时它也是政治、经济和社会的互动模式的系统化。(4)协同方面的能力。它涉及公共数据开放的组织机构设置、治理机构和管理机构之间的关系以及省市政府数据治理之间的关系等。(5)社会层面的能力。社会公众对公共数据的认知和采纳能力是数据开放生态系统不可或缺的组成部分,对于促进公共数据开放的过程,增进数据开放的动力和活力至关重要。上述几个层面的能力最终共同作用于政府公共数据开放效能。公共数据开放治理框架如图5-2所示。

---

①Kubler S, Rondeau E, Georges J P. Dependability of Switched Network Architectures for Networked Control Systems, 2011 IEEE International Conference on Mechatronics, Istanbul, Turkey, 2011:761-766.
②盛小平,吴红.科学数据开放共享活动中不同利益相关者动力分析[J].图书情报工作,2019,63(17):40-50.
③Khatri V, Brown C V. Designing Data Governance[J]. Communications of the ACM, 2010, 53 (1):148-152.
④马海韵,杨晶鸿.大数据驱动下的公共治理变革:基本逻辑和行动框架[J].中国行政管理,2018(12):42-46.

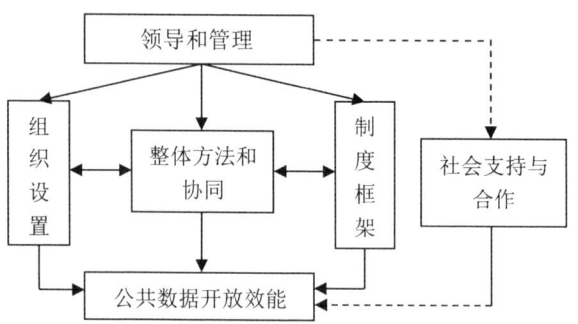

图 5-2 公共数据开放治理框架

（二）研究样本选择

截止到 2024 年 6 月，我国虽然已有二百多个省级和城市（地级以上）的地方政府上线了数据开放平台（约占总数的 69%），但仍有相当多的数据开放平台并未采用规范的数据开放形式，上线后又无法访问，或者运行不稳定、内容为空集等。为了解我国公共数据开放居于前列的地方政府的数据治理组织保障，综合近年来复旦大学与移动治理实验室发布的《中国地方公共数据开放利用报告》，选取省级政府数据平台（已上线且运行有效，16 个）和"开放数林指数"排名前 50 位的城市政府平台，分析这些地方政府的公共数据开放治理体系。

从地理位置来看，这些数据开放平台绝大部分集中在我国的东部地区和中部地区，尤其是东南沿海地区的省市在"开放数林指数"中相对而言排名更靠前；从经济发展状况来看，经济越发达的省市，公共数据开放程度就越高；从政府重视程度来看，政府给予大数据产业和公共事业越多的政策支持、越早参与数据开放的浪潮，公共数据开放平台的数据容量就越大，治理理念就越先进，政府开放数据能力相对而言更强。

## 二、公共数据开放组织机构

（一）治理机构类型

在地方层面，2018 年党和国家机构改革过程中，许多省级和市政府因地制宜新设立了大数据管理机构。从目前来看，公共数据开放平台治理机构可以划分为四种组织模式。第一种模式是设立专门的数据治理相关机构，大部分省市都属于这种模式，但各地在名称表述方面稍有不同，比如德州市大数据局、嘉兴市政务数据办等；第二种模式是直接在当地人民政府办公厅（室）的基础上加挂"大数据局"牌子，比如威海市人民政府办公室（市大数据局）、舟山市人民政府办公室（大数据发展管理局）等；第三种模式是对工业/经济和信息化局进行职能重组，增设大数据管理工作，比如哈尔滨市工业和信息化局等；第四种模式是由发改委指导或参与公共数据开放平台的治理，如江西省（见表5-3）。

公共数据开放平台的治理涉及跨部门、多层级的协调，因此应该尽可能地赋予治理机构和管理/运行机构综合协调职责。根据公共数据开放平台治理机构的性质（见表5-4）划分，可以分为政府工作部门（党委工作机关）、政府直属机构、政府部门管理机构三类。第一类作为政府组成部门的治理机构数量最多，共有58个省市。第二类数量次之，共有6个省。第三类数量最少，仅有1个省。

表5-3 公共数据开放平台的治理机构类型

| 机构类型 | | 机构名称 |
| --- | --- | --- |
| 政府工作部门（党委工作机关） | 办公厅（室） | 上海市人民政府办公厅（上海市经济和信息化委员会）<br>浙江省人民政府办公厅<br>广东省人民政府办公厅（广东省政务服务和数据管理局协办）<br>四川省人民政府办公室<br>宁夏回族自治区人民政府办公厅<br>威海市人民政府办公室（市大数据局）、济宁市人民政府办公室（市大数据局）、东营市人民政府办公室（市大数据局）、枣庄市人民政府办公室（市大数据局）、菏泽市人民政府办公室（市大数据局）、泰安市人民政府办公厅（市大数据局）<br>广安市人民政府办公室、宜宾市人民政府办公室<br>台州市人民政府办公室（大数据发展管理局）、舟山市人民政府办公室（大数据发展管理局） |
| | 政务服务和数据管理部门 | 河北省数据和政务服务局<br>山西省行政审批服务管理局（省政务信息管理局）<br>成都市政务服务管理和网络理政办公室<br>武汉市政务服务和大数据管理局<br>无锡市大数据管理局（市政务服务管理办公室）<br>嘉兴市政务数据办（嘉兴市政务服务和数据资源管理办公室）<br>广州市政务服务和数据管理局、深圳市政务服务数据管理局、东莞市政务服务数据管理局、佛山市政务服务和数据管理局、河源市政务服务和数据管理局<br>百色市大数据发展局（市政务服务监督管理办公室）、贵港市大数据发展和政务局、来宾市政务服务和大数据发展局 |

续表

| 机构类型 | | 机构名称 |
| --- | --- | --- |
| 政府工作部门（党委工作机关） | 专门的数字/数据治理部门 | 山东省大数据局、青岛市大数据发展管理局、烟台市大数据局、潍坊市大数据局、德州市大数据局、临沂市大数据局、日照市大数据发展局、淄博市大数据局、聊城市大数据局、滨州市大数据局 |
| | | 杭州市数据资源管理局、宁波市大数据发展管理局、温州市大数据发展管理局、金华市大数据发展管理局、丽水市大数据发展管理局、衢州市大数据发展管理局 |
| | | 福州市大数据发展管理委员会（福州市数字福州建设领导小组办公室） |
| | | 泸州市数字经济发展局 |
| | | 贵阳市大数据发展管理局 |
| | | 崇左市大数据发展局 |
| | 工业和信息化部门 | 北京市经济和信息化局（北京市大数据管理局） |
| | | 天津市工业和信息化局（网络安全与信息化办公室） |
| | | 厦门市工业和信息化局 |
| | | 哈尔滨市工业和信息化局 |
| | | 桂林市工业和信息化局（大数据发展局） |
| | 发展和改革部门 | 江西省发展和改革委员会（省数据局） |
| | | 福建省发展和改革委员会（省数据管理局、省数字福建建设领导小组办公室） |
| | | 南宁市发展和改革委员会（市大数据发展局） |
| | 互联网治理部门 | 辽宁省委网络安全和信息化委员会办公室（辽宁省互联网信息办公室） |
| 政府直属机构 | 政务服务和数据管理部门 | 江苏省数据局（政务服务管理办公室） |
| | | 安徽省数据资源管理局（安徽省政务服务管理局） |
| | 专门的数字/数据治理部门 | 重庆市大数据应用发展管理局 |
| | | 广西壮族自治区大数据发展局 |
| | | 贵州省大数据发展管理局 |
| | | 海南省大数据管理局（法定机构） |
| 政府部门管理机构 | 发展和改革部门 | 福建省数字福建建设领导小组办公室（省大数据管理局） |

表 5-4 公共数据开放平台的治理机构类型统计（根据性质划分）

| 主要职责 \ 机构性质 | 治理机构 | | | 合计 |
|---|---|---|---|---|
| | 政府工作部门（党委工作机关） | 政府直属机构 | 政府部门管理机构 | |
| 综合办事+数字政府 | 15（省：4；市：11） | | | 15 |
| 政务服务（改革）+数据治理 | 14（省：2；市：12） | 2（省） | | 16 |
| 大数据/数字政府+数据治理 | 20（省：1；市：19） | 4（省） | 1（省） | 25 |
| 信息化 | 5（市） | | | 5 |
| 发展和改革 | 3（省：2；市：1） | | | 3 |
| 互联网治理 | 1（省） | | | 1 |
| 合计 | 58 | 6 | 1 | 65 |

**（二）管理/运维机构**

根据管理/运维机构的性质划分，可以分为政府部门内设机构、事业单位、企业三种模式；根据事业单位的性质做进一步划分，又可分为参公、公益一类、公益二类；根据企业的性质划分，可分为国有企业和民营企业（见表 5-5）。

表 5-5 公共数据开放平台的管理/运维机构类型

| 治理机构类型 | | 管理/运维机构类型 | | | | | |
|---|---|---|---|---|---|---|---|
| | | 政府部门内设机构 | 事业单位 | | | 企业 | |
| | | | 参公 | 公益一类 | 公益二类 | 国有企业 | 民营企业 |
| 政府工作部门 | 办公厅（室） | | | 上海市大数据中心（副局级）<br>威海市大数据中心（副处级）、济宁市大数据中心（副处级）、泰安市大数据中心（副处级）、枣庄市大数据中心（正处级）、菏泽市大数据中心（副处级）、东营市大数据中心（副处级）<br>台州市大数据发展中心（正处级）、舟山市大数据管理中心（正科级）<br>四川省大数据中心（正局级）、广安市大数据中心（副处级）、宜宾市政府信息服务保障中心（正科级） | | 浙江智慧信息产业有限公司（台州/市属国有企业）数字广东网络建设有限公司 | 浪潮集团有限公司（宁夏） |

续表

| 治理机构类型 | 管理/运维机构类型 ||||||
|---|---|---|---|---|---|---|
| | 政府部门内设机构 | 事业单位 ||| 企业 ||
| | | 参公 | 公益一类 | 公益二类 | 国有企业 | 民营企业 |
| 政府工作部门 / 专门的数字/数据治理部门 | | 福州市大数据服务中心（副处级）、南宁市信息网络管理中心（副处级）、崇左市信息中心（副处级） | 山东省大数据中心（正处级）、青岛市大数据中心（正处级）、烟台市大数据中心（副处级）、临沂市大数据中心（副处级）、日照市大数据发展服务中心（副处级）、潍坊市大数据中心（副处级）、德州市大数据与智慧城市建设中心（副处级）、聊城市大数据中心（副处级）、滨州市智慧城市指挥运营中心（副处级）、淄博市大数据中心（副处级）<br>杭州市大数据管理服务中心（正处级）、宁波市大数据管理服务中心（正处级）、温州市大数据服务中心（正科级）、丽水市大数据发展中心（正科级）、金华市大数据发展中心（电子政务中心）（正科级）、衢州市大数据中心（正科级）<br>泸州市数据资源中心（正科级）<br>贵阳市大数据应用服务中心（副处级）、百色市政务服务中心（正科级） | | | |

续表

| 治理机构类型 | | 管理/运维机构类型 | | | | | |
|---|---|---|---|---|---|---|---|
| | | 政府部门内设机构 | 事业单位 | | | 企业 | |
| | | | 参公 | 公益一类 | 公益二类 | 国有企业 | 民营企业 |
| 政府工作部门 | 政务服务和数据管理部门 | 东莞市政务服务数据管理局数据管理科；无锡市大数据管理局数据资源与安全处 | | 武汉市信息中心（武汉市大数据中心/副局级）<br>嘉兴市大数据中心（正科级）<br>广州市数字政府运营中心（正处级）、深圳市大数据资源管理中心（正处级）、佛山市数据资源中心（正科级）、河源市政务数据服务中心（正科级）<br>贵港市信息和政务服务中心（正科级）、来宾市信息中心（副处级） | 成都市大数据中心（正处级） | 中国联合网络通信有限公司河北省分公司 | |
| | 工业和信息化部门 | | | 天津市大数据管理中心（正局级）<br>北京市大数据中心（副局级）<br>厦门市信息中心（正处级）<br>桂林市信息中心（副处级） | | | |
| | 发展和改革部门 | | | 江西省信息中心（副厅级）<br>河南省信息中心（正处级） | | | |

续表

| 治理机构类型 | 管理/运维机构类型 | | | | | |
|---|---|---|---|---|---|---|
| | 政府部门内设机构 | 事业单位 | | | 企业 | |
| | | 参公 | 公益一类 | 公益二类 | 国有企业 | 民营企业 |
| 政府直属机构 | 政务服务和数字/数据治理部门 | | | 江苏省大数据管理中心（副厅级）<br>安徽省大数据中心（正处级） | | 数字重庆大数据应用发展有限公司（市属国有企业） | |
| | 专门的数字/数据治理部门 | | | 广西壮族自治区信息中心（副厅级）<br>贵州省信息中心（副局级）<br>海南省大数据管理局（正厅级，同治理机构） | | | |

续表

| 治理机构类型 | | 管理/运维机构类型 | | | | | |
|---|---|---|---|---|---|---|---|
| | | 政府部门内设机构 | 事业单位 | | | 企业 | |
| | | | 参公 | 公益一类 | 公益二类 | 国有企业 | 民营企业 |
| 政府部门管理机构 | 发展和改革部门 | | | 福建省经济信息中心（副厅级） | | | |
| | 互联网治理部门、政务服务（数据管理）部门 | | | 辽宁省大数据管理中心[辽宁省营商环境建设局（直属机构）管理的机构，党组书记、局长任主任] | | | |

公共数据开放平台的管理/运维机构中，有两个市作为部门内设机构，绝大多数省市是事业单位，其中以公益一类事业单位为主，占比84%（见表5-6）。在机构规格上，部分省市给予了较高的规格设置，主要是省一级正/副厅（局）级，如北京、上海、天津、江苏、辽宁、江西、广西、贵州、福建；副省级城市正处级及以上，如武汉、杭州、青岛、宁波、广州、深圳、厦门；地级市副处级及以上，如烟台、威海、济宁、泰安、枣庄、菏泽、东营、临沂、日照、潍坊、德州、聊城、滨州、淄博、台州、广安、贵阳、桂林，呈现出较强的省域特点。只有少数省市采用了企业直接参与平台运维的方式，表现在两个方面：一是主要采用企业进行技术运维的方式，如"开放广东"全省政府数据统一开放平台由数字广东网络建设有限公司进行技术维护，重庆公共数据开放平台主要由数字重庆大数据应用发展有限公司进行技术支持；二是采用政府机构下属事业单位和企业合作进行运维和技术支持，如台州市公共数据开放平台由台州市大数据发展中心主要负责管理运维，由浙江智慧

信息产业有限公司进行技术支持。

表 5-6 公共数据开放平台的管理/运维机构类型统计

| 政府部门内设机构 | 事业单位 | | | 企业 | |
|---|---|---|---|---|---|
| | 参公 | 公益一类 | 公益二类 | 国有企业 | 民营企业 |
| 6 | 3 | 53 | 1 | 5 | 1 |

### (三) 组织关系

1. 治理机构和管理/运维机构的组织间关系

结合组织机构及其职责设置进行分析，我国公共数据开放平台的治理机构和管理/运维机构的关系可分为三种模式。第一种是平行（领导）关系模式。这类省市的治理机构一般为政府办公厅（室），而管理/运维机构为同级的政府组织部门、政府直属机构，但治理机构对管理/运维机构发挥领导作用。第二种是隶属关系模式。即管理/运维机构为治理机构的下设机构，两者存在直接的隶属关系。第三种是委托/合作关系模式。在这种关系模式中，企业或者作为主要的运维方，或者为政府部门提供技术支持，作为治理机构的政府部门通常并不参与企业对具体业务的运行，只是委托并监督企业提供的技术支撑和业务服务。公共数据开放平台的组织机构关系模式如图5-3所示。

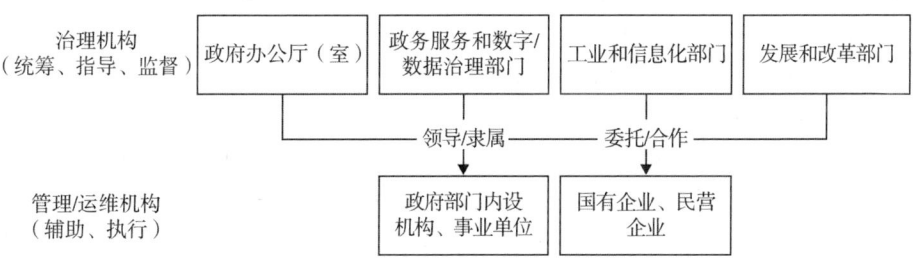

图 5-3 公共数据开放平台的组织机构关系模式

2. 平台建设的运行模式

平台建设的运行模式可以分为三类：（1）一体化模式。主要是广东、广西、福建、贵州四个省及下辖地级市，其基本特点是平台由省统一建设、统一维护。（2）统筹管理模式。主要是山东省、四川省、浙江省及下辖地级市，其基本特点是平台的管理、运行及页面布局等由省统一规划和设计，但内容维护和具体运行由各地方政府分别进行。以山东省为例，早在2018年山东省就提出了建设"数字山东"的发展规划——依托数据资源体系和基础设施，把济南等三个城市打造成智慧城市标杆，支持其他城市协同发展。山东省在提出数据开放治理的政策和目标方面多次强调"一",如构筑全省一体化大数据平台、打造数字政府"一朵云"等。2019年至今,山东省政府每年都会选取不同的市、区作为智慧城市试点城市,同时督促未入选市、区主动作为,积极探索包括数据治理在内的数字政府新实践。这既表明山东省积极推动下辖市级政府进行数据治理机构的试点和示范,带领山东省各地在先行先试中积累并总结经验,同时也是省级政府能够在数据治理方面发挥统建管理作用和为城市赋能的最好佐证。(3)分散建设模式。即主要是由各地方政府自发和自主建设。

## 三、公共数据开放制度规则

数据作为一种资产,是政府的重要组成部分。政府数据治理的实施,实质上是数据法律法规的有序组织和具体实施,是数据立法流程和执法方法的统一①。由于在国家层面没有全面统一的公共数据开放法律法规,各省市都在积极落实"十三五"规划提出的"实施国家大数据战略"的决定和部署,贯彻落实国务院关于印发《促进大数据发展行动纲要》《中华人民共和国政府信息公开条例》(2019年修订)等,制定符合本省市公共数据开放治理的制度规则。

就目前来看,我国各级地方政府已经出台了各种类型的法规、行政规章和规范性文件:一是经人大常委会审议通过的地方性法规;二是以政府令形式发布的行政规章;三是以人民政府或政府办公厅(室)、政府部门经省(市)政府同意发布的政府规范性文件;四是政府部门制定下发给下级政府或政府部门的相关机构的文件。这些法规、行政规章和规范性文件构成了我国公共数据开放的基础性制度规则。我国各省市制定的公共数据开放的政策如表5-7所示。我国省级行政区域(不含港、澳、台)出台的数据开放相关制度规则如表5-8所示。

表5-7 我国各省市制定的公共数据开放的政策

| 省 | 市 | 名称 | 发布时间 | 发文机构 | 性质 |
|---|---|---|---|---|---|
| 北京 | | 《北京市公共数据管理办法》 | 2021年1月28日 | 北京市大数据工作推进小组办公室 | 政府部门 |

---

① 夏义堃.试论数据开放环境下的政府数据治理:概念框架与主要问题[J].图书情报知识,2018(1):95-104.

续表

| 省 | 市 | 名称 | 发布时间 | 发文机构 | 性质 |
|---|---|---|---|---|---|
| 上海 | | 《上海市数据条例》 | 2021年11月25日 | 上海市人大常委会 | 地方性法规 |
| | | 《上海市公共数据开放暂行办法》 | 2019年8月29日 | 上海市政府令 | 政府规章 |
| | | 《上海市公共数据开放实施细则》 | 2022年12月31日 | 上海市经济信息化委员会办公室、市互联网信息办公室（中共上海市委网络安全和信息化委员会办公室） | 政府规范性文件 |
| 天津 | | 《天津市促进大数据发展应用条例》 | 2018年12月14日 | 天津市人大常委会 | 地方性法规 |
| | | 《天津市公共数据资源开放管理暂行办法》（已过期） | 2022年8月1日 | 中共天津市委网络安全和信息化委员会办公室（天津市互联网信息办公室） | 政府规范性文件 |
| 重庆 | | 《重庆市公共数据开放管理暂行办法》 | 2020年9月11日 | 重庆市人民政府办公厅 | 政府规范性文件 |
| 黑龙江 | 省级 | 《黑龙江省促进大数据发展应用条例》 | 2022年7月1日 | 黑龙江省人大常委会 | 地方性法规 |
| | 哈尔滨市 | 《哈尔滨市公共数据开放管理办法》 | 2022年12月15日 | 哈尔滨市人民政府办公厅 | 政府规范性文件 |
| 辽宁 | 省级 | 《辽宁省大数据发展条例》 | 2022年5月31日 | 辽宁省人大常委会 | 地方性法规 |
| | 沈阳市 | 《沈阳市政务数据资源共享开放条例》 | 2020年8月19日 | 沈阳市人大常委会 | 地方性法规 |

续表

| 省 | 市 | 名称 | 发布时间 | 发文机构 | 性质 |
|---|---|---|---|---|---|
| 湖北 | 省级 | 《湖北省政务数据资源应用与管理办法》 | 2021年1月25日 | 湖北省人民政府令第419号 | 政府规章 |
| | 武汉市 | 《武汉市公共数据资源管理办法》 | 2021年9月27日 | 武汉市人民政府令 | 政府规章 |
| | 宜昌市 | 《宜昌市公共数据管理办法（试行）》 | 2022年8月31日 | 宜昌城市大脑建设指挥部 | 政府规范性文件 |
| | 鄂州市 | 《鄂州市政务数据开放共享管理办法》 | 2022年12月28日 | 鄂州市数字政府建设领导小组办公室 | 政府规范性文件 |
| | 随州市 | 《随州市公共数据开放实施方案》 | 2023年2月27日 | 随州市数字随州建设领导小组办公室 | 政府规范性文件 |
| 湖南 | 长沙市 | 《长沙市政务数据开放服务管理暂行规范》 | 2022年10月27日 | 长沙市数据资源管理局 | 政府规范性文件 |
| | 常德市 | 《常德市公共数据管理办法》 | 2022年8月24日 | 常德市人民政府办公室 | 政府规范性文件 |
| | 郴州市 | 《郴州市政务信息资源共享管理暂行办法》 | 2022年1月7日 | 郴州市人民政府 | 政府规范性文件 |
| | 岳阳市 | 《岳阳市政务信息资源管理暂行办法》 | 2021年7月7日 | 岳阳市人民政府办公室 | 政府规范性文件 |
| 江西 | | 《江西省公共数据管理办法》 | 2021年12月29日 | 江西省人民政府令第254号 | 政府规章 |

续表

| 省 | 市 | 名称 | 发布时间 | 发文机构 | 性质 |
|---|---|---|---|---|---|
| 浙江 | 省级 | 《浙江省公共数据条例》 | 2022年1月21日 | 浙江省人大常委会 | 地方性法规 |
| | 杭州市 | 《杭州市公共数据开放管理暂行办法》 | 2022年7月1日 | 杭州市智慧电子政务建设工作领导小组办公室 | 政府规范性文件 |
| | 宁波市 | 《宁波市公共数据管理办法》 | 2019年11月29日 | 宁波市人民政府办公厅 | 政府规范性文件 |
| | 温州市 | 《温州市公共数据共享开放管理暂行办法》 | 2020年9月29日 | 温州市人民政府办公室 | 政府规范性文件 |
| | 金华市 | 《金华市公共数据管理规范（试行）》 | 2023年9月27日 | 金华市大数据发展管理局 | 政府规范性文件 |
| | 台州市 | 《台州市公共数据和电子政务管理办法》 | 2018年2月2日 | 台州市人民政府办公室 | 政府规范性文件 |
| | 丽水市 | 《丽水市公共数据资源管理办法》 | 2020年2月20日 | 丽水市人民政府办公室 | 政府规范性文件 |
| 安徽 | 省级 | 《安徽省政务数据资源管理办法》 | 2020年12月30日 | 安徽省政府令 | 政府规章 |
| | 合肥市 | 《合肥市政务数据资源共享开放管理办法》 | 2020年10月23日 | 合肥市人民政府办公室 | 政府规范性文件 |
| | 芜湖市 | 《芜湖市政务信息资源管理办法》 | 2020年7月30日 | 芜湖市人民政府办公室 | 政府规范性文件 |
| | 马鞍山市 | 《马鞍山市公共数据开放管理暂行办法》 | 2022年12月9日 | 马鞍山市人民政府办公室 | 政府规范性文件 |

续表

| 省 | 市 | 名称 | 发布时间 | 发文机构 | 性质 |
|---|---|---|---|---|---|
| 安徽 | 淮北市 | 《淮北市政务数据资源管理实施办法（试行）》 | 2021年10月28日 | 淮北市人民政府办公室 | 政府规范性文件 |
| | 六安市 | 《六安市政务信息资源共享管理暂行办法》 | 2020年10月20日 | 六安市人民政府办公室 | 政府规范性文件 |
| | 亳州市 | 《亳州市政务信息资源共享管理暂行办法》 | 2017年7月22日 | 亳州市人民政府办公室 | 政府规范性文件 |
| | 池州市 | 《池州市政务数据资源管理实施办法》 | 2021年6月25日 | 池州市人民政府办公室 | 政府规范性文件 |
| 山东 | 省级 | 《山东省大数据发展促进条例》 | 2021年9月30日 | 山东省第十三届人民代表大会常务委员会第三十次会议 | 地方性法规 |
| | | 《山东省公共数据开放办法》 | 2022年1月31日 | 山东省人民政府令 | 政府规章 |
| | | 《山东省公共数据开放工作细则（试行）》 | 2022年10月21日 | 山东省大数据局 | 政府规范性文件 |
| | 济南市 | 《济南市公共数据管理办法》 | 2020年9月30日 | 济南市人民政府令 | 政府规章 |
| | 青岛市 | 《青岛市公共数据管理办法》 | 2023年12月19日 | 青岛市人民政府令 | 政府规章 |
| | 淄博市 | 《淄博市政务信息资源共享管理暂行办法》 | 2017年10月20日 | 淄博市人民政府 | 政府规范性文件 |

续表

| 省 | 市 | 名称 | 发布时间 | 发文机构 | 性质 |
|---|---|---|---|---|---|
| 山东 | 东营市 | 《东营市公共数据管理办法》 | 2021年11月21日 | 东营市人民政府办公室 | 政府规范性文件 |
| | 烟台市 | 《烟台市公共数据开放管理暂行办法》 | 2020年11月7日 | 数字烟台建设专项小组办公室（烟台市大数据局代章） | 政府规范性文件 |
| | 潍坊市 | 《潍坊市公共数据管理办法》 | 2021年12月29日 | 潍坊市人民政府办公室 | 政府规范性文件 |
| | 济宁市 | 《济宁市政务数据共享开放管理办法》 | 2020年4月21日 | 济宁市大数据局 | 政府规范性文件 |
| | | 《济宁市公共数据开放办法》 | 2022年10月8日 | 数字济宁建设领导小组办公室（济宁市大数据代章） | |
| | 威海市 | 《威海市公共数据管理办法》 | 2022年11月4日 | 威海市人民政府办公室 | 政府规范性文件 |
| | 日照市 | 《日照市公共数据管理办法》 | 2022年9月30日 | 日照市人民政府办公室 | 政府规范性文件 |
| | 滨州市 | 《滨州市公共数据管理办法》 | 2023年1月18日 | 滨州市人民政府令 | 政府规章 |
| | 德州市 | 《德州市公共数据开放管理暂行办法》 | 2023年8月2日 | 德州市人民政府 | 政府规范性文件 |
| | 聊城市 | 《聊城市政务数据资源管理暂行办法》 | 2020年5月22日 | 聊城市人民政府办公室 | 政府规范性文件 |
| | 临沂市 | 《临沂市公共数据资源开发利用试点实施方案》 | 2020年9月18日 | 临沂市人民政府 | 政府规范性文件 |
| | | 《临沂市政务信息资源归集管理和使用暂行办法》 | 2020年12月24日 | | |
| | | 《临沂市公共数据开放办法》 | 2024年4月1日 | | |

续表

| 省 | 市 | 名称 | 发布时间 | 发文机构 | 性质 |
| --- | --- | --- | --- | --- | --- |
| 四川 | 省级 | 《四川省数据条例》 | 2022年12月2日 | 四川省第十三届人民代表大会常务委员会第三十八次会议 | 地方性法规 |
| | 成都市 | 《成都市公共数据管理应用规定》 | 2018年6月6日 | 成都市人民政府令 | 政府规章 |
| | 泸州市 | 《泸州市公共数据管理办法（试行）》 | 2020年6月17日 | 泸州市人民政府办公室 | 政府规范性文件 |
| | 绵阳市 | 《德阳市公共数据开放管理暂行办法》 | 2021年7月20日 | 德阳市人民政府办公室 | 政府规范性文件 |
| | 遂宁市 | 《遂宁市公共数据运营管理办法（试行）》 | 2023年12月26日 | 遂宁市人民政府办公室 | 政府规范性文件 |
| | 广安市 | 《广安市政务信息资源共享管理实施细则（暂行）》 | 2021年4月15日 | 广安市人民政府 | 政府规范性文件 |
| | 达州市 | 《达州市公共数据管理办法》 | 2020年8月26日 | 达州市人民政府办公室 | 政府规范性文件 |
| | 巴中市 | 《巴中市政务数据资源管理办法》 | 2023年11月14日 | 巴中市"互联网+"暨智慧巴中建设工作领导小组办公室 | 政府规范性文件 |
| | 阿坝州 | 《阿坝州政务数据资源管理暂行办法》 | 2023年2月21日 | 阿坝州人民政府办公室 | 政府规范性文件 |

续表

| 省 | 市 | 名称 | 发布时间 | 发文机构 | 性质 |
|---|---|---|---|---|---|
| 江苏 | 省级 | 《江苏省公共数据管理办法》 | 2021年12月18日 | 江苏省人民政府令 | 政府规章 |
| | 南京市 | 《南京市政务数据管理暂行办法》 | 2019年9月20日 | 南京市人民政府令 | 政府规章 |
| | 苏州市 | 《苏州市公共数据开放实施细则》 | 2023年7月1日 | 苏州市人民政府 | 政府规范性文件 |
| | 盐城市 | 《盐城市公共数据管理办法》 | 2022年10月18日 | 盐城市人民政府 | 政府规范性文件 |
| | 连云港市 | 《连云港市公共数据开放与开发利用管理暂行办法》 | 2019年11月8日 | 连云港市人民政府 | 政府规范性文件 |
| | 泰州市 | 《泰州市公共数据管理办法》 | 2023年7月19日 | 泰州市人民政府办公室 | 政府规范性文件 |
| 广西 | 省级 | 《广西公共数据开放管理办法》 | 2020年8月19日 | 广西壮族自治区大数据发展局 | 政府规范性文件 |
| | 南宁市 | 《南宁市公共数据开放管理办法》 | 2020年12月23日 | 南宁市大数据发展局 | 政府规范性文件 |
| | 贵港市 | 《贵港市政务数据资源共享开放实施办法（试行）》 | 2019年4月16日 | 贵港市人民政府办公室 | 政府规范性文件 |
| | 玉林市 | 《玉林市公共数据开放管理办法》 | 2020年8月16日 | 玉林市数字玉林建设领导小组办公室 | 政府规范性文件 |

续表

| 省 | 市 | 名称 | 发布时间 | 发文机构 | 性质 |
|---|---|---|---|---|---|
| 广东 | 省级 | 《广东省公共数据开放暂行办法》 | 2022年11月30日 | 广东省政务服务数据管理局 | 政府规范性文件 |
| | 广州市 | 《广州市公共数据开放管理办法》 | 2023年4月10日 | 广州市政务服务数据管理局 | 政府规范性文件 |
| | 深圳市 | 《深圳市公共数据开放管理办法（征求意见稿）》 | 2023年9月26日 | 深圳市政务服务数据管理局 | 政府规范性文件 |
| | 佛山市 | 《佛山市政务数据资源管理办法（试行）》 | 2020年2月23日 | 佛山市人民政府办公室 | 政府规范性文件 |
| | 梅州市 | 《梅州市公共数据管理办法（试行）》 | 2023年7月24日 | 梅州市人民政府 | 政府规范性文件 |
| | 惠州市 | 《惠州市人民政府关于印发惠州市公共数据管理实施细则的通知》 | 2023年12月1日 | 惠州市人民政府 | 政府规范性文件 |
| | 东莞市 | 《东莞市公共数据管理办法》 | 2023年1月16日 | 东莞市人民政府办公室 | 政府规范性文件 |
| | 中山市 | 《中山市政务数据管理办法》 | 2020年5月15日 | 中山市人民政府令 | 政府规章 |
| | 江门市 | 《江门市公共数据共享和开放利用管理办法》 | 2023年8月15日 | 江门市人民政府令 | 政府规章 |

续表

| 省 | 市 | 名称 | 发布时间 | 发文机构 | 性质 |
|---|---|---|---|---|---|
| 福建 | 省级 | 《福建省大数据发展条例》 | 2021年12月15日 | 福建省第十三届人民代表大会常务委员会第三十次会议通过 | 地方性法规 |
| | | 《福建省公共数据资源开放开发管理办法（试行）》 | 2022年7月20日 | 福建省数字福建建设领导小组办公室（大数据管理局） | 政府规范性文件 |
| | 厦门市 | 《厦门市公共数据共享开放管理暂行办法》 | 2023年12月28日 | 厦门市人民政府办公厅 | 政府规范性文件 |
| | 福州市 | 《福州市政务数据资源管理办法》《福州市公共数据开放管理暂行办法》《福州市政务数据资源共享开放考核暂行办法》 | 2019年11月15日 | 福州市人民政府 | 政府规范性文件 |
| | 泉州市 | 《泉州市数字泉州建设领导小组关于加快政务数据汇聚共享工作的意见》 | 2020年6月15日 | 泉州市数字泉州建设领导小组 | 政府规范性文件 |
| | 三明市 | 《三明市公共数据管理办法（试行）》 | 2022年4月21日 | 三明市人民政府办公室 | 政府规范性文件 |
| | 龙岩市 | 《龙岩市人民政府办公室关于印发龙岩市政务数据管理办法（试行）的通知》 | 2020年10月26日 | 龙岩市人民政府办公室 | 政府规范性文件 |

续表

| 省 | 市 | 名称 | 发布时间 | 发文机构 | 性质 |
|---|---|---|---|---|---|
| 贵州 | 省级 | 《贵州省政府数据共享开放条例》 | 2020年9月25日 | 2020年9月25日贵州省第十三届人民代表大会常务委员会第十九次会议 | 地方性法规 |
| | | 《省人民政府办公厅关于印发贵州省政务数据资源管理办法的通知》（黔府办发〔2023〕13号） | 2023年6月8日 | 贵州省人民政府办公厅 | 政府规范性文件 |
| | 贵阳市 | 《贵阳市政府数据共享开放条例》 | 2017年4月11日 | 贵阳市第十三届人民代表大会常务委员会第四十八次会议 | 地方性法规 |
| | | 《贵阳市政府数据共享开放实施办法》 | 2017年12月22日 | 贵阳市人民政府令 | 政府规章 |
| | 黔南州 | 《黔南州政府数据共享开放管理办法（试行）》 | 2019年1月11日 | 黔南州人民政府办公室 | 政府规范性文件 |

表 5-8 我国省级行政区域（不含港、澳、台）出台的数据开放相关制度规则

| 省级行政区域（不含港、澳、台） | 时间 | 制度名称 | 发布机构 | 目的 |
|---|---|---|---|---|
| 北京市 | 2016年 | 《北京市大数据和云计算发展行动计划（2016—2020年）》 | 北京市人民政府 | 全面推进大数据和云计算发展，推动公共大数据融合开放 |
| 北京市 | 2021年 | 《北京市公共数据管理办法》 | 北京市经济和信息化局 | 明确公共数据的定义范围、制定公共数据的数据管理流程的规则和制度 |
| 上海市 | 2016年 | 《上海市大数据发展实施意见》 | 上海市人民政府 | 助力精准施策、供给侧结构性改革和经济发展方式转变 |
| 上海市 | 2019年 | 《上海市公共数据开放暂行办法》 | 上海市人民政府 | 促进和规范公共数据开放和利用，提升政府治理能力和公共服务水平，推动数字经济发展 |
| 上海市 | 2019年 | 《上海市加快推进数据治理促进公共数据应用实施方案》 | 上海市人民政府 | 推进数据治理，促进公共数据应用 |
| 天津市 | 2020年 | 《天津市公共数据资源开放管理暂行办法》 | 天津市互联网信息办公室 | 规范和促进公共数据资源开放，加快数据要素有效流动，推动数字经济发展 |
| 天津市 | 2021年 | 《天津市加快公共数据资源开放利用实施方案》 | 天津市委网信办、天津市大数据管理中心 | 进一步规范和促进公共数据资源开放工作 |
| 重庆市 | 2020年 | 《重庆市公共数据开放管理暂行办法》 | 重庆市大数据发展局 | 促进和规范公共数据开放和利用，提升政府治理能力和公共服务水平，推动数字经济高质量发展 |

续表

| 省级行政区域（不含港、澳、台） | 时间 | 制度名称 | 发布机构 | 目的 |
|---|---|---|---|---|
| 河北省 | 2015年 | 《河北省政务信息资源共享管理规定》 | 河北省人民政府 | 规范政务信息资源共享，促进业务协同，提高行政效能 |
| 福建省 | 2016年 | 《福建省政务数据管理办法》 | 福建省人民政府 | 加强政务数据管理，推进政务数据汇聚共享和开放开发 |
| 福建省 | 2016年 | 《福建省促进大数据发展实施方案（2016—2020年）》 | 福建省人民政府 | 加快发展大数据产业，推进信息化建设应用迈向大数据发展新阶段 |
| 广东省 | 2016年 | 《广东省促进大数据发展行动计划（2016—2020年）》 | 广东省人民政府 | 推动大数据发展与应用，加快建设数据强省 |
| 广东省 | 2021年 | 《广东省公共数据管理办法》 | 广东省人民政府 | 保障公共数据安全，促进公共数据共享、开放和利用，提升政府治理能力和公共服务水平 |
| 安徽省 | 2019年 | 《安徽省科学数据管理实施办法》 | 安徽省人民政府 | 进一步加强和规范科学数据管理，积极推进科学数据资源开发和利用以及开放共享 |
| 安徽省 | 2020年 | 《安徽省政务数据资源管理办法》 | 安徽省人民政府 | 规范政务数据资源管理，推进政务信息系统互联互通和政务数据归集 |
| 山西省 | 2020年 | 《山西省政务数据管理与应用办法》 | 山西省人民代表大会常务委员会 | 提高数据要素配置效率，推进数字政府建设 |

续表

| 省级行政区域（不含港、澳、台） | 时间 | 制度名称 | 发布机构 | 目的 |
|---|---|---|---|---|
| 四川省 | 2021年 | 《四川省公共数据开放技术规范》 | 四川省市场监督管理局 | 填补公共数据开放标准空缺，健全完善地方大数据标准体系 |
| 湖南省 | 2021年 | 《湖南省网络安全和信息化条例》 | 湖南省人民代表大会常务委员会 | 保障网络安全，促进信息化发展，提高数字化水平 |
| 江苏省 | 2021年 | 《江苏省公共数据管理办法》 | 江苏省人民政府 | 规范公共数据管理，保障公共数据安全，推进数字化发展，加快建设数字政府，提升政府治理能力和公共服务水平 |
| 甘肃省 | 2021年 | 《甘肃省数字政府建设总体规划（2021—2025）》 | 甘肃省人民政府 | 推进数字政府建设，加快转变政府职能 |
| 青海省 | 2021年 | 《关于促进互联网平台经济规范健康发展的若干措施》 | 青海省人民政府 | 促进互联网平台经济规范健康发展 |
| 河南省 | 2022年 | 《河南省政务数据安全管理暂行办法》 | 河南省人民政府 | 建立健全政务数据安全防护体系，保障政务数据安全 |
| 黑龙江省 | 2022年 | 《黑龙江省促进大数据发展应用条例（草案修改稿征求意见稿）》 | 黑龙江省人民代表大会常务委员会 | 发挥数据要素作用，加快大数据发展应用，创新社会治理模式 |
| 江西省 | 2022年 | 《江西省公共数据管理办法》 | 江西省人民政府 | 规范和促进本省公共数据开放、共享、利用与安全管理 |
| 西藏自治区 | 2017年 | 《关于推动云计算应用大数据发展培育经济发展新动力的意见》 | 西藏自治区人民政府 | 加快推进云计算应用大数据发展，培育经济发展新动力 |

续表

| 省级行政区域（不含港、澳、台） | 时间 | 制度名称 | 发布机构 | 目的 |
| --- | --- | --- | --- | --- |
| 广西壮族自治区 | 2018年 | 《广西政务数据"聚通用"攻坚行动计划》 | 广西壮族自治区人民政府 | 实现全区政务数据全面汇聚、共享互通、创新应用 |
| | 2020年 | 《广西公共数据开放管理办法》 | 广西壮族自治区大数据发展局 | 进一步规范自治区公共数据开放和应用，提升政府治理能力 |
| 内蒙古自治区 | 2019年 | 《关于推进数字经济发展的意见》 | 内蒙古自治区人民政府 | 以现代信息网络为主要载体，以信息通信技术融合应用、全要素数字化转型为重要推动力 |
| 新疆维吾尔自治区 | 2020年 | 《新疆维吾尔自治区政府网站集约化平台管理办法（试行）》 | 新疆维吾尔自治区人民政府 | 进一步促进政府网站集约化工作的规范化、制度化 |
| 宁夏回族自治区 | 2021年 | 《宁夏回族自治区科学数据管理实施细则》 | 宁夏回族自治区科学技术厅 | 加强和规范科学数据管理，保障科学数据安全，提高开放共享水平 |

数据来源：各省级政府门户网站。

## 第三节 | 公共数据开放运营模式

### 一、开放数据平台的运维模式

作为政府实现开放数据的重要一环，政府开放数据平台建设为数据共享提供了基础设施。以 20 个省级政府数据开放平台为例，对其平台建设和运行模式进行概括（见表 5-9）。

表 5-9 省级政府数据开放平台涉及主体一览表

| 序号 | 平台名称 | 地点 | 主办单位 | 承办单位 | 协办单位 |
| --- | --- | --- | --- | --- | --- |
| 1 | 北京市政务数据资源网 | 北京市 | 北京市经济和信息化局 | 北京市大数据中心 | |
| 2 | 上海市公共数据开放平台 | 上海市 | 上海市人民政府办公厅 | 上海市大数据中心 | |
| 3 | 天津市信息资源统一开放平台 | 天津市 | 天津市人民政府办公厅 | 天津市大数据管理中心 | |
| 4 | 重庆市公共数据开放系统 | 重庆市 | 重庆市大数据应用发展管理局 | 数字重庆大数据应用发展有限公司 | |
| 5 | 辽宁省公共数据开放平台 | 辽宁省 | 辽宁省委网络安全和信息化委员会办公室 | 辽宁省大数据管理中心 | |
| 6 | 河北公共数据开放网 | 河北省 | 河北省人民政府办公厅 | 河北省政务服务管理办公室 | |
| 7 | 宁夏公共数据开放平台 | 宁夏回族自治区 | 宁夏回族自治区人民政府办公厅 | 宁夏回族自治区数据中心 | |
| 8 | 山东省公共数据开放网 | 山东省 | 山东省大数据局 | 山东省大数据中心 | |

续表

| 序号 | 平台名称 | 地点 | 主办单位 | 承办单位 | 协办单位 |
| --- | --- | --- | --- | --- | --- |
| 9 | 陕西公共数据开放平台（无法登录） | 陕西省 | 陕西省互联网信息办公室 | 西安未来国际信息股份有限公司 | |
| 10 | 江苏省人民政府-数据开放 | 江苏省 | 江苏省政务服务管理办公室 | 江苏省大数据管理中心 | |
| 11 | 浙江-数据开放 | 浙江省 | 浙江省人民政府办公厅 | 浙江省大数据发展管理局 | |
| 12 | 江西省政府数据开放平台 | 江西省 | 江西省人民政府办公厅 | 江西省信息中心 | |
| 13 | 安徽省公共数据开放平台 | 安徽省 | 安徽省人民政府办公厅 | 安徽省大数据中心 | |
| 14 | 湖南政务大数据公众门户 | 湖南省 | 湖南省政务服务和大数据中心 | 湖南省政务服务和大数据中心 | 湖南日报社 |
| 15 | 四川公共数据开放网 | 四川省 | 四川省人民政府办公厅、四川省发展和改革委员会 | 四川省大数据中心 | |
| 16 | 贵州省政府数据开放平台 | 贵州省 | 贵州省大数据发展管理局 | 贵州省信息中心 | 云上贵州大数据产业发展有限公司 |
| 17 | "开放广东"政府数据开放平台 | 广东省 | 广东省人民政府办公厅 | 数字广东网络建设有限公司 | |
| 18 | 广西壮族自治区公共数据开放平台 | 广西壮族自治区 | 广西壮族自治区大数据发展局 | 广西壮族自治区信息中心 | |
| 19 | 福建省公共数据资源统一开放平台 | 福建省 | 福建省数据管理局（省发展和改革委员会归口管理的机构） | 福建省大数据集团有限公司 | |
| 20 | 海南省政府数据统一开放平台 | 海南省 | 海南省大数据管理局 | 海南省大数据管理局 | 数字海南有限公司 |

### (一) 政府和事业单位直接运维

政府开放数据是在政府行使其职责过程中产生的，部分数据涉及国家安全与个人隐私，若将其全权交由以营利为目的的企业进行运作，将存在许多潜在的隐患。我们在研究20个省级政府数据开放平台的过程中发现，目前平台建设与运营主要交由政府部门负责，通常由省级人民政府主办，大数据中心承办，比如上海市公共数据开放平台，平台建设、数据汇聚、平台运维都由政府部门及下属机构负责。

### (二) "政府—国有企业"委托运维

在平台建设和运维中，政府与国有企业合作也是一种模式，比如福建省公共数据资源统一开放平台由福建省数据管理局、福建省大数据集团有限公司承办。该公司是全国率先成立的省级国有全资大数据企业，于2021年8月26日注册成立，2022年8月17日更名为集团。该集团定位为省级电子政务公共平台和新建省级部门政务信息系统业主单位，负责省级电子政务网络、云平台等系统的建设和运维；全省公共数据资源一级开发主体；全省数字经济发展的市场化、专业化主体及主要投融资平台。政企合作已是常见的公共项目合作模式，政府数据开放平台交由大型国有企业运维，一方面是因为这类公司通常具有较强的技术实力和平台运维经验；另一方面是因为这类公司与政府部门的合作较为紧密，相互信任度较高。

### (三) "政府—私营企业"合作运维

私营企业也可以参与到数据开放平台的建设和运行中，比如宁夏公共数据开放平台由宁夏回族自治区政府办公厅主办，技术支持由浪潮集团有限公司提供。但相对于上两种模式而言，政府与私营企业合作运维的平台数量还是比较少的。

政府与私营企业的合作一般采用外包模式：一是服务外包。服务外包是指由政府部门委托企业建设政府网站中某些具体的、技术性的、非核心的环节或流程，并支付相应费用的模式。服务外包是常见的外包模式，也是企业参与程度最低的一种外包模式。如贵州省将省数据开放平台的建设和调试工作外包给贵州中软云上数据技术服务有限公司，平台建设完成后移交贵州省大数据发展管理局进行指导和监督。二是管理外包。管理外包是指政府部门委托企业代为运行和维护政府网站，并支付一定费用的模式。在合同期限内，政府部门向企业支付固定费用或按绩效水平支付相应的管理费用。如北京市经济和信息化局与北京金控集团签署授权运营管理协议，共同建设北京市金融公共数据专区，北京金控集团负责专区的整体运维，推动金融公共数据开发应用先行先试，政府部门则负责指导与监管工作。

## 二、公共数据开放的政企合作

### （一）典型案例

1. 北京市金融公共数据专区

为了进一步挖掘北京市金融公共数据的价值，推动普惠金融的发展，促进营商环境的改善和智慧城市的建设，北京市经济和信息化局依托市级大数据平台搭建了公共金融数据区。2020年4月9日，北京市大数据工作推进小组办公室（设在北京市经济和信息化局）制定了《关于推进北京市金融公共数据专区建设的意见》（京大数据办发〔2020〕1号）。2022年11月21日，北京市经济和信息化局又印发了《关于推进北京市数据专区建设的指导意见》（京经信发〔2022〕87号），加强公共数据在金融及社会领域的应用，助力普惠金融发展。作为北京公共金融数据汇总、运营和管理平台，北京市金融公共数据专区负责公共金融数据的统一输入和输出，做好制度化的管理。经市政府同意，由市经济和信息化管理部门批准的具有公信力、技术能力和财力的市属国有企业（以下简称"运营单位"）负责运营专区；政府部门负责对专区的建设和运营进行监督和管理，并对运营单位进行定期评估；当地金融监督和管理部门负责为公共金融数据的应用提供必要的指导；其他部门则根据法律法规负责金融信息的融合、治理和应用。[①]

北京市经济和信息化局与北京金控集团签署授权运营管理协议后，北京金控集团迅速与银行机构进行了系统对接和数据验证等流程，并协助中国工商银行北京分行发行了全市第一笔普惠大数据信用贷款。该平台不仅可以精准定位中小企业，而且可以迅速实现清算。目前，该平台已收集了涉及登记、税收、社会保障、房地产、专利和政府采购在内的224个类别、3 000项高质量数据，覆盖了超过200万个市场单元，并积极支持了首贷中心业务，使中小企业可以更好地应对融资难、融资成本高的问题。但金融专区的建立在政策方面仍有待进一步完善。除了《关于推进北京市金融公共数据专区建设的意见》等指导性文件外，其他相关细则，如专区搭建后数据如何更新、如何治理等都缺少更加具体的规则规定，金融数据的保护与开发也缺乏相应的法律政策支持，相关规则体系有待进一步完善。

2. 丰县智慧农业大数据平台

2016年，农业部（现为农业农村部）指出，将同有关部门扎实推进农业

---

[①] 北京市经济和信息化局.关于推进北京市金融公共数据专区建设的意见（京经信发〔2022〕87号）[A/OL].［2022-12-21］. https://www.beijing.gov.cn/zhengce/gfxwj/202212/t20221208_2873104.html.

农村大数据发展，促进农业农村大数据中心和平台的开发建设，推动数据开放共享，强化数据挖掘、分析、预测能力建设，并积极鼓励西部等重点地区推进农业农村大数据资源应用，助力数据支撑管理决策，更好地发挥数据作为新型生产要素的作用，推进农业农村现代化。

丰县智慧农业大数据平台是农业农村大数据平台建设中的一个典型案例，该平台是于2019年年末由徐州市丰县农业农村局主办，布瑞克农业大数据科技集团有限公司提供技术支持共同搭建的农业数据开放平台。通过丰县智慧农业大数据平台，可以全面及时地关注到从全国农业生产数据到丰县智慧农业发展趋势，并且利用大数据培养丰县农业和农村的数字化创新动力。该平台通过打通数据到企业的"最后一公里"，可以帮助该县的农业生产者了解全国农产品市场，在生产过程中进行计划和管理（使用物联网等技术），人才开发和后期营销等系列工作。

在丰县智慧农业大数据平台的建设过程中，丰县农业农村局与布瑞克农业大数据科技集团有限公司达成合作关系，但此次的合作仍主要停留在企业负责数据平台搭建与日常维护层面，参与公共服务的市场化水平较低，相关的政策大多来自农业农村部所发布的指导性文件，缺乏细致的政策支持，在后续的平台建设与数据治理中存在着潜在的风险。

3.综合交通出行大数据开放云平台

2016年，在世界互联网大会的"互联网+出行"论坛上，全国第一个数据开放与应用平台——综合交通出行大数据开放云平台（简称"出行云"）诞生。该平台是一个以公共云服务为基础的交通出行服务数据开放、管理和应用综合平台，由交通运输部公路科学研究院（简称"部公路院"）与百度地图联合承建，平台运行与维护目前已交由部公路院负责。

政府提供数据，公司提供技术，可以说"出行云"展示了政企合作的新模式。在交通出行领域，政府和企业需要协作共赢。政府拥有公共出行的关键资产——数据，但缺乏可以将其转变为公共出行产品的人才和技术；企业生产出行产品，但需要政府数据来丰富其产品种类并提升其产品价值，"出行云"的开发为彼此的需求提供了平台。该平台集聚了大量有关综合交通出行的高质量数据资源，并将其作为技术公司和科研机构的创新和应用的基础，致力于为综合交通出行服务开创良好的共创环境，同时助力科学决策的制定和交通运输业的管理创新，为公众提供高质量、差异化和全方位的综合交通信息服务。

综合交通出行大数据开放云平台的搭建不仅仅是提高公共服务水平的举措，更是出于交通出行数据背后所隐藏的价值，随着百度地图、旅游App等相关出行软件的兴起，交通出行数据具有不可估量的商业价值，因此专门性的数据开放平台得以成功搭建。

（二）效果及特征

1. 运行效果

政企合作在政府开放数据治理过程中具有明显的适用性，无论是与大型国企还是私营企业的合作，都是对政企合作模式在开放数据治理中的应用探索。

从案例的分析中可以看出，无论是金融数据、农业数据，还是交通出行数据，都在合作模式运营下得到了增值且收益显著。政府部门与私营部门达成合作，优势互补，盘活政府数据，为数据的二次应用搭建了更加广阔的平台。自北京市金融数据开放平台建设以来，该平台就以金融数据为依托，精准定位贷款项目，极大地发挥了数据的价值。同时，政企合作的应用使得数据开放更加灵活，数据运营部门因为绩效考核或利益关联愿意并善于将数据推向市场，数据在市场运作下能够得到最大化的应用。与此同时，数据运营部门依托政府部门的强大公信力确保数据资源的准确性，并且利用自身所具备的市场资源，更加灵活地盘活政府数据。政企合作不仅给予了政府开放数据平台建设的强大技术支持，而且能够灵活开发政府数据，扩大政府开放数据的应用范围。但由于政府开放数据治理项目中的数据来源于政府部门，且该项目属于公共服务项目，为提高数据使用的公益性，政府部门在参与项目过程中仍有所偏重。此外，在政府开放数据治理的政企合作中依旧存在制度规范不够健全、市场化程度偏低、合作的内容和形式较为单一等问题。

一方面，政企合作的相关制度规范不够健全。合作模式意味着多方主体需要建立合作伙伴关系，各方的权责如何理清、数据所产生的收益如何分配等都是推广合作模式中的难题。从目前的政府开放数据及其治理的合作模式项目中可以发现，目前该模式的制度仍然不够完善，特别是主体权责不明问题较为凸显。

另一方面，市场化程度偏低、合作的内容和形式较为单一。政府开放数据治理项目通常由政府牵头，私人部门通过外包协议等形式加入项目中，但是从目前的合作案例来看，合作更多以承接技术外包工程为主要形式，为政府开放数据提供技术支持，比如搭建政府开放数据平台并对平台进行日常维护与管理，数据的所有权与使用权仍属于政府，数据的利用与转化相关事宜也仍由政府相关部门负责。合作模式在政府数据开放项目的运用上还处于较浅的层面，项目市场化程度仍较低。政府通常负责制定相关法律规则、提供数据、进行绩效考核等，而私营企业通常负责提供技术支持，帮助政府部门搭建平台，进行日常的运营与维护工作。

2. 核心特征

公共数据具有公共产品属性，因此政府开放数据治理需要考虑到公共利益，确保公民的权益不受损害，然而政企合作模式的应用也意味着私人部门需要介入公共数据开放中，在这个过程中，政府与企业各自所代表的利益极易发生冲突，政府需以公共利益为首要目的，为提供更高质量的公共服务而开展活动；而企业则以营利为目的，在政企合作过程中，若缺乏相应的约束与监管机制，企业极易为追求自身利益而损害公共利益，以实现营利的最大化。因此，在政企合作中，政府仍然需要扮演管理者、监督者、评价者等多重角色，以确保项目的公共服务属性。

另外，政企合作在公共数据开放中的市场化应用主要聚焦于高收益类数据的开放。一则因为政企合作需要将私营部门引入治理过程，而只有具有商业利益才能吸引企业加入。对于企业而言，这一收益不仅来自政府所支付的款项，还应该包含数据本身的价值。二则公共数据开放是投资大、周期长、服务性强、技术含量高的公共服务项目，这意味着数据本身需要有潜在开发价值，才能创造公共价值，比如交通出行数据的开放不仅能够提高交通出行相关 App 的质量，还能够为交通设施建设提供数据支撑，所带来的经济利益与社会利益都是不可忽视的。

(三) 公共数据开放治理的合作模型

在公共数据开放的进程中，有诸多因素会影响到政府对于合作模式的选择，在这里可将其概括为数据类型、政策环境、政府自身能力三个因素，根据不同的情况选择市场化程度不同的合作模式。

政企合作的不同类型对应着不同的市场化程度，根据市场化程度由低到高依次是外包类、购买服务类、授权运营类。根据上述三个影响因素选取最适合的合作模式：若所开放数据属于开发收益不高且涉及基本民生等类型，并且该项数据开放所涉及的相关政策与法律条文尚不完善，在开放数据治理所涉及的政府部门具备开放治理数据所需的相关的技术与人才或得到财政支持等情况下，该项目采取外包类的模式较为合适。比如服务外包或管理外包，这两者可以保障数据安全，防止私营部门的不当利用行为，也能够合理利用政府资源。若与之相反，则可以采用购买服务类或授权运营模式，在提高数据利用灵活性与效果的同时，也能够节省政府财政支出。公共数据开放治理的合作模式如图 5-4 所示。

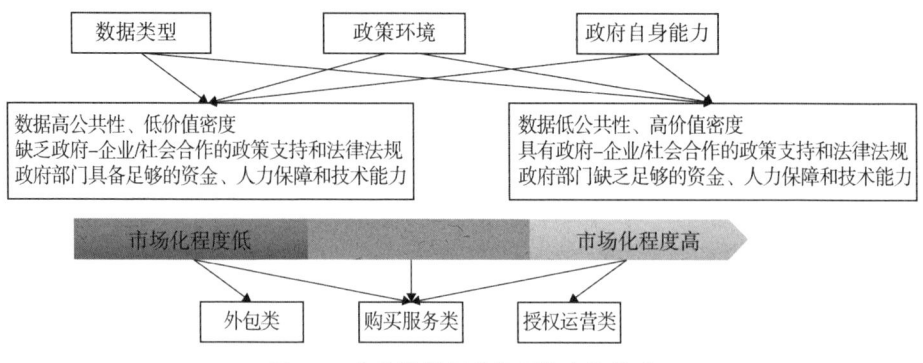

图 5-4　公共数据开放治理的合作模式

## （四）公共数据开放治理的合作推进策略

### 1. 构建完善的政策框架体系

构建完善的政策框架体系需要配备健全的公共政策框架、法律框架、监管框架和机构框架。首先，需要理清公私部门的权利与义务，建立健全风险分担和利益共享机制，政府部门需要保障所有利益相关者的相关权益，而私营部门则需要在合理的价格内提供与之相匹配的公共服务。其次，需要出台优惠政策，传达政府对私营部门参与投资的鼓励和支持，设计科学合理的公私双方利益协调机制，以激发合作模式的整体活力，实现多方共赢。在项目开展进程中明确对应的监管机构，参与全程监督与绩效考察，能够提高合作项目的可用性，减少政企合作的潜在风险。

### 2. 基于"场景"选择适配的合作模式

在公共数据开放的过程中，各项目内容、目标，以及地方政府自身的条件各有不同，应该根据各参与方的条件与需求匹配不同的合作模式，这样不仅可以为各政府开放数据治理工作提供最佳解决方案，也能够探索更加多元丰富的合作模式。如果政府部门自身拥有比较完备的维护团队，那么将非核心业务外包给私营部门会是一个良好的选择。如果项目具有较好的营利性，那么采用授权经营方式，将整体项目交由私营部门运营，既可以减轻政府的财政负担，又能够增加企业营利和公共价值创造。不同的项目需要采用不同的合作模式才能实现资源价值最大化，更加多元化的合作模式探索将会成为公共数据开放及其治理的可行之路。

### 3. 完善绩效评估和监督体系

公共数据开放的合作模式是由多主体参与的合作机制，在整个项目开展的过程中，应该配有完善的绩效评估体系，用以评价数据开放的运维绩效，清晰明确地展现成果，同时敦促私营部门重视数据开放后的开发利用，真正实现数据价值。

4. 加强数据安全监管与伦理建设

公共数据开放中的信息安全监管需要从政策、技术、观念上多管齐下。政府应依据相关的数据开放项目界定对应的安全级别，并根据不同的安全级别制定不同的安全策略，同时完善信息安全相关的规章制度与法律法规；在技术上需要做好平台防火墙等相关安全措施，在数据加密以及备份上要严格要求；积极引导数据利用者与公众的数据安全意识，保持数据敏感度，营造良好的数据安全环境，还要定期进行数据安全的抽查与考核，消除数据安全隐患，保障公众利益。

## 三、公共数据开放的授权运营

近年来，公共数据开放的授权运营是各界高度关注的话题。《中华人民共和国国民经济和社会发展第十四个五年规划和2035年远景目标纲要》提出开展政府数据授权运营试点，鼓励第三方深化对公共数据的挖掘和利用，这为公共数据开放的授权运营指明了战略方向。2022年12月，《中共中央 国务院关于构建数据基础制度更好发挥数据要素作用的意见》（以下简称《数据二十条》），为公共数据开放的授权运营提供了基本遵循和方向指引，为有效纾解公共数据开放的授权运营瓶颈难题、加快释放公共数据价值带来了新的机遇。[1]

公共数据开放的授权运营作为当前数据治理领域的重要议题，涉及政府、企业、社会组织等多元主体的协同合作。在这一运营模式中，各主体扮演着不同的角色，共同推动着公共数据的合理开发与利用。2020年以来，各地各部门积极探索并不断尝试创新，围绕公共数据授权运营展开工作。这些尝试包括开展试点项目、建立数据共享平台，以及推动数据的开放和合理利用等。各地在公共数据授权运营的推进发展方面百花齐放、各具特色，形成了五种代表性的实践路径：第一种，以北京为例的"公共数据+行业应用"模式；第二种，以浙江为例的"顶层统筹+试点落地"模式；第三种，以广西为例的"统一授权+全流程支持"模式；第四种，以福建为例的"一体统筹+二级授权"模式；第五种，以济南为例的"综合授权+分领域授权"模式。

### （一）政策制度

公共数据开放的授权运营是中国特色新型公共数据开发与利用方式。

---

[1] 栾国春.公共数据授权运营工作之刍议——《数据二十条》为公共数据要素化迎来新契机[J].中国经贸导刊，2023（3）：76-80.

2021年，我国"十四五"规划纲要首次提出开展政府数据授权运营试点；同年，《"十四五"数字经济发展规划的通知》中明确提出"对具有经济和社会价值、允许加工利用的政务数据和公共数据，通过数据开放、特许开发、授权应用等方式，鼓励更多社会力量进行增值开发利用"。目前，全国多地已展开公共数据授权运营的实践探索之路，并出台相关政策推动实践的发展。诸如，《北京市公共数据专区授权运营管理办法（征求意见稿）》《浙江省公共数据授权运营管理办法（试行）》《四川省数据条例》《长春市公共数据授权运营管理办法》《杭州市公共数据授权运营实施方案（试行）》等。我国国家级、地方公共数据授权运营相关政策（部分）如表 5-10 所示。

表 5-10 我国国家级、地方公共数据授权运营相关政策（部分）

| 政策层级 | | 政策名称 |
| --- | --- | --- |
| 国家 | | 关于印发"十四五"数字经济发展规划的通知 |
| | | 关于加强数字政府建设的指导意见 |
| | | 关于全国一体化政务大数据体系建设指南 |
| 地方 | 北京市 | 关于推进北京市金融公共数据专区建设的意见 |
| | | 关于推进北京市数据专区建设的指导意见 |
| | | 北京市公共数据专区授权运营管理办法（征求意见稿） |
| | 浙江省 | 浙江省公共数据授权运营管理办法（试行） |
| | 四川省 | 四川省数据条例 |
| | 长春市 | 长春市公共数据授权运营管理办法 |
| | 杭州市 | 杭州市公共数据授权运营实施方案（试行） |
| | 济南市 | 济南市公共数据授权运营办法（征求意见稿） |
| | 长沙市 | 长沙市政务数据运营暂行管理办法（征求意见稿） |
| | 成都市 | 成都市公共数据运营服务管理办法 |
| | 青岛市 | 青岛市公共数据运营试点突破攻坚方案 |
| | | 青岛市公共数据运营试点管理暂行办法 |
| | 东营市 | 东营市公共数据授权运营暂行管理办法（征求意见稿） |
| | 温州市 | 温州市公共数据授权运营管理实施细则（试行） |
| | 达州市 | 达州市公共数据授权运营管理办法（征求意见稿） |
| | 遂宁市 | 遂宁市公共数据运营管理办法（试行） |
| | 安顺市 | 安顺市公共数据资源授权开发利用试点实施方案 |
| | 普陀区 | 普陀区公共数据运营服务管理办法（试行） |
| | 青浦区 | 青浦区公共数据运营服务管理办法（试行） |
| | 德顺县 | 德清县公共数据运营实施方案 |

## （二）运营途径

截至目前，公共数据授权运营的规模和方式仍在不断发展和变化。一方面，公共数据授权运营的主要形式通过企业构造新的数据应用场景、平台来实现运营数据的市场化。如北京小微金融服务平台。另一方面，一些平台已经开始将公共数据授权运营作为平台运行的重要内容。例如，杭州市在其公共数据开放平台设立了一个专门的公共数据授权运营区，并在企业注册登记、交通运输与教育等领域开放了需求高、容量大且质量高的数据集，这些数据具有很高的利用价值。特别是该平台提供的"停车场空闲状态（杭州）信息"能够通过接口调用，并每分钟更新。

## （三）运营模式

虽然在公共数据授权运营的实际履行层面还存在着"法律缺失"的问题，但其数据交易的机制已相对成熟，诸如在大数据、人工智能、区块链等方面已经存在相应的技术保障。从驱动因素的角度分析，目前国内的公共数据授权运营实践模式可以分为场景驱动和数据驱动两种。（1）场景驱动模式。该模式通常由政府数据管理部门牵头，选择某类或几类具体场景作为突破口，专注于推动这些垂直领域内公共数据的开发与利用。同时，政府数据管理部门还负责制定相关的管理制度，全面规划并建设具有特色的公共数据管理平台。此外，他们还会通过一次或多次的分类授权，引入在某一领域内具有高质量数据运营能力的合作方。（2）数据驱动模式。在这种模式中，政府的数据管理部门统一规划和负责公共数据的授权工作。这些部门会通过政务信息资源共享平台，把来自不同部门的数据统一授权给一家国有企业或国有控股企业。该企业则负责建设和运营公共数据服务平台，对数据进行加工处理，并对外提供相关的数据产品和服务。

## （四）国内公共数据授权运营的典型实践

### 1. 北京市金融公共数据专区

为了进一步开发北京市金融公共数据的价值，推动普惠金融的发展，促进营商环境的改善和智慧城市的建设，北京市经济和信息化局依靠市级大数据平台搭建了金融公共数据专区，以此加强金融领域的数据供应，北京大数据工作推进小组办公室还发布了《关于推进北京市金融公共数据专区建设的意见》。

2020年9月，北京市政府通过市经济和信息化局与北京金控集团达成了一项重要协议，即《北京市金融公共数据专区授权运营管理协议》。这一协议标志着北京市政府正式授权北京金控集团的全资子公司——北京金融大数据有限公司，来具体运营和管理北京金融公共数据专区，以实现对北京市金融数据的深度开发和有效利用。这一授权过程遵循了"申请—评审—协议"的严谨流程，并得到了市政府的大力支持。截至 2023 年 11 月，经过几年的运营和发展，北京金融控股所管理的北京金融公共数据应用专区已经汇集了超过 50 亿条公共数据。这些数据在金融领域的应用取得了显著的成效，主要体现在两大方面：一方面，专区全面推广了"企业+个人"双征信平台。在企业征信方面，北京金融大数据有限公司打造了"京云"企业征信平台，该平台建立了一套覆盖小微企业贷款服务全周期的新型征信业务体系，推出了拥有超过 2 500 项标签的企业画像算法引擎，并开通了数据接口，联合研发了"信易贷"等产品。在个人征信方面，北京金控集团成立了朴道征信公司，为公众提供个人征信服务，并通过不断拓展数据源，实现了对互联网运营商、银联支付、地图、出行、交通等多领域数据的全面覆盖。另一方面，专区还在数字政务模式优化与信用医疗探索方面进行了积极尝试。例如，北京金融大数据公司与北京经济技术开发区合作，实现了申报材料的智能核验、政策找人精准投送、免审即享优惠等功能；与石景山区北京大学首钢医院合作试点推出了"信用医疗"服务，实现了先看病后付费的便捷就医模式，并由信用保险进行兜底保障。

  金融大数据公司还采取与银行联合建模、部署联合建模节点等模式，实现数据"可用不可见"。同时，通过 SaaS 服务平台为金融机构提供快捷的信用信息查询和接口调用服务。此外，还利用区块链等技术建立大数据资源管理系统，实现政务数据全流程留痕管理。在面对数据脱敏难、技术创新难和产品落地难三大难题时，金融专区展现出了卓越的应对能力，建立了相对完善的数据安全管理制度体系，涵盖系统运维、资产管理、数据管理、合规管理等方面的管理制度共 38 项。同时，利用多方安全计算等技术，构建了一个数据集成开发平台，用于数据的集中清洗、加工和脱敏，确保敏感数据不出域，同时保证了数据价值的最大化。这一做法不仅增强了数据的安全性，也提高了数据使用的效率。在面对技术创新难问题时，专区充分利用区块链等先进技术，建立了大数据资源管理系统和企业征信系统。针对小微企业贷款服务，专区开发了 5 项全周期"数据服务包"，包括企业图谱、风险扫描、高级搜索、征信标签查询等，有效地弥补了部分金融机构的技术短板。最后，针对产品落地难的问题，专区优先向入驻北京市首贷中心的机构提供了"数据服务包"，并累计提供了近 12 万笔信用查询服务，帮助企业获得融资超过 560 亿元。此外，专区还支持商业银行落地线上化普惠信用贷款产品，累计调用接口服务 106 万余次，支撑了大量的信贷审批风控服务。通过与多家银行合作，专区还推出了多款面向小微企业的纯信用贷款产品，以及利用联邦学习技术开发的"政融通"小微企业在线融资产品，实现了小微企业端授信联合建模的突破。

为了进一步推动数字经济的发展，北京市在2023年6月20日发布了《关于更好发挥数据要素作用进一步加快发展数字经济的实施意见》。该意见再次强调了推进公共数据专区授权运营的重要性，并提出要推广金融专区建设的成功经验，以加快医疗、交通、空间等领域的公共数据专区建设。

总的来说，金融公共数据专区通过制度建设、技术创新和产品服务落地等多方面的努力，有效地解决了数据脱敏难、技术创新难和产品落地难等问题，为金融机构和企业提供了高效、安全、便捷的数据服务，有力地促进了金融行业的健康发展。

2. 温州市"安诊无忧"医护新场景

2023年10月30日，温州市在国内率先推出了一系列公共数据授权运营的应用场景，这些应用场景包括"安诊无忧"、"信贷数据宝"和"无忧背调"。这些应用场景均基于《温州市公共数据授权运营管理实施细则》的指导和温州市公共数据授权运营域的支持，通过中国（温州）数安港的合规审核后正式上线，旨在激活并优化数据要素的使用。以"安诊无忧"为例，该应用场景的数据来源主要包括两部分：一是经过授权的公共数据，这部分数据主要来源于温州市卫健委；二是企业自身的数据，这部分数据主要涉及场景内护理人员的资质审核。授权运营的公共数据流程是这样的：首先从温州市卫健委的数据平台被归集到温州市一体化智能化公共数据平台，然后经过数源单位和公共数据主管部门的审批，再同步到温州市公共数据授权运营域。在这里，数据会经过加工处理和授权，最终以标签的形式流转到"安诊无忧"的业务系统中。在"安诊无忧"的运营过程中，涉及多个角色，包括授权运营单位（国数联仁）、数据主管部门（温州市大数据发展管理局）、平台运营单位（中电浙江）、数据提供单位（温州市卫健委）以及专家评审组等。这些角色各自承担其职责，依法依规共同推动温州市公共数据授权运营工作的顺利进行。

"安诊无忧"在策略上采取了派单推荐算法，其逻辑步骤如下：第一步，用户进行公共数据授权，授权内容包含就诊时间、入院时间、疾病信息、就诊医院地址和老年人、孕妇、残障人士（残疾类型）等需要特殊照顾人群的信息；第二步，在授权域内根据用户授权数据及自有的护理人员信息，与场景模型中的因子进行匹配，匹配出最精准的服务项目（服务项目全部标签化）；第三步，出域信息为标签形式的服务项目编号及用户的就诊时间、就诊医院编号、就诊医院名称；第四步，应用系统根据出域标签展示最优服务内容。派单推荐算法模式如图5-5所示。

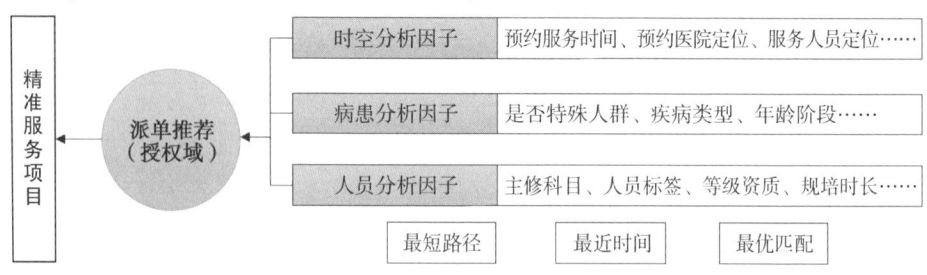

图5-5 派单推荐算法模式①

3. 案例分析及讨论

(1) 如何构造数据应用场景?

在建设相应的数据区域之前,应该先从建立数据应用场景构造的视角来探讨授权这类数据的目的和实践地点的选择原因。对于北京市金融公共数据专区而言,专区的设立加强了金融领域的治理与监管,通过对金融数据授权运营,能够实现不同政府部门之间的信息串联,提供跨部门协同合作的信息支持。这有助于实现对市场主体和社会行为的有效监管,进而提高政府公共治理效率和社会治理现代化水平,还可以激活数据效能,促进行业发展。成立专区为企业提供了丰富的数据资源和商业信息,降低了信息收集与处理成本。金融机构可以利用这些数据资源,更好地把握市场脉络和行业发展趋势,从而做出更明智的决策。② 此外,成立专区统一且集中地对金融数据进行管理,方便了政府部门对数据的监督。北京作为中国的政治、文化中心和重要的经济中心之一,具有极强的政策引领和示范效应。在北京设立金融数据专区,可以为全国其他地区提供可借鉴的经验和模式。而且北京聚集了大量的金融机构和金融人才,对金融数据的需求旺盛。设立金融数据专区,恰好地满足了这一需求,有助于提升金融机构的服务质量和效率,促进金融行业的创新发展。通过金融数据专区,中小微企业可以获得更准确的信用评估和更广泛的融资渠道,从而缓解融资难的问题③,这对于促进北京地区的经济发展也具有重要意义。

早在"十三五"时期,温州就已经有了较为成熟的智慧医疗体系,通过成立医疗保障局来完善各项医疗保障制度。例如完善了医保支付方式、异地

---

①中国通信标准化协会大数据技术标准推进委员会.公共数据授权运营案例集(2023)[R].2023,12.
②黄如花,陈闯.美国政府数据开放共享的合作模式[J].图书情报工作,2016,60(19):6-14.
③陆志鹏.公共数据授权运营机制探索[J].信息技术与网络安全,2022,41(7):30-35.

就医等，这已然为后来建立"安诊无忧"打下了基础。其一，通过授权运营医疗数据，可以推动医疗数据的整合与共享，进而提高医疗服务的精准度和效率。例如，"安诊无忧"服务能够为用户匹配精准的综合护理服务，包括为门诊用户提供陪诊服务、为住院用户提供陪护服务，以及为长期卧床且需要定期换药的人群提供上门护理服务等，这些都是基于医疗数据的精准分析和应用。其二，医疗数据的授权运营有助于医疗机构和企业更好地了解市场需求，开发新的医疗服务和产品，从而推动整个医疗行业的发展。而且，这种新医护场景的构建恰好满足了当地的医疗服务需求，通过医疗数据的授权运营，可以推动医疗服务的个性化和精准化，从而更好地满足当地居民对高质量医疗服务的需求。这些医疗数据的共享和应用还有助于医疗机构和企业开发新的医疗服务和产品，推动温州医疗行业的创新发展。

（2）授权运营中的治理主体及其关系是什么？

在公共数据授权运营的过程中，其治理主体可划分为三类：一是政府，主要负责公共数据的收集和整理，起到了组织核心的作用。政府在数据授权运营的过程中占据核心地位，并享有决策权和数据权属的定义权。在促进数据价值的释放、加快推进数字经济的发展上具有重要作用。二是委托方（被授权企业），目前以国有企业为主，例如北京金控集团、温州设计集团有限公司和联仁健康医疗大数据科技股份有限公司。它们作为数据的运营主体，主要负责对数据运营商的建设运营、数据管理等工作。三是政府有关监管部门，例如北京市经济和信息化局、温州市大数据发展管理局等。作为公共数据授权运营的监管主体，它们对数据专区进行监管和指导，确保数据的合规使用和专区的正常运营。

在各主体之间的关系上，第一，政府是占据主导地位的。其他各主体在政府的统领下对公共数据授权运营进行监督、交易、利用。第二，政府把公共数据的使用权授权给委托方，严格遵照"原始数据不出域，数据可用不可见"[1]的总体要求，进行数据资源的共享。第三，委托方和政府监管部门之间形成监管与被监管的关系，确保数据专区的合规运营。例如，监管部门强调数据隐私保护的重要性，要求企业在处理公共数据时采取严格的安全措施，防止数据滥用和侵犯个人隐私。而企业需要实施有效的数据保护措施，确保公共数据在加工、存储和传输过程中的安全性。

---

[1] 谷岩松，夏义堃.开放数据环境下公共信息再利用的经营模式分析[J].图书情报工作，2017，61（4）：5-13.

(3) 如何建构数据运营的价值链？

在公共数据授权运营的过程中，虽然各个主体都能获得相应的价值，但关键还在于探究它们是如何联系在一起的，是如何共同创造数据价值的。

对政府而言，其价值在于可以通过授权运营，更有效地管理和利用公共数据资源，避免资源的浪费，完成资源配置的优化；数据运营能推动相关产业的发展，进而促进经济增长和增加就业；基于数据的决策还能提高政府治理的精确性和效率。[①] 从被授权企业的角度，企业获得公共数据授权后，可以开发出新的数据产品或服务，从而有更多的机会去创造商业价值；企业在处理和分析公共数据的过程中，有机会进行技术创新，提升自身竞争力；还可以通过对与公共数据相关的产品进行开发和运营，从而拓宽其市场。数据应用的对象可以在该过程中获得更好的服务体验，例如数据应用对象（如消费者、企业等）能够享受到更加个性化、高效的服务，能够更有针对性地为数据应用对象提供服务；可以让数据应用对象以一个更科学的视角来选择自己需要的服务；公共数据的合理利用还有助于增加市场透明度和建立信任，有利于搭建三方互信的数据互动平台。

价值链的定义是，其中的每一个环节都为产品或服务增加价值，为实现同一个目标而努力，因此，它们不是相互竞争而是相互合作的。只有完成了价值链中的最后一个环节，这个产品或服务才是完整的。需要将公共数据授权运营的过程联系为一个价值链条，从而进一步提高其价值。首先，政府通过授权运营将公共数据交给有能力的企业进行加工处理，形成数据产品或服务。其次，企业提供基于公共数据的产品或服务给数据应用对象，满足他们的需求。再次，政府通过监管确保数据运营的合规性，保护数据应用对象的权益。[②] 最后，利益相关者在获取利益的基础上进行正反馈，并将新的数据再次提供给政府，从而开始下一轮的价值链循环。这种合作共赢的方式，由政府提供数据资源，企业通过技术创新和市场运营将数据转化为有价值的产品或服务，数据应用对象则通过这些产品或服务获得更好的体验和决策支持。同时还可以提升社会治理水平，基于公共数据的运营不仅服务于经济领域，还能为政府的社会治理提供有力支持，提升整个社会的运行效率。

---

① 栾国春.公共数据授权运营工作之刍议——《数据二十条》为公共数据要素化迎来新契机[J].中国经贸导刊，2023（3）：76-80.
② 袁嘉，王宇轩.促进民营经济发展视野下公共数据开放利用的竞争法治保障[J].中国市场监管研究，2024（01）：51-58.

### (五) 公共数据授权运营需要关注的问题

针对公共数据授权运营的问题,有必要从多元治理的视角进行剖析。首先,政府部门在公共数据授权运营中扮演着重要角色,但单一的管理模式往往导致资源分配不均和决策效率低下。此外,政府部门在数据安全和隐私保护方面的监管也亟待加强。其次,政府和企业(当下以国有企业为主)同为数据授权运营的主体,其参与度和创新能力直接影响数据价值的实现。然而,当前企业在数据授权运营中的参与度有限,且缺乏足够的技术支持和人才储备。最后,为了更好地让这些数据服务于社会,深挖数据是很有必要的。

1. 公共数据授权运营的数据选择机制

公共数据在被授权给企业前应当经过筛选,一方面是为了最大限度地对数据的价值进行开发;另一方面也是为了节约成本。在选择用于授权运营的数据时,首要考虑的是数据的质量和标准化程度。这包括数据的准确性、完整性、及时性和一致性。只有高质量的数据才能有效支持后续的数据分析和应用。在选择数据时,还需要对数据需求和市场进行深入分析,这包括了解目标用户对数据的具体需求,以及市场上类似数据的供应情况。通过对市场需求的分析,可以选择出那些具有市场需求和潜力的数据进行授权运营。此外,在进行数据选择时还必须严格遵守关于数据安全性和隐私保护的法规要求。涉及个人隐私的数据需要进行脱敏处理,确保在数据利用过程中不会泄露个人隐私信息。同时,还需要对数据的安全性进行评估,确保数据在传输、存储和使用过程中的安全。被选择的数据应具有较高的价值,这意味着这些数据应该能够支持多种应用场景,并能够为运营主体带来经济效益。因此,在选择数据时,需要评估数据的潜在价值和应用场景的广泛性。最后,公共数据授权运营的数据选择过程应该公开透明,确保公平性和公信力。可以通过招标、竞争性谈判等公开透明的方式选择授权运营主体,同时明确选择标准,如数据安全能力、技术开发能力等关键方面。

2. 公共数据授权运营的价值分配

公共数据应用面临的另一大难题是,是否将数据纳入资产化管理?孟庆国认为,"公共数据,我们既然认为它是公共资产,能不能列到资产管理体系里来?包括数据的权责、利益分配激励机制的建立,都还缺乏"[①]。可以从如下几点对数据价值分配进行归纳:一是在授权运营过程中,必须首先明确数据的所有权,以确保数据的合法使用和权益分配。二是建立合理的收益分

---

[①] 张雅婷.孟庆国.围绕行业、区域、场景探索公共数据授权运营[EB/OL].[2022-07-29]. https://lcg.tsing+ua.edu.cn/info/1029/1072.htm.

配机制，遵循公平、公正、公开的原则。其中政府作为数据所有者，可以通过制定相关政策和规定来明确收益分配方式。让运营者获得与其投入和贡献相匹配的收益，以激励其更好地管理和利用公共数据。同时，也要考虑数据使用者的利益，确保他们以合理的价格获取所需数据。三是注重数据质量，政府和相关机构应加强对公共数据的汇总、整理、清洗等工作，以提高数据的准确性和可信度。这将增加数据的商业价值，进而提升整个授权运营的价值链。四是在价值分配过程中，必须充分考虑数据的安全性和隐私保护。运营者需要采取有效措施来确保数据的安全存储和传输，防止数据泄露和滥用。对于涉及个人隐私的数据，需要进行脱敏处理或获得相关方的明确同意才能使用。

3. 公共数据授权运营的保障机制

第一，制定和完善相关法律法规，明确公共数据的所有权、使用权和经营权，为公共数据授权运营提供法律支撑。无论作为治理主体的哪一方，都应严格遵守《中华人民共和国数据安全法》《中华人民共和国网络安全法》《中华人民共和国个人信息保护法》等，确保数据安全和隐私保护。第二，建立数据分类体系，明确可授权运营的公共数据范围，优先选取具有赋能效果且安全保障的数据进行试点。对敏感数据进行脱敏、匿名化处理和加密，确保数据在运营过程中的安全性和隐私性。比如可以将教育数据、卫生数据、金融数据等高度关联个人信息的数据类型设置为较高的风险管理级别。第三，通过招标、竞争性谈判等公开方式选择授权运营主体，确保过程的公平性和公信力。公开选择标准，包括数据安全能力、技术开发能力等，以保证授权主体的资质和能力。第四，建立完善的数据安全管理体系，包括数据存储、传输和处理过程中的安全机制。使用加密技术、访问控制和身份验证等手段保护数据的安全，防止数据泄露和滥用。

# 第六章
# 数字政府政务服务创新

数字化政府和数据治理不是目的，而是改善公共服务，提高公共管理的效率和能力，增强公众参与度、促进民主治理，提高透明度、问责效力和包容性，最终使所有人生活得更加美好的一种手段。政务服务作为政府职能的重要组成部分，其改革与创新对于提高政府治理能力、促进经济社会发展具有重要意义。随着信息技术的飞速发展和大数据时代的到来，我国政府政务服务改革与创新正面临着前所未有的机遇与挑战。在数字化环境下，政务服务创新与数字政府建设紧密相连，与数字化政务服务的推进连为一体。

据 2022 年中国电子政务发展报告，全国各地区政务服务事项网上可办率达到 90%以上，平均办理时限压缩至 3 个工作日以内。此外，各级政府积极推动政务数据资源共享开放，全国已有 80%以上的省级政府实现政务数据资源共享，为政务服务改革与创新提供了有力支撑。然而，与人民群众对美好生活的期待相比，我国政务服务仍存在一定差距，亟待进一步深化改革、创新手段，提升服务效能。一方面，政务服务协同性不足，部门间信息壁垒尚未完全打通，导致政务服务效率偏低。据 2022 年中国政府透明度报告，超过 60%的政府部门存在信息孤岛现象。另一方面，政务服务创新能力有待提高，个性化、智能化服务不足，难以满足人民群众日益增长的对美好生活的需求。据 2023 年中国智慧政府发展报告，仅有 30%的政府网站提供个性化服务推荐，40%的政务服务事项实现智能审批。在新时代背景下，政府仍应紧紧围绕人民群众需求，以技术创新为驱动，持续深化政务服务改革，不断提升政务服务效能。本章概述了我国数字化政务服务的发展阶段、特征及作用，构建了数字化政务服务有序运行的机制，运用案例分析的方法，分析了地方政府政务服务创新的路径、影响因素和多元化策略，以及在线政务服务的协同治理问题。

## 第一节 | 政务服务数字化的发展阶段、特征及作用

《政务服务评价工作指南》（GB/T 39735—2020）将政务服务定义为：政府部门及其授权或委托的其他组织行使行政权力、履行公共服务职责过程中提供的服务。政务服务事项包括依申请办理的行政权力事项和公共服务事项。行政权力事项来源于法律、法规、规章，体现"法无授权不可为、法定职责必须为"。公共服务事项除了来源于法律、法规、规章外，还来源于各类规范性文件的规定，各级政府、国有企事业单位及其他组织的公开承诺，以及提供的经常性、常态化、为群众认可的公共服务事项等。

政务服务数字化或数字化政务服务是指利用现代信息技术，特别是互联网、大数据、人工智能等技术，对政务服务的各个环节进行改造和升级，实现政务信息资源的共享和业务流程的优化。这一概念在21世纪初随着信息技术的发展而逐渐兴起，并在近年来得到快速发展和广泛应用。数字化政务服务不仅包括在线办理政务服务事项，还包括数据共享、智能审批、电子证照等方面，旨在实现政务服务的智能化、便捷化和个性化。

### 一、政务服务数字化的发展阶段

我国数字化政务服务发展经历了四个阶段：信息化阶段、网络化/一站式阶段、"互联网+政务服务"阶段、一体化和智能化阶段。

#### （一）信息化阶段（1980—1990年）

这一阶段是数字化政务服务的起始阶段，政府开始将政务服务从纸质形式转变为电子形式，采用计算机、传真等技术来处理政务事项。这一阶段主要实现了政府内部的信息化，包括政务数据的收集、整理和存储等工作。

#### （二）网络化/一站式阶段（2000—2010年）

随着互联网的发展和普及，政府开始将政务服务向外延伸，将政务服务与互联网相结合，实现政务服务在线化。1998年，青岛政府信息公众网最早开始在网上办事大厅推进一站式服务，并迅速扩散到其他地方政府。这一阶段主要实现了政府内部信息化与政务服务的外向网络化。网络化阶段也可称为电子公共服务阶段，其主要特征是政府信息的在线发布和电子政务系统的建立，使得公众能够通过电子渠道获取政府信息和办理部分政务服务事项。

在此期间，全国各地设立了6 148个政府网站，80%以上的省（自治区）、市的政府网站建立了在线服务窗口，使民众可以通过网络获取更多政府信息和服务。

在这一阶段，随着行政审批制度改革和电子政务的全面建设，政府开始注重服务的整合和优化，以实现更高效、便捷的公共服务。一站式服务作为电子政务服务的重要发展方向，旨在通过整合政府各部门的资源和信息，为公众提供一站式、全方位的政务服务。政府通过电子政务平台，将多个政务服务事项整合到一个平台上，实现统一受理、一窗办理、一次办结。公众可以通过电子政务平台，在线查询、办理各类政务服务事项，无须再到多个部门或窗口进行办理。因此，这一阶段的另一个特征是政务服务中心的建立和运行，公众可以在一个地方办理多个部门的政务服务事项，大大提高了服务效率和公众的满意度。一站式服务阶段的出现，标志着政府服务模式的转变，从分散的服务提供向集中、协同的服务转变。

（三）"互联网+政务服务"阶段（2014—2022年）

"互联网+政务服务"阶段是数字化政务服务创新的第三个阶段。"互联网+政务服务"，即"互联网+"进政府，指政府机构运用现代化信息和通信技术，将管理和服务进行集成，在互联网上进行优化重组，通过互联网进行信息采集、输送，体现了简政放权的理念，实现部门间数据共享，让居民和企业少跑腿，实现政务一次办好，节约了大量的人力、时间、资金。[1]"互联网+政务服务"作为互联网时代的特有产物，实现了政务服务与现代信息技术的有机结合，通过现代技术手段，搭建政务平台，构建完整、系统的现代化政务服务体系，使公民就业创业、证件申办等需求得到了更好的满足，有效地解决与缓解了人民日益增长的美好生活需要与当前社会发展不平衡不充分之间的社会矛盾，有利于社会进步与经济发展。

2014年2月，国家成立了"国家信息安全与信息化工作领导小组"，并正式启动了"互联网+政务服务"战略。在2016年的政府工作报告中，李克强提出，"大力推进'互联网+政务服务'，实现部门间数据共享，让居民和企业少跑腿、好办事、不添堵"。2016年，国务院发布了《关于加快推进"互联网+政务服务"工作的指导意见》，与有关政务公开、政务信息资源共享、智慧城市建设、大数据发展等方面的系列文件共同形成全面深化"互联网+政务服务"改革与发展的政策布局。这一阶段的一个重要特征是移动政

---

[1] 陈艺. "互联网+政务服务"视角下基层政府电子政务建设存在的问题及对策分析[J]. 产业与科技论坛，2020，19（04）：214-215.

务服务的兴起，公众可以通过手机 App、微信公众号等移动端，随时随地获取政府信息和办理政务服务事项。在这一阶段，出现了浙江"最多跑一次"改革和上海"一网通办"的创新实践。以地方政府的创新示范为实验参照，"互联网+政务服务"使得政务服务更加智能化、个性化，公众的参与度和满意度也得到了提升。

2018 年 6 月 10 日、7 月 25 日，国务院办公厅下发关于《进一步深化"互联网+政务服务"推进政务服务"一网、一门、一次"改革实施方案》的通知和《国务院关于加快推进全国一体化在线政务服务平台建设的指导意见》先后印发。2019 年，全国各地贯彻落实中央政策，大力发展建设政务服务平台，以国家政务服务平台为总枢纽的全国一体化在线政务服务平台建成。截止到 2019 年 12 月，32 个省级网上政务服务平台个人用户注册数量达到 2.39 亿人，较 2018 年年底增加了 7 300 万人。2018—2019 年全国一体化在线政务服务平台个人用户注册数量达到 2.39 亿人，较 2018 年年底增加了 7 300 万人。在疫情防控期间，全国一体化在线政务服务平台办理 378 万件，其中线上办理 133 万件，占比 35.2%。

《联合国电子政务调查报告 2020》显示，中国电子政务发展指数从 2018 年的 0.681 1 提高到 2020 年的 0.794 8，排名比 2018 年提升了 20 位，创下历史新高，达到全球电子政务发展"非常高"的水平。其中，作为衡量国家电子政务发展水平核心指标的在线服务指数上升为 0.905 9，指数排名大幅提升，国家排名位居第 12 位，在线服务达到全球"非常高"的水平。《联合国电子政务调查报告 2022》显示，中国电子政务发展指数（EGDI）得分从 2020 年的 0.794 8 提高到 2022 年的 0.811 9，全球排名第 43 位；"在线服务"指数上的得分相对最高，为 0.887 6，政务服务平台用户超 10 亿；上海作为中国城市的代表，在全球 193 个城市中排名第 10 位。

### （四）一体化和智能化阶段（2023 年至今）

在这一阶段，数字技术的发展，提供了用户多渠道的业务办理方式，用户可以从实地、网站、手机客户端等渠道进行事务办理，而且无论哪种渠道都可以进入处理流程中，即通过"端口"终端的多样化和同步性以实现用户对政务中心"有用性"和"易用性"的体验。在中国，一些发达城市或市辖区建立区、镇、村（社区）的三级政务服务中心（综合服务中心）或公共服务平台体系。在一些地方政府中，通过线下政务服务的整合和线上业务办理（政务服务网站页面和政务 App 客户端）的服务端口处理，实现了"线上线下"政务服务的整合。① 政府开始将人工智能、大数据等新技术应用到政务服务中,推动政务服务的智能化发展。公共服务的一体化使人们更加便捷地与公共部门互动,他们的疑惑和需求也能得到充分、全面的答复。② 各级政府开始利用大数据、云计算、人工智能等先进技术,对政务服务平台进行数字化升级,实现政务数据的共享和业务流程的优化。这一阶段的特征是政务服务的数字化、智能化和精准化,政府可以通过数据分析和挖掘,更好地理解公众的需求,提供更加个性化的服务。数字化政务服务和数据赋能阶段的出现,标志着政府服务模式的进一步转变。

## 二、政务服务数字化的特征和优势

### (一)政务服务数字化的特征

1. 全流程性

覆盖政务服务的全过程,包括信息收集、处理、传递和反馈等环节,可有效实现政务服务的全流程数字化、网络化、智能化。

2. 高效性

大幅度提高政务服务的效率,缩短申请人办事时间,降低政府办事成本,提高民众对政府所提供服务的满意度。

3. 透明性

政府服务的流程更加透明、公开,可以让公众更容易了解和参与到政府服务的过程中来。

4. 互动性

实现政府与公众之间的互动,促进信息共享、交流和沟通,提高政府计划和决策的科学性与民主性。

5. 自助性

公众可以在不需要人工干预的情况下,通过在线平台自主完成所需的服务事项,其是数字化转型的重要组成部分,能够推动政府工作的现代化和智能化。

---

①王长征,彭小兵.从"窗口"到"端口":地方政务中心的数字治理逻辑——基于 S 市的动态跟踪调查[J].电子政务,2021(10):81-91.
②United Nations. United Nations e-Government Survey 2016: e-Government in Support of Sustainable Development, New York, 2016. [EB/OL]. [2017-01-01]. https://publicadministration.un.org/en/research/un-e-Government-surveys.

## (二) 政务服务数字化的优势

### 1. 节约时间和经济成本

传统的政务服务需要居民或企业亲自前往相关部门，进行排队、填表、递交材料等，过程烦琐，费时费力，而数字化政务服务可以让用户在家中或者办公室就能完成各种行政事务，省去了路途奔波的时间和精力，减少纸质材料和人工环节，方便公众在任何时间、任何地点完成政务服务；降低政府的管理成本、运营成本、错误和纠错成本；提高政府服务效能，优化社会资源配置。此外，数字化政务服务还可以通过实现一次性提交多个申请、减少审批环节等方式进一步优化流程、节约各项成本。

### 2. 业务操作便捷快速

数字化的政务服务提供了更加便捷的方式，使居民和企业可以通过自己的电脑、手机等设备进行操作，不再受限于工作日和工作时间。数字化政务服务提供在线申请、网上预约、自助办理等功能，使得申请流程更加简单快捷，用户可以随时随地提交申请并实时查询办理进度。此外，数字化的政务服务还可以通过手机 App、短信、微信公众号等多种渠道为用户提供服务，满足用户的多样化需求。

### 3. 事务办理的智能化

通过先进的信息技术手段，如人工智能、大数据分析、自然语言处理等，电子政务系统可以自动完成一些烦琐的流程和任务，从而提高了服务效率和准确性。例如，自动化的税收申报和批准系统可以快速地处理大量数据，避免了手工处理过程中的错误和延误；还可实现一次性提交多个申请、减少审批环节等方式优化流程，实现一站式服务。借助数字技术，政务服务可实现多部门之间的数据共享和信息交流，避免了不同部门之间信息传递不畅和数据重复录入问题，提高了办事效率；可以帮助政府部门之间更好地协作，加强信息共享和沟通，提高决策的质量和效率。例如，土地管理信息系统可以帮助不同政府部门更好地协调土地资源的开发和利用，减少资源浪费。

### 4. 推动公共部门与企业和社会的合作创新

政务服务数字化可促进政府机构和公众的信息交流与共享，创新服务模式和方式，提高管理的科学性、精细化和规范化。数字化政务服务利用互联网和数字技术，为居民和企业提供更加便捷、高效的服务方式，这种服务方式本身就是一种社会创新；数字化政务服务推动了和公众之间的信息沟通和交流，改变了人们对部门的传统认知，让公众更加积极地参与到服务中来，改变了人们的传统思维。在数据应用方面，数字化政务服务产生的数据，可以通过开放数据接口等方式，让第三方机构和企业利用这些数据进行应用创新，带动整个社会的创新发展。

## 三、政务服务数字化的作用及发展趋势

### (一) 政务服务数字化的作用

1. 增强政府公信力和社会稳定

如前所述，政务服务数字化可以有效提高政府工作的公正性、透明度和服务能力，增强政府与公众之间的信任，维护社会稳定和谐。

2. 提高公共服务的质量和效率

政务服务数字化可大幅度提高政府提供公共服务的质量和效率，优化社会资源配置，减少资源浪费和不必要的工作流程与环节，为公众提供更好的服务体验。通过建立自助服务平台，公众可以随时随地在线完成如网上申报、预约、查询等政务业务，避免烦琐程序。大数据分析和人工智能技术，为公众提供更加个性化、精准的服务，例如根据公众历史数据进行智能推荐服务或者利用大数据分析公众需求，提前为公众提供相关服务。将政务服务的全流程电子化管理，从而实现全过程的在线跟踪、监管和反馈，避免了传统纸质文书办理中可能存在的丢失、错漏等问题，提高了服务质量和效率。实现信息的共享和协同办公，提高决策效率和科学性，为经济社会发展提供更加科学、有效的指导。政务服务的在线化、便捷化和高效化，为企业提供更加便利的政务服务，优化营商环境，降低企业运营成本，促进企业的创新和发展。

3. 推动政府治理体系与治理能力现代化

政务服务数字化可以提高政府的治理能力和服务水平，加强政府与公众之间的联系和互动，提高政府工作的透明度、责任感和执行力，帮助部门实现业务流程优化、信息化管理和科学决策，从而提高行政效率。政府部门可以利用电子政务系统实现信息的快速传递、统计和分析，提高数据处理的准确性和时效性。数字化流转促进部门之间的协作和信息共享，实现资源整合和互联互通，从而有助于更好地解决社会治理中的问题，如在卫生健康领域，数字化可以为医疗资源的调配和分配提供支持，优化医疗服务流程，提高医疗质量和效率。数字化政务服务还可以为公共安全和应急管理提供支持，促进城市管理和环境保护等领域的改善。此外，政务服务数字化可以促进与企业、社会组织等各方面的合作，形成共商共建共享的良好氛围，带动社会创新和发展，推动产业结构的升级和转型。

## （二）政务服务数字化的发展趋势

1. 更加开放

进一步拓展服务对象，扩大服务范围，加强政府与企业和社会的合作，增强公众对政府的信任和支持。

2. 更加智能

全面应用人工智能、大数据等技术，提升服务的智能化水平，提高服务质量和效率。

3. 更加便捷

优化服务流程，提高服务的便捷性和易用性，让公众更加方便快捷地获取所需服务。

4. 更加安全

进一步强化信息安全保障，建立健全数据管理机制，保护用户的个人信息和隐私安全。

## 第二节 ▎"互联网+政务服务"有序运行的机制

"互联网+政务服务"已成为政务运行的日常环境，其有序运行依赖于与公共治理的核心理念和创新实践相一致的具体运行方式的确立。"互联网+政务服务"的核心机制是价值、制度与工具手段的结合，其价值取向与选择构成了内在的运行规则和外在的服务标准，其制度与工具手段的结合，涉及有效的绩效评估及其责任机制。"互联网+政务服务"的运行规则、服务标准和评估体系构成了一个有关"互联网+政务服务"有序运行的约束、激励和保障体系，可及时将因行政体系要素缺陷可能导致的矛盾问题尽早解决，并推动"互联网+政务服务"在政务创新和治理变革中发挥积极作用。

### 一、"互联网+政务服务"的运行规则

数字政府背景下的政务服务需要遵循一定的价值规范和行为准则以保证行为的方向性与理性，这构成了"互联网+政务服务"的运行规则。当前，"互联网+政务服务"的重点已经由基本服务提供向政务业务大范围的协同共享转移，向数据资源的深度开发利用转移。如何实现"互联网+政务服务"与政府改革和政务创新更好地结合，如何将"互联网+政务服务"实践者的关注重点真正转移到应用深化、价值创造和服务能力提升上来，既已构成关系"互联网+政务服务"有序运行的核心问题，也成为其运行的基本遵循。

（一）以行政能力与责任为中心

作为信息技术驱动的政府治理创新，"互联网+政务服务"体现为信息技术的价值理性和工具理性、公共行政的核心理念与政务创新实践之间的互动与融合。"互联网+"的技术理性前置，使"互联网+政务服务"必然要关注行政效率与能力的提升；"政务"的限定性，则决定了"互联网+政务服务"所意蕴的科学原理和技术理性必须要服务于政务服务的合法性来源——对公共价值的承诺。行政效率和能力是"互联网+政务服务"的出发点，而责任则是其目标和归宿，但行政能力与责任之间并不存在线性的对应关系，"互联网+政务服务"在运行中仍要基于特定环境对价值和实践取向进行选择，在国民经济和社会发展的主要任务、公共行政改革与服务型政府建设，以及民主法治建设之间的互动与博弈中达到一个理性的均衡。在宏观层面，"互

联网+政务服务"对政府履行职责能力的支撑,要从支撑一个个部门和一个个业务,转向对政府整体履行职责能力提供完整的信息技术支持和政务运行支持。在微观层面,"互联网+政务服务"的运行要在现行支撑各个部门的具体业务的基础上,转向对业务本身的支持。"互联网+政务服务"运行的内容设计,在实践中,要注重治理理念、技术理性对政务过程的深度嵌入,与政府治理现代化和功能重构同步,加快流程重组,支持从流程再造到标准化流程再到互通化流程的转化路径,固化变革的成果,并以服务精神塑造"互联网+政务服务"运行在负责任的政务创新和公众参与中的角色。

（二）注重整体的平衡和协调

公共部门的环境依赖理论认为,在一个环境中运行良好的单个技术在另一个环境中可能会一败涂地,重要的是既要考虑工具或实践,也要考虑运用工具或进行实践的环境背景。"互联网+政务服务"有效的环境适应性,首先,是将国家（地区）需要、政府部门的能力和资源,以及公民需求和满意等因素结合起来,在政府能力、经济社会基础和公众需求之间保持均衡。其次,"互联网+政务服务"的运行还要注重效益与成本的平衡。"互联网+政务服务"的快速发展产生了很多好处,同时也为公共部门增加了成本,这使得它必须"要依赖良性循环的发展机制,业务效益不仅要大于所需要的经费支持,而且要能形成扩大再生产的良性循环"①。公共管理者需要深入探讨经济和社会发展中的瓶颈问题究竟是什么,公众最需要什么,然后围绕这些问题,再考虑政府有什么资源,量力而行地发展"互联网+政务服务"。最后,要把握立足当前与适度超前的平衡。"互联网+政务服务"已经时时刻刻地与公民、企业、政府公务员发生着直接而密切的关系,应当首先专注公众最关注的、经济效益明显的领域；同时,也要适度超前,尤其在网络架构和组织体制上,具有必要的可扩展性和弹性。

（三）实现集约化的运行

共享与协同既是信息网络技术的内在特征,也是"互联网+政务服务"变革政府管理的潜力所在。加强"互联网+政务服务"运行中的信息共享和政务协同必然要走集约化运行之路。一方面,应当加强现有"互联网+政务服务"系统的统一管理和协同共享。就目前来说,尽快建立"互联网+政务服务"的统一网络平台、数据交换体系；建立"互联网+政务服务"跨部门、跨地区协同应用体系；围绕应用需求,实现更大范围、更高程度的系统整合、信息共享和业务协同,这些都是重要的任务。政府也亟待转变观念,克服部

---

① 胡小明.让电子政务更加脚踏实地：以经济学视角回顾电子政务[J].电子政务,2012(2-3)：77.

门利益的障碍，在开发新项目时首先寻求解决方案和现有基础设施的共享，而不是为每个新项目都添置新的基础设施和系统。另一方面，需要积极运用技术创新的最新成果，推进"互联网+政务服务"公共平台向大数据和云计算模式转移。"互联网+政务服务"的大数据和云平台的工作模式是一种集成的应用：一方面是统筹利用已有的基础设施、数据、应用支撑等资源，实现资源的全面共享；另一方面是按照"业务与平台分离"的原则，集约建设和按需使用平台资源，从原来的需求分析、规划设计、建设、运行维护，转变为由政府部门提出服务要求，由服务商加以实现的新模式。

（四）在运行中发展：不断检验"互联网+政务服务"的能力、经验和问题

任何技术都存在缺陷，完美的治理并不存在。当前，没有任何迹象表明"互联网+政务服务"引起的政务创新和政府改革有递减的趋势，"互联网+政务服务"的发展必将随着信息技术进步和公共行政改革所创造的需求不断前行。一方面，要实现技术创新与政务创新的协同。信息通信技术的进步本身仍处于"峰聚期"，各种新技术层出不穷，如人工智能、大数据、移动互联网、云计算、物联网、地理信息技术等，它们对"互联网+政务服务"发展将产生深远影响，不仅创造了新的需求，也为实现"互联网+政务服务"模式的创新和新的转型提供了一种可能。在这一背景下，要将信息技术的最新成果与公共行政体制改革和服务型政府建设的需求结合起来，推进"互联网+政务服务"的运行与发展，将技术创新融入政务创新，用政务创新引领技术创新。另一方面，要注重培育诱致性的制度变迁。根据新制度经济学理论，制度变迁有两种形式，强制性的和诱致性的。强制性制度变迁是通过政府推动、法律及政策实现的，其根源是统治者的偏好、有限理性、意识形态、利益。诱致性制度变迁是由公民团体在有获利机会时自发倡导、组织和实现的，其根源是制度选择集合的改变，技术、产品的相对价值的变动等。强制性制度变迁可以在短期内取得成效，但其演进可能会产生强力的路径依赖，陷入错误路径而导致恶性循环。现有"互联网+政务服务"的知识与经验还未成熟到可以支持宏大改革方案的程度，许多地区的经济社会发展也未达到全面的制度变革的基础条件，强制性的制度变迁缺乏稳定的动力源，并潜存巨大的危险，在发达的经济环境和相对成熟的制度环境中，通过激发政治主体的创新活力和创新自主权，可以弥补强制性制度变迁的缺陷，防止"互联网+政务服务"方向的偏离。

## 二、"互联网+政务服务"的服务标准

"互联网+政务服务"必然要承载公共价值,这就提出"服务标准"的问题。"互联网+政务服务"的服务标准既是一个规范性命题,也是一个实践性问题,其具体内容是在多元价值和现实需求相互平衡的基础上建构的规范性框架和衡量准则。

### (一)有效提升公共服务的效率和能力

经过二十余年的信息化发展和电子政务建设,已有95%以上的政务核心业务在信息系统的支撑下运行,离开信息系统和"互联网+"的支持,政府职责履行几乎不能实现。随着信息网络环境日益成为政务运行的日常环境,"互联网+政务服务"在政务服务提供中的作用日益凸显。"互联网+政务服务"已经成为政府提供公共服务的基本途径,它就必然面临一个管理科学的问题,即量的问题、成本效益的问题,必须要将能否有效提升公共服务的效率和能力作为首要的衡量标准。对于何为公共服务效率,可以从两个方面衡量:一是纵向上的比较。对于具体的"互联网+政务服务"业务或项目,可以通过"互联网+政务服务"实施前后的长期或短期的政府服务效率变化来评测其有效性。二是横向上的比较。可以通过比较不同的政府部门、不同的政府层级、不同区域的效率,考察不同的"互联网+政务服务"对于提升公共服务效益的差异。"互联网+政务服务"也可以创造新的公共服务需求,这就不仅仅是效率的问题,也是能力的问题,譬如政务微博、政务微信、政府网站上的公共论坛、领导邮箱等多种形式的服务提供,已经涉及公民权和民主方面的改进,这可以表现为一种新的服务能力,对于公共管理具有深远的意义。

### (二)促进公共服务的标准化和精准化

"互联网+政务服务"对公共服务的作用不仅仅是经济合理性和行政有效性的问题,还有信息技术的技术理性与公共管理的核心价值,如公平、法治、服务等,相互嵌入而产生新的运行规范与标准。一方面,标准化是提高公共服务质量的重要途径。标准化影响着效率,因为一项服务产出被标准化的程度越少,就越难测量其服务效率。标准化也会影响公平,因为一项服务无法用标准单位测量的时候,就更难确定类似条件的用户所接收的是不是同样的服务。以政府职能和业务功能为基础,以"便民"为核心理念,梳理和再造业务流程,实现其程序的"刚性化"和流程的"节点化",是"互联网+政务服务"的重要内容和规则,可以实现公共服务的规范化、促进均等化,并增强对行政权力运行的约束,减少腐败。另一方面,随着现代社会政治、经济、

技术等各种情况的日益复杂而多变，公共管理面临的问题也呈现出多样化的增长。公共服务精准化要求政府提供服务要更具"匹配性"，不仅是对公民个性化、差异化需求的回应，也是对政府更积极主动地发现和解决治理问题，增强服务的科学性和预见性的要求。"互联网+"与精准化有着天然的契合性，"互联网+政务服务"运行也是数据运行的过程，基于数据收集、分析和挖掘，"互联网+政务服务"本身不仅要形成精准化服务的基础和能力，还要为公共服务精准化做出独特的贡献。

### （三）构建"公民中心"的公共服务

在治理的时代，公民和政府的角色都在发生变化，"以前公民的角色只是服从，而没有介入的余地；现在公民的角色正向参与和赋权变化。政府的角色同样也在变化，从代表公民利益，或者表达公众意愿，到提升公民权利和公共讨论，以及强调公共利益"[①]。"互联网内嵌着像自由、共同体、平等、利他主义和民主等价值"[②]，在信息网络时代，"信息的撒播正在创造一个新的权力结构：'处处是中心，无处是边缘。'"[③] "互联网+政务服务"将互联网的工具特性和价值隐喻与治理视野下政府与公民关系转换结合起来，推动构建一种以公民为中心的公共服务。"现实政务+互联网，考虑的是互联网的工具理性带来的效率，两者之间发生的是一种物理变化。互联网+现实政务，考虑的是互联网的价值理性增进的效益，两者之间发生的是一种化学变化。"[④] "互联网+政务服务"要通过科学的服务流程、丰富多元的服务渠道，以及智能化、人性化的服务创新，"构建起一整套公开透明、高效便捷的政务服务体系，让群众办事更方便、创业更顺畅，让亿万人民在共享互联网发展成果上有更多获得感。"[⑤] "互联网+政务服务"要以"同等关注和尊重"对待所有公民，不仅要关注服务资源整合，提高服务的个性化和多样化水平，还要保证服务的适用性。在网络平台，操作方式、信息构建等方面都要符合对象属性，实现人本化的服务。每一项"互联网+政务服务"是否反映了公共精神，强调透明和参与，注重对公民的回应性，最终是否提升了公民对政府服务的满意度，增强了公民对政府的信任，是判定"互联网+政务服务"价值的前提和基础条件。

---

[①] Bourogn, J. Responsive, Responsible and Respected: Towards a New Public Administration Theory [M]. IIAS's Braibant Lecture, Brussels. Belgium: IIAS, 2006: 56.
[②] May, C. The Information Society: A Sceptical View [M]. Cambridge: Ploity Press, 2002: 25.
[③] [美] 保罗·莱文森.数字麦克卢汉 [M].北京：社会科学文献出版社，2001：8.
[④] 刘红波，汪玉凯.互联网+政务：驱动社会治理创新 [N].光明日报.2015-08-24（11）.
[⑤] 孟庆国.数字化政务服务让人民更有获得感 [N].光明日报，2016-10-11（6）.

### (四) 保证服务的安全性与可靠性

更为开放的政府和更为安全的数据已成为全球面临的共同问题与挑战。如何寻求两者间的平衡与共赢，是"互联网+政务服务"面临的挑战。"互联网+政务服务"更注重公共服务前台交互功能的提高和后台业务的整合，因此，信息安全也就应集中于如何加强对公众个人信息和互联互通业务的保护。就目前来看，评估安全形势，推进政府电子认证、保护个人信息等是大多数国家的网络安全工作重点。此外，增加安全预算，更新网上认证，出台针对政府的信息安全法律、标准和指南，加强部门间在信息安全方面的协同合作已成为新的趋势。不容忽视的是，安全性也是一柄双刃剑。一方面，安全性可以成为政府扩大对公民监控、侵犯公民隐私权的理由。另一方面，安全性可以成为"互联网+政务服务"扩展的障碍。出于自身的利益导向，"政府机构总是倾向于以国家利益的名义，随意地扩大保密的范围"①，同样的问题也出现在信息安全上，很多人讨论信息安全政策时只看到泄密带来的损失，看不出过度保密措施给服务效率下降带来的损失，因此，"互联网+政务服务"的安全性和保密性都存在一个"度"的问题，需要在安全与效率、保密与公开之间达到一个理性的平衡。

## 三、"互联网+政务服务"的评估与问责

"互联网+政务服务"的深入推进，需要评估和问责体系为其提供制度支持。"互联网+政务服务"评估的价值标准是价值理性和工具理性的统一，内容构成兼具组织价值、经济价值和社会价值，评估指标选择应从政治支持、信息透明度、可量化程度、评估的目的、评估的开放性，以及制度化水平等六个方面综合考量。"互联网+政务服务"的问责机制包括公民参与的社会问责、基于政务运行管理的行政问责、面向项目评估的绩效问责等三个方面。"互联网+政务服务"的评估与问责密切联系、互为条件，从确立以公众满意度为中心的评估问责导向、加强评估与问责的主体和内容的整合、完善评估问责的制度化建设等三个方面着力，推动两者之间的制度协同，形成相互促进的互动态势。

"互联网+政务服务"已经构成政务运行的日常环境和政府管理的组成部分，成为提高政府服务能力、提升政府公信力的重要途径。随着政务服务"一网通办"和"一体化在线政务服务平台建设"的推进，深入推进"互联

---

①国家软科学项目《未来十年中国电子政府的发展与对策研究》课题组.政务对策：通过电子政务引领政府改革[J].电子政务，2004 (9-10)：55.

网+政务服务",发挥其在数字政府、数字中国、智慧社会建设中的推动作用,并增强对公共管理创新和绩效提升的支撑作用,需要运用制度工具为其确立导向并注入发展动力。绩效评估与问责体系的构建,能够为促进"互联网+政务服务"的绩效改进与质量提升提供制度保障,并催生基于技术驱动的政务创新有益实践,创设推进"互联网+政务服务"新的发展模式和途径。

## (一)"互联网+政务服务"的评估指标

"互联网+政务服务"是"政府创造性地运用互联网为公民和企业提供政务服务",它"不是将线下的政务服务简单照搬到线上,而是意味着一场深层次的政务服务革命"[①]。随着"互联网+政务服务"日益成为政府公共服务的重要渠道,其运行绩效日益凸显,不仅关系到现有网上政务服务平台的合理性,也关系到深入推进"互联网+政务服务"的未来图景。绩效评估是推进政府有效治理的重要手段。[②] 由于"在整个绩效评估过程中,指标体系是最为核心的部分,是绩效评估能否达到全面、客观、准确的关键所在"[③],因此,要实现"互联网+政务服务"有效的绩效管理,首先要建构科学的评估指标体系,建构全方位、多层次,涵盖"互联网+政务服务"运行过程和全部结果的指标内容,并依据评估环境和对象的不同,在评估维度的两极连线中找到适当的平衡点,进行具体的指标选择的科学过程。

### 1. 评估指标的价值标准

绩效评估必须体现公共价值,因为"行政权力的受任者绝不是人民的主人,而只是人民的官吏"[④],绩效评估正是基于委托代理关系,实现人民对政府权力控制的重要手段。"互联网+政务服务"在本质上是公共权力行使的过程,其绩效评估就应当同样反映公共价值。"绩效评估具有价值理性和工具理性的双重性,两者是辩证统一的。"[⑤] 一方面,从组织管理的角度来看,"互联网+政务服务"首先是提升政府服务能力的一项工具,应有助于提升公共服务的经济、效率与效益,这反映了它应具有的技术能力,也即运行的有

---

[①] 马亮.国家治理、行政负担与公民幸福感——以数字化政务服务为例[J].华东理工大学学报(社会科学版),2019,21(1):77-84.
[②] 杨慧,田红红.数字化政务服务背景下政务公开绩效评估创新路径研究[J].现代管理科学,2018(8):67-69.
[③] 卓越,孟蕾,林敏娟.构建整体绩效管理框架:西方政府绩效管理的新视点[J].中国行政管理,2011(4):26-30.
[④] Jørgensen T B, Bozeman B. Public Values: An Inventory [J]. Administration & Society, 2007, 39 (3): 354-381.
[⑤] 陈国权,王柳.基于和谐社会构建的政府绩效评估[J].公共管理学报,2005(4):7-12.

效性问题。另一方面，对于民主政府而言，"我们所需要的不是技术能力本身，而是由公众及其授权的代议机构所界定的服务公共福利的技术能力"①，因此，"互联网+政务服务"必须是以实现公共利益为导向的，必须非常注重透明性、回应性、问责性、包容性、公民的满意度等治理的重要元素，以进一步补充法治和"3E"（节约、效率和效能）的价值。

2.评估指标的内容构成

"互联网+政务服务"的核心要义是促进互联网与政府公共服务体系的深度融合。② 对政府而言，"互联网+政务服务"推动数据共享、业务协同和流程再造。"互联网+政务服务"还强化公众参与度，提升公民满意度。有学者认为"互联网+政务服务"推动改革的绩效可以从经济效益、社会效益两个方面衡量，经济效益重点考察"互联网+政务服务"的经济赋能作用，社会效益重点考察上级政府、社会媒体、群众企业关注程度和评价③。依据"互联网+政务服务"的受众，它可以具有三个方面的目标价值，即组织价值、经济价值和社会价值。作为政府管理的"互联网+政务服务"，目标价值是组织价值，即提高政府的管理和服务能力，减少腐败和提升形象，它既关注网上政务运行的行为，也关注对政府管理所产生的效果。面向公共服务的"互联网+政务服务"，目标价值是社会价值，即提供便捷实用服务，增强透明性、公平性，加强隐私权等公民权的保护，以及参与式治理和民主。作为项目委托—代理的"互联网+政务服务"（即政府将"互联网+政务服务"项目的全部或部分技术功能委托给外包合作商），目标价值是经济价值，即"互联网+政务服务"技术建设的资金投入与相应的时间成本和行政管理成本的降低（减少）的比例关系。一般来说，"互联网+政务服务"兼具这三个方面的价值，因此，其评估指标涉及内容就比较广泛，包括经济、效率、成本效能、回应性、全面影响力、程序性公正、民主参与带来的合法性等，与这些规范的目标价值相对应的评估指标可以归纳为六个方面，即工作量或产出（"互联网+政务服务"覆盖率与实际利用率）、单位成本与效率、结果或有效性、服务质量、公民满意度、民主参与度，每一方面的指标内容都可以包括若干细化的指标内容，需要针对不同的评估对象和目标进行组合。

---

① [美] 赫尔曼·芬纳.民主政府的行政责任 [C] //颜昌武，马骏，编译.公共行政学百年争论.北京：中国人民大学出版社，2010：17.
② 周民，贾一苇.推进数字化政务服务，创新政府服务与管理模式[J].电子政务，2016（6）：73-79.
③ 翟云.整体政府视角下政府治理模式变革研究[J].电子政务，2019（10）：34-45.

3. 评估维度与指标选择

"互联网+政务服务"评估的内容广泛，但具体的选择是一个高度具象化和具有实践导向的过程，可以依据以下六个维度的参数进行分类选择和评价。一是评估的政治支持。绩效评估要避免流于形式，或者陷于自娱自乐的困境，很重要的一个因素就是获得重要的政治支持，必要的公共资源和授权是评估有效进行的一个前提，对于深层次的政府权力和利益的评估指标，没有系统的支持几乎是不可能的。二是信息透明度。评估指标所涉及的信息具有多大的可获得性是评估指标的一个重要标准。三是评估的可量化程度。评估指标既可以是量化效果的评价，也可以是以价值为基础的评价。四是评估的目的。评估是为了评"互联网+政务服务"的发展水平，提高运行的效果，还是为了某一具体项目的启动、改进或终止，每一个评估的目的都蕴含着相应的对评估结果的使用的设计。五是评估的开放性。评估的过程和结果是公开的，还是局限在政府部门或评估机构之中，这影响了评估指标选择是基于学术知识或实践经验，抑或公民需求。六是评估的制度化水平。评估是一些怀有良好愿望的公务员的积极努力所创造的管理措施，还是具有法定效力的制度构建，决定了评估指标具有多大的稳定性。对于评估指标选择来说，每个维度都非常重要，它是评估机构在构建评估指标体系所必须要考虑的因素，也是衡量评估指标科学性和可行性的重要依据。

总的来说，"互联网+政务服务"有序运行的核心机制是从制度视角分析有关"互联网+政务服务"当前和长远发展的重大问题。这里所提出的三个方面问题，运行规则是"互联网+政务服务"运行管理及其与政府关系建构的重要遵循，服务标准界定了服务导向的"互联网+政务服务"运行的衡量标准，评估体系表明对于"互联网+政务服务"发展进行有效制度激励和制度约束的重要性。这些核心机制将成为保障"互联网+政务服务"有序运行的关键，成为未来的重点。当然，"互联网+政务服务"有序运行涉及政府管理的方方面面，具有相当的复杂性，在一定意义上，我们面对着"制度剩余与制度匮乏"的双重困境，仍有大量现实的、可操作性的，须依据实践确认的问题需要思考和解决。

(二) "互联网+政务服务"的责任机制

问责是现代责任政府的产物，因为责任政府的理念认为，所有的政府都应该以某种机制促进和确保行政问责的良好运行，但"基于人类的本性，人们不会主动去承担行政责任"①,因此,问责主要是一种强制手段,是对公共管理者加以纠正和惩罚的安排,在这个意义上,问责是自由行使权力和权威所要付出的代价。"数字时代,政府不再是公共权力和相应制度安排的唯一提供者,而是与各种平台化和生态化公共空间共同提供行动的规范。"② "互联网+政务服务"作为政府提供公共服务的重要途径和方式,必须要承担对公共责任的要求。基于"互联网+政务服务"在行政体系和政务运行中的角色和作用,其问责机制可以从以下三个方面来构建:

1. 公民参与的社会问责

"互联网+政务服务"要保持它在回应公民需求和扩大公民参与等方面所具有的卓越可能性和多功能性,就必须要构建社会问责机制。社会问责作为行政问责的一个组成部分,使政府能够受到更广泛的社会监督,并更好地体现为人民服务、向人民负责的本源。面向公共服务是"互联网+政务服务"最重要的特征,而且"从不同途径建立的问责机制,其'问责链'(Accountability Chain)只有与公众紧密结合起来,形成闭环效应才能有效运转起来"③,"互联网+政务服务"必须发挥它在与公民无界限沟通方面所具有的独特优势,通过网络化的意见表达机制,如政府网站和大众媒体,将公民参与扩展到"互联网+政务服务"的方方面面。"互联网+政务服务"的社会问责要将网络问责作为自己的核心机制。政务微信和微博、政府网站的公共论坛、网上投诉、社会化媒体、网上评议政府等新兴参与渠道不仅作为一般意义上的行政问责的重要途径,更应该成为评价"互联网+政务服务"绩效的最重要的问责手段。

2. 基于政务运行管理的行政问责

"互联网+政务服务"面临的制约因素,既包括信息共享难、业务协同难、数据不兼容等基础性问题,也包括政府互联网思维与能力不足、组织协同和业务整合不力、资源获取不均衡等政府治理深层次问题。④ "互联网+政务服务"运行管理的行政问责作为行政机构内部控制的一个组成部分,既需要融入一般性的组织管理的问责形式,也由于其技术性特点,体现出自身的特色。一方面,"互联网+政务服务"的行政问责是组织上级对下级,或者行

---

① [美] 格罗弗·斯塔林.公共部门管理[M].8版.常健,等,译.北京:中国人民大学出版社,2012:134-135.
② 李齐.数字时代的权力生产与政府责任[J].中国行政管理,2019(11):75-81.
③ 杨君.政府年度工作报告:官员问责机制的一个新视角[J].中国行政管理,2011(4):7-11.
④ 费军,贾慧真,王荣荣.国家治理现代化背景下"互联网+政务"思维与路径策略性研究[J].电子政务,2016(8):111-118.

政领导对"互联网+政务服务"管理者和操作者施加的控制,遵循的是计划和规则,并通常采用预算控制、绩效评定、人事权力,或者执行权威重组机构的工具和手段。另一方面,"互联网+政务服务"的行政问责要面向信息系统运行的专业责任,包括技术系统的合理性,"互联网+"与"政务"的结合,以及"互联网+政务服务"与政府创新的协同等方面内容,它反映了"互联网+政务服务"运行所应用的技术手段是否合理,在技术能力与政府需求之间是否做到了平衡,以及是否最有效地发挥和运用了它的技术能力等。

3. 面向项目评估的绩效问责

"互联网+政务服务"的建设和运行也是一个科学管理的过程,特别是由于新的技术形式不断涌现,以及对已有系统和平台的整合与改进仍有大量工作要做,"互联网+政务服务"涉及大量有关服务平台和资源设施的项目管理。基于项目评估的绩效问责经常是与"互联网+政务服务"的项目评估结合在一起,可以由独立问责机构(如审计)、人大、政府机构、相关人员组成的临时机构,或者政府与第三方机构联合进行,问责的内容主要是项目的建设和运行是否按照计划进行、是否取得预期效果、有无发生腐败行为等。基于项目评估的绩效问责的一个重要因素就是信息的透明度,因为当项目运行在本质上不是很透明时,问责就难有保障,这要求问责主体要保持对项目信息的有效掌握。同时,问责主体还要对项目风险进行预测,以避免大的损失,并通过问责实现绩效的持续改进。

"互联网+政务服务"涉及的领域非常广泛,几乎很难对其整个行为过程进行"监视",每种监督方式都有其局限性。责任问题也极其复杂,公共管理者在大多数情况下不仅必须要满足几个不同的潜在授责方,同时还要符合适当行为的不同标准。责任还存在成本,我们也需要面对"多大的责任心就足够了?自由裁量与责任间的合理平衡点在哪里?在什么情况下,问责制的成本大于收益?"等诸类问题,这都需要公共管理者依据具体的环境进行制度设计与抉择。政府问责建设的目标是构建一个较平衡的、全面的"问责体系",这不仅是将多种问责机制恰当地组合为一个"问题体系",还取决于将它与一个地区的社会和政治的关联视为一个体系。

(三)绩效评估与问责的制度协同

美国学者小威廉·T·格姆雷(William T. Gormley Jr.)和斯蒂芬·J·巴拉(Steven J. Balla)认为,事实上,"责任和绩效是评判政府机构的两个主要标准,尽管这两个标准在某些方面有区别,但却相互离不开对方"①。尽管不是所有的评估都可以用来问责,但毫无疑问,许多评估结果可以成为问责的依据,"绩效评估和行政问责两者在内在理念、实现机制、现实功能方面存在着相似性与趋同性"②。对各级政府、政府各部门"互联网+政务服务"的运行情况进行评价不是评估的最终目的,而是借以促使政府更好地履行职责、提高治理水平。"互联网+政务服务"最直接体现的是政府的服务精神和能力,因此其基本导向是"结果为本"的,这包括效率、控制腐败,但更主要的是公民的满意度,间接体现为政府能力、质量和形象的提升。基于此,"互联网+政务服务"绩效评估与"问责制从政府的被动应对转化为政府积极的认识和主动的要求"③的发展趋向具有内在的契合性,两者应呈现出彼此推进的互动态势。

1. 以公众满意度为中心的评估问责导向

"互联网+"政务服务将政务服务与互联网这一载体有机结合,要"构建起一整套公开透明、高效便捷的政务服务体系,让群众办事更方便、创业更顺畅,让亿万人民在共享互联网发展成果上有更多获得感"④。"公众和企业的需求是影响政府'互联网+政务服务'能力的重要外部驱动要素"⑤"如果政务服务网站不能被公众广泛使用,那么政府在建设电子政务中投入的大量资金将很难获得应有的回报,也无法实现发展电子政务的目标"⑥"互联网+政务服务"在根本上是以满足公民需求为导向的,其关注点不是投入和组织效率,或是规则,而是服务能力,主要方法和途径在于服务标准的规范、服务流程的优化,以及服务渠道和服务方式的创新。在绩效评估和问责的体系建构和制度建设中,要贯穿"公民中心""结果为本""责任行政"的共识理念。一是确立以优质、高效的服务来满足公众的需要,增强政府对公众需求的回应力的评估理念。这有利于建立起政府与公众的直接责任关系,明确绩效评估与问责的责任和目标。二是"结果为本"的理念。通过绩效评估结果

---

①[美]小威廉·T·格姆雷,斯蒂芬·J·巴拉.官僚机构与民主:责任与绩效[M].俞沂暄,译.上海:复旦大学出版社,2007:197.
②陈巍,盛明科.政府绩效评估与行政问责的制度整合[J].湖南师范大学社会科学学报,2012(2):73-76.
③王柳,陈国权.论政府问责制与绩效评估的互动[J].国家行政学院学报,2007(6):22-25.
④孟庆国.数字化政务服务让人民更有获得感[N].光明日报,2016-10-11(6).
⑤王法硕.省级政府数字化政务服务能力的影响因素[J].东北大学学报(社会科学版),2019,21(2):173-179.
⑥李洁,郭雨晖,韩啸.数字化政务服务何以提升公众采纳行为?[J].电子政务,2019(8):103-116.

运用所产生的激励和约束力，推动政府履行责任。三是政务服务旨在促进公共利益最大化的公共责任理念。评估和问责的共同目的在于推动政府重塑职责使命，满足公众对公共服务的需求，促进公共利益的最大化，而不是追求自身利益的最大化。

2. 加强评估与问责的主体和内容的整合

目前，还很少有面向"互联网+政务服务"绩效评估与问责的实证性成果，已有的研究和实践，主要是关于电子政务建设，大部分是针对政府网站评估进行的探讨。与传统电子政务或政府网站绩效评估不同，"互联网+政务服务"评估与问责具有明显的"微观"和综合性相统一的特征。一方面，"互联网+政务服务"的评估与问责必然面向具体的政务应用，针对每一项服务的效果；另一方面，"互联网+政务服务"的内容涉及广泛，"'互联网+政务服务'发展背后的技术-制度网络卷入了大量的政府内部即不同部门参与方"[①]，政府网站、政务微博和微信、政务大厅、服务网点等，其前端所体现的服务能力，背后需要大量基础条件的支撑，如政务信息共享、信息和数据服务体系、网络基础设施，以及标准和规范建设等。这些特征使"互联网+政务服务"在评估问责主体和内容建设上具有高度的一致性。其一，评估问责主体的多元化。在电子政务和政府网站评估中，公民参与评估、第三方机构评估、政府与社会组织合作评估，已经进行了很好的实践，但关于政务服务问责，仍主要是同体问责。"互联网+政务服务"评估问责要将两者整合起来：一方面，以绩效评估来推进行政问责，包括上级对下级、专门行政机关对行政人员的问责；另一方面，以"互联网+政务服务"绩效的外部评估来增强问责主体的多元化，包括基于民意调查的问责、人大的问责等。其二，评估问责要建立内容体系的共享平台。"互联网+政务服务"的目标和重点与绩效评估的主体内容和问责重心应当是一致的。评估要基于问责实现，问责要有助于实现评估的目的，两者要相互支撑。

3. 完善评估问责的制度化建设

对于"互联网+政务服务"而言，绩效评估的制度化为行政问责的制度化提供了共享平台，而问责为绩效评估提供了保障，两者应在互动中共同发展。第一，应建立"互联网+政务服务"数据管理制度。数据是绩效评估的事实依据，作为信息技术支撑的政务运行方式，"互联网+政务服务"评估与问责高度依赖于数据的收集和分析。要建立"互联网+政务服务"数据管理

---

[①] 李鹏, 王欢明, 马永驰. 数字化政务服务技术——制度网络及治理启示[J]. 中国行政管理, 2019 (3): 111-117.

系统，健全绩效信息共享机制。第二，以绩效评估整合问责资源。"政府责任一般划分为四种类型，即政治责任、官僚责任、公平责任和绩效责任。"[1]绩效评估对这四种类型的问责均有涉及，要通过绩效评估整合不同类型的问责主体与实践。第三，建立基于问责的绩效评估制度。"互联网+政务服务"绩效评估可以通过"负强化"和"正强化"两条途径实现，但如果没有"负强化"的强制力和约束力，"正强化"往往易于流于形式，应以问责为导向建构"互联网+政务服务"绩效评估体系，并通过评估实现问责内容和结果的具体化。第四，以参与性评估推动民主问责的发展。民主和法治是政府问责的两大基石。强调公民中心，注重对公众需求的满足是"互联网+政务服务"最重要的特征。通过绩效评估与问责的共建共享，必须努力实现评估的开放性和参与性。参与和开放的评估增强了评估问责的合法性与科学性，并有助于确保"互联网+政务服务"对公民需求的回应，监督评估结果的运用与反馈，也搭建了社会与政府对话以及政府回应的平台，扩大了"互联网+政务服务"持续改进的民意基础和发展空间。

互联网在政府提供公共服务中的应用已经进行了二十余年，但"互联网+政务服务"还是一个"新"的概念，与电子政务建设相比，"互联网+政务服务"更强调面向公共服务和服务型政府建设的视角，体现了信息技术在提供公共服务以及派生出更好的公共服务方面所具有的卓越可能性。"互联网+政务服务"的深入推进，不仅要关注信息技术持续创新所带来政务创新的可能性，更要重视自身的制度建设，"互联网+政务服务"的评估问责是对电子政务绩效评估的发展，构成了政府绩效评估与问责的一个重要的领域和内容。

---

[1] 彭国甫，陈巍.政府绩效评估问责功能的形成机理与实现途径[J].湘潭大学学报（哲学社会科学版），2009（1）：7-13，61.

## 第三节 ▎地方政府政务服务创新的路径

随着信息技术的飞速发展和公众对高效便捷政务服务需求的日益增长，地方政府政务服务改革与创新成为提升政府治理能力和公共服务水平的关键。然而，目前我国地方政府政务服务创新还面临诸多挑战，如地区之间发展不平衡、跨地区政务服务通办尚处于初步阶段、政务服务的可持续创新动力不足等。通过对地方政府政务服务创新的历程、特征、实践和路径进行分析，揭示政务服务创新的内在规律和成功关键因素，能够为地方政府政务服务创新提供理论支持和实践指导。

### 一、地方政府政务服务创新的理论视角

政务服务创新是指在政务服务过程中，通过引入新的理念、方法和技术，对服务内容、服务方式和服务流程进行改进和优化，以提高服务质量和效率，满足公众不断变化的需求。政务服务创新不仅包括技术创新，如利用大数据、云计算等新兴技术提升服务能力，还包括制度创新和管理创新，如改进服务流程、优化服务环境、提高服务人员的素质等。创新的目的是实现政务服务的精细化、个性化和智能化，提升公众的满意度和政府的公信力。政务服务创新的相关理论有数据赋能理论、协同创新理论和创新网络理论。

数据赋能理论是由美国学者杰弗里·亚历山大·穆尔于 1991 年在其著作《核心竞争》中提出的。该理论认为，数据是企业的重要资产，通过对数据的收集、分析和利用，企业可以更好地了解市场和客户需求，从而提高决策的准确性和效率。在政务服务领域，数据赋能理论强调通过数据分析和挖掘，政府可以更好地了解公众需求，优化服务供给，提高服务质量。

协同创新理论是由美国学者彼得·葛洛于 2005 年在其著作《创新网络》中提出的。该理论认为，创新是一个协同过程，需要不同主体之间的合作和交流，通过共享知识和资源，实现创新的协同效应。在政务服务领域，协同创新理论强调政府、企业、公众等不同主体之间的合作和协同，通过共享资源和知识，推动政务服务的创新和发展。

创新网络理论是由美国学者亨利·切斯布鲁于 2003 年在其著作《开放式创新》中提出的。该理论认为，创新是一个开放过程，需要企业与其他主体

之间的合作和交流，通过外部知识和资源的引入和利用，实现创新的开放式循环。在政务服务领域，创新网络理论强调政府与其他主体之间的合作和交流，通过引入外部知识和资源，推动政务服务的创新和发展。

## 二、地方政府政务服务创新的典型实践

选取上海市"一网通办"改革、浙江政务服务增值化改革、长三角政务服务跨省"一网通办"作为政务服务改革创新的典型实践案例，这些案例展现了政务服务改革的不同方面和层次，从市级到省级，再到区域协同，以及基层政务服务的数字化转型。

### （一）上海市"一网通办"改革

1.改革目标、路径及举措

上海市"一网通办"改革旨在通过构建一体化在线政务服务平台，实现政务服务事项的"一窗受理、一网通办、一次办成"，提高政务服务效率和便捷性，提升公众满意度。"顶层设计—持续创新"是上海市"一网通办"改革的路径。总体而言，上海"一网通办"改革分为四个阶段。2018年为创建年，主要是明确顶层设计、设立市大数据中心、上线总门户等；2019年是攻坚年，主要包括"双减半""双100""好差评"制度、数据归集等；2020年为攻坚提升年，主要有"两个免交""三个应"、数据治理等；2021年则是拓展年，包括"两个转变""两个全面覆盖"以及数据应用等。[①]

上海市"一网通办"改革的重要举措之一是建立上海市大数据中心。上海市大数据中心于2018年3月12日在上海举行了一场盛大的启动仪式，旨在推动政务信息资源的集成与共享，加快推进政务服务数字化。以往许多政府部门不愿将自己的数据资源提供给其他部门，出现"信息孤岛"和"数据烟囱"等碎片化问题，对业务协同造成了阻碍。上海市大数据中心是"一网通办"改革的重要推进主体，不仅为各部门提供数据共享，还拓宽了服务范围，使政府数据、产业数据和社会数据等得以相互连接并实现了共享。大数据中心的建设为政务服务提供了强大的数据支持和技术保障。通过数据的集中管理和共享应用，政府各部门可以更加高效地进行协同工作，提高政务服务的效率和质量。同时，上海市大数据中心还可以为政府决策提供数据支持和参考，推动政府决策的科学化和精细化。

"一网通办"改革的第二个重要举措是建立"一网通办"法治支撑体系。上海市通过制定一系列政策和法规，明确了"一网通办"改革的职责和权

---

① 敬乂嘉."一网通办"新时代的城市治理创新[M].上海：上海人民出版社，2021：67.

力，保障了改革的顺利推进。同时，上海市还加大了对"一网通办"改革的监督和评估力度，确保改革的效果和可持续性。

上海市政府还采取了一系列创新举措，其中，2018年9月推出的"随申办市民云"App是重要的一环。该App以其便捷性和高效性迅速成为民众日常生活中不可或缺的一部分，并成功跻身我国首个用户量突破千万级的政府服务软件之列。同时，为了更贴近市民的使用习惯，上海市政府还在微信和支付宝平台上推出了"随申办"小程序，进一步拓宽了服务渠道，使市民能够随时随地享受到便捷高效的政府服务。在新冠疫情期间，"随申办市民云"App更是发挥了举足轻重的作用。上海市政府推出了名为"随申码"的App，是专为促进市民健康出行和支持政府疫情防控工作而开发的上海版"健康码"。通过整合上海市大数据管理平台上卫生健康、公安、交通等多个部门以及航空、铁路等行业的大量数据，该平台发挥着重要的支撑作用，通过大数据分析技术，精准测算出市民的健康"风险状态"，为疫情防控和城市精细化管理提供了有力保障。这一成功实践充分展示了数字化信息技术在疫情防控和城市管理中的重要作用。

2. 改革成效

上海"一网通办"改革自2018年启动以来取得了显著成效。其门户系统不断完善，服务事项持续扩充，效率显著提升。如今，"一网通办"已成为上海政务服务数字化的标志性品牌。

首先，在平台系统功能的改进方面，"一网通办"不断推动其基础架构的优化与升级。其核心架构被概括为"一梁四柱"，其中"一梁"即为核心的总门户，涵盖了行政审批、公共服务及公共事业等多个领域，为市民和企业提供了直接、便捷的在线办理服务。而"四柱"则涵盖了统一的公共支付、物流快递、身份认证和客户服务等多个关键服务支撑体系，确保整个系统的稳定运行与高效服务。这种设计旨在提供一个全方位、一体化的政务服务环境，以满足市民和企业的多样化需求。

其次，随着"一网通办"政策的推广，网上办事效率逐渐提升。一是政府部门不断提升政务服务水平，执行"双减半"措施。这里的"双减半"是指简化审批流程以减轻申请人的审核等待时间，同时避免多个部门多次递交材料，从而缩短办事等待时间，优化办事体验。通过这项举措，2019年的办事时间和材料相比上一年度各减少约59.8%和52.9%。[①] 二是扩大"双100"

---

[①] 谢卫群，巨云鹏.上海治城：从一网通办到一网统管[EB/OL].[2020-5-28].http://sh.people.com.cn/n2/2020/0528/c138654-34047134.html.

业务范围，即将能够进行流程再造和在整个城市范围内进行的高频项目分别增加100个，直至所有可在网上完成的工作都能在网上执行，从而进一步提升政府工作效率。

再次，"一网通办"后台数据整合共享能力不断提升。以"开放为原则，不开放为例外"制定数据开放条例，建设市公共数据开放平台，截止到2020年年底，已开放64个数据部门的9 600万条数据。[①] 累计实现共享数据服务调用11.55亿余次，市大数据中心向各区数据交换31.5亿条，全市调用国家数据1.9亿次。

最后，在制度建设方面，"一网通办"改革取得了持续的完善。通过《关于全面推进"一网通办"加快建设智慧政府工作方案》（以下简称《方案》）这一总体规划，明确了"一网通办"的发展蓝图，旨在实现政府运作的透明化、高效化，为群众提供更便捷、优质的服务，同时促进城市安全、交通便捷、环境友好。《方案》阐明了城市各级政府的建设目标、任务、工作组织和职责，重点突出数据共享、流程优化、提升民众获得感等关键领域。上海还不断完善"一网通办"的相关法规和标准措施，包括《上海市公共数据和一网通办管理办法》《上海市加快推进数据治理促进公共数据应用实施方案》《上海市公共数据开放暂行办法》等3个主要办法和方案。此外，还制定了电子证照、电子印章、电子档案等3项基础管理政策，同时发布了12份规范性文件，为推动"一网通办"顺利实施提供了保障。

上海市"一网通办"改革取得了显著成效，政务服务效率大幅提升，公众办事的便捷性和满意度明显提高。同时，政务数据的共享和应用也推动了政府治理能力的提升。"一网通办"服务平台的上线运行，为市民和企业提供了便捷的在线办事渠道，实现了政务服务的"一网通办、一窗受理、一次办结"。这不仅提高了政务服务的效率和质量，还增强了政府的透明度和公信力。根据上海市人民政府办公厅的公开数据，截至2023年年底，上海市"一网通办"平台已接入政务服务事项超过1 000项，平台注册用户超过2 000万，累计办件量超过1亿件。这些数据充分展示了上海市"一网通办"改革的成效和影响力。

## （二）浙江省政务服务增值化改革

浙江省是我国政务服务改革的领跑者，2016年，浙江省委经济工作会议首次公开提出"最多跑一次"改革，引领全国开始了政务服务改革的热潮。

---

[①] 朱宗尧. 推动政务服务从"能办"向"好办"转变——上海"一网通办"实现到政府办事像网购一样方便[J]. 中国领导科学，2020（4）：65-70.

浙江省政务服务改革的一个重要情境是对优化营商环境的要求。浙江省是我国民营经济最发达的省份之一。截至2022年年底，浙江省注册市场主体总数已达1 034万个，其中私营企业达333万个、个体私营企业达669万个。私营企业在浙江省的GDP中占比高达67.2%，私营企业的进出口总额更是达到80.2%。2024年2月，浙江省委办公厅、省政府办公厅印发了《关于推进政务服务增值化改革的实施意见》的通知，提出继续深化营商环境优化提升"一号改革工程"，推动政务服务从便捷服务到增值服务全面升级，持续提升政府服务，全力打造营商环境"最优省"。

1. 改革目标、路径及举措

浙江省政务服务增值化改革的目标是通过创新服务方式、优化服务流程、提升服务质量，实现政务服务的个性化、智能化和高效化，满足公众日益增长的服务需求。政务服务增值化改革的核心在于从满足基本办事需求向提供高质量、个性化的增值服务转变，通过优化营商环境、提升服务质量，实现政务服务的整体协同和效能提升。

整体协同是浙江省政务服务增值化改革的路径。整合特定政策领域的不同利益相关者、向公民提供无缝隙而非分散的服务是整体性治理理论（Holistic Governance Theory）的核心要义。[1] 通过对不同部门、领域、层级和地域间复杂的跨企业务事项进行全面梳理，整合各种涉企"一件事"之间的逻辑、法律和数据关系，并将其拓展至更广的范围，以建立全新的智慧治理涉企服务体系。通过有机融合社会服务与市场服务，合理配置服务资源，创新服务供给方式，有效提升服务的价值。

改革举措主要包括三个方面：

其一，线上平台高度集成涉企业务。线上企业综合服务平台，是依托浙江省一体化在线政务服务网（即"浙里办"）建设的省级线上企业综合服务平台。作为政务服务增值化改革的线上服务载体，线上企业综合服务平台以"部门服务权责清单""线上服务应用清单""线上服务系统能力清单"为依据，梳理、整合、提升涉企服务应用，建设统一服务功能入口，高度集成线上涉企业务，实现智慧便捷的线上涉企服务。

其二，赋码企业实现信息交互共享。"企业码"即企业电子营业执照。依托浙江省一体化、智能化公共数据平台，"企业码"将企业等市场主体的各类信息数据关联归集，基于统一的规范与标准对企业信息进行分类、监测和评价，将各类信息分类整合至不同层级的对企服务系统，使模糊、庞杂的

---

[1] Dunsire A. Holistic Governance[J]. Public Policy and Administration, 1990, 5 (1): 4-19.

市场主体信息简单化与特征化①，有效缓解精准治理难题。在政务服务增值化改革过程中，"企业码"并非涉企服务领域内信息通信技术的简单应用，而是通过技术赋能，实现政府、企业与社会公众对涉企服务事项的便捷处理。

其三，事项清单明晰服务规范标准。涉企服务事项清单是在基本政务服务之外，聚焦企业全生命周期的堵点、难点问题，提供更广范围、更深层次的政策、人才、金融、法律、科技、数字化等全周期衍生服务的事项。涉企服务事项清单通过建立标准化的工作机制，保障增值化政务服务事项的规范统一，促进清单制定与执行的有效衔接。同时，为及时回应企业需求变化，涉企服务事项清单通过建立"多渠道收集企业诉求"和"固化改革举措为增值服务事项"两大机制，实现涉企服务事项的动态性和精准性。

2. 改革成效

通过推广"附加值"制度，各地区在浙江省激发了创新活力，推出了一系列领先的制度创新，进一步丰富了"价值增值"制度的内涵。

舟山市积极推进"增值式"企业法治服务，设立了"企业法治窗口"以提供全面的法治保障，不断完善法治化营商环境，确保经济高质量发展。通过整合"一窗受理"服务，并深化"基本+附加值"的法律服务，建立了涉企法治服务项目，推行"网上办实事"和"网上联办"等措施。率先实施"预约式"办理和简化审批流程，成功修复了1 400多条存量信息。针对企业法律申诉和处理，建立了与12345公共服务热线相结合的举报通道，设立了企业投诉建议的执法检查点和微信群。同时，深入开展海事争议化解工作，建立闭环管理体系，全年共解决海事争议112件，涉案金额3 054万元。

宁波市成功进入2023年中国最具商业价值的城市前十名，其突出的"柔性力量"和"出圈"策略为此做出了重要贡献。以实现市场的"一号"目标为中心，宁波市集中关注市场痛点和薄弱环节，全力推动营商环境的提升，努力打造最优营商环境之城。最近两年，宁波市首次实施了"一件事"企业开办流程，实现了市场监管、公安、税务等7个领域的"一网通办"和"一窗通办"，从"全城通办"过渡到"一日办结"，简化了市场主体的办事流程。应用数字经济的机遇，宁波市相继推出了一系列面向企业的"一站式"申报材料系统，如"企报通"和"甬金通"，整合各类产业信息与应用系统的"智慧财务"平台，以及一系列以知识产权为核心的"一件事"与"甬易办"等数字技术创新。

---

①张晓敏，阎波，朱衡．"码"上联结：流动性社会中的治理何以可能？[J].电子政务，2022（4）：1-9.

浙江省政务服务增值化改革取得了显著成效，政务服务质量和效率大幅提升，公众的获得感和满意度明显增强和提高。政务服务的数字化转型也推动了政府治理能力和服务水平的提升。通过运用大数据、人工智能等技术手段，推动政务服务的智能化升级，实现政务服务的个性化推荐和精准化服务。这种智能化、个性化的服务模式，更好地满足了企业和市民的多样化需求，提升了政务服务的用户体验。

(三) 长三角政务服务跨省"一网通办"

上海、江苏、浙江和安徽形成了我国规模最大的城市圈，即长三角地区。长三角地区属于《国务院办公厅关于加快推进政务服务"跨省通办"的指导意见》中国家鼓励区域"跨省通办"先行探索和"省内通办"扩展深化的区域之一。作为试点城市，长三角地区率先在全国范围内推行了"跨省通办"试点项目。

1. 改革目标、途径及举措

长三角政务服务"一网通办"的目标是打破地域限制，实现长三角政务服务事项的跨省通办，提高区域政务服务的便利性和协同性，推动长三角一体化发展。

长三角政务服务"一网通办"的改革路径是"地方—中央"互动。作为一项政务服务政策，政府必然处于"跨省通办"政策执行网络的中心位置，其他执行网络都是在与其互动的基础上对政策的执行效果产生影响。由于受我国"职责同构"以及属地化管理等政治和行政制度的影响，"跨省通办"在政策执行过程中将不可避免地面临制度环境改变所带来的权力边界调整问题。在此困境下，中央政府在推广"三省一市""一网通办"方面的创新实践扮演了重要角色。国务院成立了专门的领导机构，由国务院办公厅牵头成立了全国一体化在线政务服务建设和管理协调工作小组，负责一体化在线政务服务的统筹协调、组织推进和监督指导等工作。国务院办公厅电子政务办公室具体负责长三角"一网通办"建设，组织、推进、协调和监督"三省一市"的相关工作和过程。在办公厅电子政务办的指导和推动下，2019年3月底，上海市牵头召开了专门的长三角政务服务"一网通办"工作部署会议，部署协调统一推进相关工作和任务。按照国务院电子政务办公室的要求，"三省一市"成立了"一网通办"对接整合工作专班，由各省市选派业务骨干和负责人，集中办公，集中攻坚。从2019年4月开始，来自"三省一市"的数据资源、政务服务、民政、市场监管、人社、税务、医保和政务热线等部门的40多名业务和技术人员，每周定期在上海市大数据中心召开面对面的碰头会，集中攻坚。在中央的统一推动和组织下，"三省一市"相关部门定期或不定期举行了各种对接会议、专题研讨会议，各省市更是依照统一的进度要求，倒排工期，分解任务目标，层层压实责任，稳步有序地推进区域政务一体化过程。

改革举措是从夯实"通办"组织基础，打造"通办"综合窗口，延伸"通办"自助终端几个方面来进行的。青浦区、吴江区和嘉善县三地的政务部门携手合作，共同构建了一个名为示范区"一网通办"的创新政务服务模式。三地政务部门成立了联合行动党支部，并同步推出了"五共机制"，即理论共学、干部共培、业务共融、创新共谋和成果共享。该机制旨在推动示范区线上政务服务的整体化、高效化运作。

在"五共机制"的引领下，三地政务部门通过联组共学的方式，围绕"在中国式现代化中开创示范区'一网通办'新优势"的主题，凝聚了广泛的共识，为"一网通办"工作的顺利推进奠定了坚实的组织基础。同时，为了深化长三角政务服务一体化的发展，三地政务部门建立了紧密的政务服务联动机制，并签署了合作备忘录，实施月度例会制度，确保各项合作措施的有效执行。

在事项梳理、标准统一、系统融合和数据共享等关键领域，三地政务部门充分发挥各自的优势，将上海"一网通办"、江苏"不见面审批"和浙江"最多跑一次"等先进改革经验融入长三角一体化发展中，形成了具有地方特色的政务服务一体化新模式。为了进一步推动长三角"一网通办"成果在示范区的应用，三地政务部门针对企业和群众反映的异地办事难题，依托国家及省市级政务服务平台，加强了数据互通互享，积极探索跨行政区域"一网通办"的综合应用。

此外，为了提升异地办事的便捷性，三地政务部门还设立了长三角一体化示范区"跨省通办"综合窗口，采用"就近咨询、异地收件、属地办理、系统反馈"的服务模式，有效地提升了办事效率。同时，通过构建"线上平台+线下窗口+自助终端"的立体服务矩阵，将"自助通办"作为实现长三角政务服务一体化的重要突破点。在政务服务中心设立24小时自助服务区，配备综合自助终端，接入各类高频政务服务事项，实现了自助服务的全面覆盖，为公众提供了更加便捷、高效的政务服务体验。

2. 改革成效

实现跨省"一网通办"大大改善了不同地区之间的办事便利。各地的"跨省通办"窗口提供了广泛的异地办理服务，其中青浦区有1 173个窗口、吴江区有1 362个窗口、嘉善县有1 306个窗口。通过"数据跑路"取代"群众跑腿"的方式，高频业务的办理变得更加便捷。申请人可到集成窗口递交资料，工作人员会根据统一的窗口标准使用电子证件接收和审核资料，并利用"双向免费快件"将所需资料发送到各相关部门处理，随后反馈处理结果给申请人。

在工程建设领域，通过"多方委托、一方受理，各方参与、一次评审，统一文号、一'号'通办，一枚公章、域内互认"，实现示范区首个"跨省通办"项目——环元荡岸线贯通工程审批。环元荡岸线项目联合审批，具体由示范区执委会牵头，上海市水务局、苏州市水务局共同研究形成长三角区域跨域涉水项目联合审批、共同监管新模式。这一审批模式，极大地简化了审批手续，缩短了办理时间，提升了审批效率，营造了更好的营商环境，为长三角地区生态绿色一体化示范区其他相关建设项目的审批、监管、验收建立起一个可推广、可复制的新机制。在联合审批过程中，示范区执行委员会发挥了主导作用，与上海市水务局、苏州市水务局等相关部门紧密合作，共同探索长三角地区跨域涉水工程联合审批和监管的新机制。这种新型的审批模式不仅显著缩短了审批时间，提高了工作效率，还极大地促进了良好的商业氛围的形成。这一模式的成功实践，对于推动长三角地区乃至全国范围内的工程建设领域审批制度改革具有重要的示范意义和推动作用。

长三角政务服务跨省"一网通办"使政务服务便利性和协同性大幅提升，长三角一体化发展进程加快。同时，政务服务的跨省通办也推动了政府治理能力的提升和区域经济的高质量发展。

## 三、地方政府政务服务改革创新的路径比较

上述三个地方政府政务服务改革创新的成功实践有着共同的经验：①高度重视，全力推进。三地的政务服务改革都是坚决贯彻落实《国务院关于加快推进全国一体化在线政务服务平台建设的指导意见》和国务院办公厅印发的《进一步深化"互联网+政务服务"推进政务服务"一网、一门、一次"改革实施方案》要求的具体举措，也是各地政府的创新之举。三地党委和政府主要负责人积极协调，紧密关注改革进展情况，并就相关文件展开专题研讨。各政府部门均成立领导小组，以确保工作顺利进行，同时针对实施过程中可能遇到的困难和瓶颈进行处理，加强制度供给和保障。②勇于创新，破除壁垒。三地分别以"整体协同""高效运作""精益服务"为核心理念，推动各项管理实现智能化、服务便捷化。上海提出了创新性的解决方案，从"代办事项"到"数据自动流转"，彻底改变了行政管理和审批流程，提升了整体工作效率。浙江省则通过增值化政务服务改革，不仅优化了服务流程，还创新了服务模式，使政务服务更加精准、高效。长三角地区通过建立信息

共享机制、推进事项标准统一、简化办事流程等措施,实现了长三角政务服务的无缝对接,极大地方便了企业和群众。这些改革举措不仅体现了政务服务改革的创新精神,也展现了政府部门在破除壁垒、优化服务方面的决心和行动。③多元评价,完善监督。为了进一步巩固改革成果,三项改革也在探索建立第三方评价体系和好差评体系,让第三方机构、企业和公众一同参与评价。

但以上案例同样反映了不同层次、不同环境、不同类别的地方政府推进政务服务创新的差异性的路径,基于不同的背景和改革目标,地方政府在实施主体、动力机制和保障体系的具体要素及其组合上,呈现出各具特色的路径。

(一) 背景和目标

地方政府政务服务改革创新通常源于经济社会发展的需求、公众对高效透明政务服务的期待,以及政府对自身提升治理能力和服务水平的内在要求。改革的目标通常集中在提升政务服务效率、优化服务体验、促进政府与公众的互动和透明度,以及推动政府治理体系和治理能力现代化方面。不同地区的具体目标可能因社会经济发展水平、公众需求、地方政府的战略定位等因素而有所差异。

从上述分析中可以看出,上海作为全国领先城市之一,致力于提升政务服务的效率和便捷性,面临数字化转型和政务服务优化的双重需求。在改革目标上注重技术创新和智能化应用,追求政务服务的高效率和精准化。而浙江省则是聚焦民营经济高质量发展,针对涉企服务事项多且杂,着力解决企业办事的堵点、难点问题,寻求政务服务的新突破。长三角地区寻求政务服务一体化以及区域合作一体化,打破地域限制,推动政务服务标准化、规范化、便利化。

(二) 实施主体

政务服务的改革创新主要由政府机关作为实施主体,包括中央政府和地方政府。在实施过程中,可能涉及多个政府部门,需要跨部门协作。此外,企业、公民和其他社会组织也可能会参与到改革过程中,通过公私合作等方式共同推进改革。

上海市政府作为改革的推动者和主导者,通过制定《关于进一步促进和保障"一网通办"改革的决定》等政策措施,明确了改革的方向和目标。在上海市政府的引领下,鼓励全社会共同参与一网通办改革,包括企业、社会组织、公民等,共同推动政务服务数字化、智能化、精准化。

浙江省政府通过发布《浙江省优化营商环境条例》和《关于推进政务服务增值化改革的实施意见》等文件,明确了增值化改革的目标和措施。然后在省政府的指导下,各地方政府具体负责执行增值化改革措施,包括优化政务服务流程、提供精准化和个性化衍生服务等。

长三角地区通过上海、江苏、浙江、安徽四地政府共同推动跨省通办改革,通过加强衔接沟通、优化业务流程、强化信息共享等措施,实现长三角政务服务的无差别办理。

(三) 动力机制

政务服务创新的动力机制包括政策引导、技术驱动、市场需求和社会参与。政策引导是指政府通过制定相关政策和规划来推动改革;技术驱动是指信息技术的发展为政务服务改革提供了新的工具和方法;市场需求是指公众和企业对高质量政务服务的需求促使政府不断改进服务;社会参与是指公众、企业和其他社会组织参与到政务服务改革过程中,通过公私合作等方式共同推进改革。

上海市一网通办改革注重技术创新驱动,通过引入新技术优化政府管理和服务,推动政务服务数字化、智能化、精准化。同时,在政策引导方面,根据《国务院关于加快推进政务服务标准化规范化便利化的指导意见》,上海市持续深化一网通办改革,打造"智慧好办"服务品牌。浙江省增值化政务服务改革也注重技术创新驱动,利用数字技术提升政府服务力,为企业提供套餐式的最优方案、整体方案、终端方案。与上海市一网通办改革不同的是,它更加注重市场需求,聚焦民营经济高质量发展,以解决企业办事的堵点、难点问题为出发点,提供精准化、个性化的衍生服务。长三角地区跨省"一网通办"改革依托全国一体化政务服务平台,提供"线上申请、信息共享、联网审核、网上反馈、线上缴费、电子证照"网上服务来实现技术创新驱动。

总的来看,这三项改革在动力机制上各有侧重,上海市注重技术创新和政策引导;浙江省强调企业需求和技术创新;长三角地区注重区域一体化和"互联网+政务服务",其共同的目标都是提升政务服务的效率和质量,以满足人民群众和企业的需求。

(四) 保障体系

政务服务的改革创新需要有相应的保障体系,包括法律法规的完善、信息技术的支持、人员培训和管理机制的改进等。法律法规的完善为改革提供了法律依据和规范;信息技术的支持是政务服务数字化和智能化的基础;人员培训和管理机制的改进则有助于提升政府工作人员的服务能力和效率。

上海市一网通办改革依托"中国上海"门户网站、"随申办"移动端等平台,实现了线上线下集成融合和信息技术保障。同时,创新数字政府建设人才引进培养使用机制，推进综合窗口人员的职业化发展也实现了组织建设方面的保障。

《浙江省优化营商环境条例》等法规为浙江省政务服务增值化改革提供了法律保障。且参照国际国内营商环境评价体系，以市场主体满意度为导向，健全本省营商环境评价指标体系和评价方法，实现了管理机制的保障。

长三角地区三省一市共同制定业务和技术规范，确保跨省通办服务的标准化和一致性。优化线下"收受分离、异地代收、就近可办"的服务模式，提升跨省服务的便利性和效率。

三地政府政务服务改革的路径大致如图 6-1 所示。

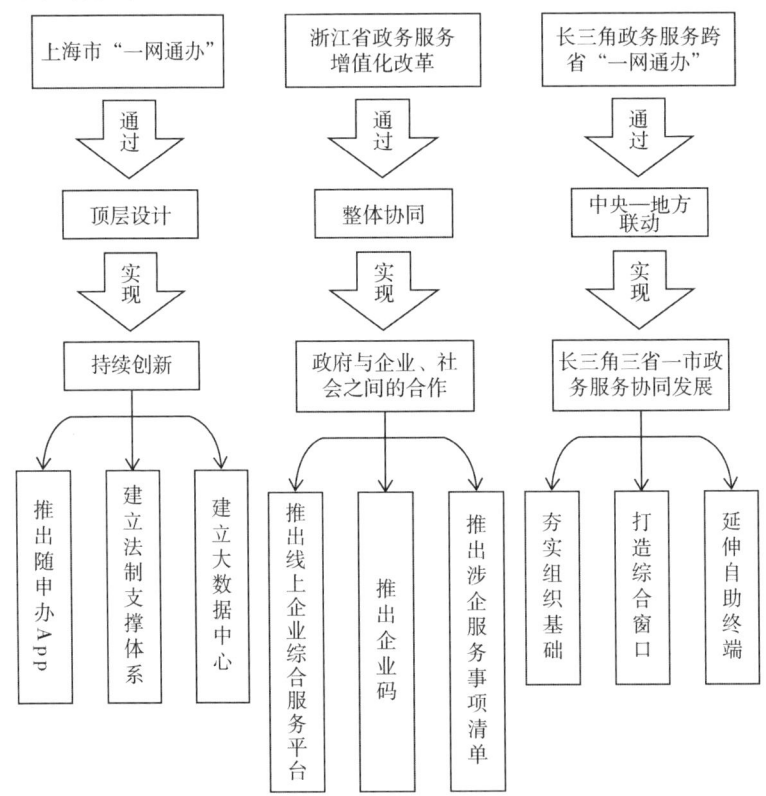

图 6-1 三地政府政务服务改革的路径

虽然三地政府政务服务的改革创新路径存在着改革背景和目标、实施范围、保障体系、实施主体、动力机制、具体举措等方面的诸多差异，但仍能从中找出其共性。三项改革都旨在提升政务服务效率、优化营商环境、提高企业和公众满意度。上海市的"一网通办"改革和浙江省的政务服务增值化改革均强调服务的便利化和智能化。长三角跨省通办改革追求实现跨地区、跨部门的政务服务协同。三地改革都充分利用了大数据、人工智能等现代信息技术手段,推动政务服务数字化、智能化。同时始终强调以用户需求为中心,提供更为便捷、高效、精准的政务服务。

随着技术的不断进步,政务服务将更加数字化、智能化,为公众提供更加便捷、高效的服务。以这三项改革为典例,我国政务服务将朝着数字化、智能化、人本化和普惠化的方向发展。通过加强技术创新、优化服务流程、提高服务质量和加强人才培养等措施,政务服务将不断满足人民群众日益增长的相关需求和期待,为推动经济社会持续健康发展做出积极贡献。

## 四、地方政府政务服务改革创新面临的挑战及推进对策

### (一)地方政府政务服务改革创新面临的挑战

1. 地区之间发展不平衡

在我国地方政府政务服务改革创新的进程中,地区之间的发展不平衡是一个巨大的挑战。在推动和创新方面,东部地区、中西部地区、一线城市以及三、四线城市之间存在明显的不同。根据数据赋能理论,数据是创新和服务提升的重要资源,而不同地区在数据资源获取、利用和管理上的能力差异,导致了政务服务改革创新的成效不一。例如,东部沿海地区由于经济发展水平较高,信息技术基础设施较为完善,因此在政务服务数字化方面取得了显著成效。相比之下,中西部地区经济基础相对薄弱,信息技术水平有限,政务服务的数字化进程相对缓慢。同样,一线城市如北京、上海、广州等,由于拥有丰富的技术资源和人才优势,政务服务改革创新往往能够走在前列。

2. 跨地区政务服务通办尚处于初步阶段

跨地区政务服务通办是地方政府政务服务改革创新的一个重要方向,旨在打破地域限制,实现政务服务事项的跨区域办理。然而,目前这一工作还处于初步阶段,面临着诸多挑战。根据协同创新理论,跨地区政务服务通办需要各级政府之间的协同配合和资源共享,而当前的组织架构和利益分配机制往往成为改革创新的障碍。在实际操作中,不同地区的政务服务系统往往存在数据不兼容、业务流程不统一、法律法规有差异等问题,这些都制约了跨地区政务服务通办的实施。

3. 政务服务的可持续创新动力不足

政务服务的可持续创新是地方政府政务服务改革创新的关键。然而,当前政务服务的创新动力不足,成为改革的一大挑战。根据创新网络理论,创新需要良好的外部环境和内部激励机制,而在当前,政务服务的可持续创新

往往面临着政策支持不足、资金投入有限、人才流失等问题。

### (二) 地方政府政务服务改革创新的推进对策

#### 1. 加强顶层设计和需求分析

地方政府政务服务改革创新的推进，需要加强顶层设计和需求分析。顶层设计是指从宏观的角度对改革的目标、路径和策略进行系统规划，以确保改革的整体性和协调性。需求分析则是指深入了解公众和企业对政务服务的实际需求，以确保改革能够真正解决实际问题，提升服务质量和效率。在实际操作中，地方政府可以通过以下几个步骤来加强顶层设计和需求分析。首先，成立专门的政务服务改革领导小组，负责改革的总体设计和协调。其次，开展广泛的调研和需求分析，通过问卷调查、座谈会、访谈等方式，收集公众和企业的意见和建议。最后，根据调研结果，制定具体的改革目标和实施计划，明确改革的重点领域和关键环节。

#### 2. 构建自组织与制度环境互动的创新生态

地方政府政务服务改革创新的推进，还需要构建自组织与制度环境互动的创新生态。自组织是指政府内部各部门和组织能够根据实际情况自主调整和优化服务流程，以提高服务质量和效率。制度环境则是指政府内部的管理制度和工作流程，对自组织的形成和发展具有重要的影响。在实际操作中，地方政府可以通过以下几个步骤来构建自组织与制度环境互动的创新生态。首先，优化政府内部的管理制度和工作流程，减少不必要的审批环节和烦琐手续，为自组织的形成和发展提供良好的制度环境。其次，鼓励政府内部各部门和组织之间的交流和合作，共享成功的经验和做法，共同推动政务服务的改革创新。最后，建立有效的激励机制，鼓励员工提出创新性建议和解决方案，为政务服务的创新提供良好的内部环境。

#### 3. 充分发挥技术赋能与组织协同的融合

地方政府政务服务改革创新的推进，还需要充分发挥技术赋能与组织协同的融合。技术赋能是指利用现代信息技术，如大数据、云计算、人工智能等，提高政务服务的质量和效率。组织协同则是指政府内部各部门和组织之间的协同配合和资源共享，以提高服务质量和效率。在实际操作中，地方政府可以通过以下几个步骤来充分发挥技术赋能与组织协同的融合。首先，加大对现代信息技术的投入和应用，建立和完善政务服务平台，实现政务数据的共享和业务流程的优化。其次，加强政府内部各部门和组织之间的协同配合，建立有效的沟通和协调机制，共享资源和信息。再次，加强人员培训和管理，提高政府工作人员的技术水平和业务能力，为技术赋能和组织协同提供人才支持。最后，加强人员培训和管理，提高政府工作人员的技术水平和业务能力。

## 第四节 ▎创新网络视角下数字政府服务创新

数字政府是提升国家治理能力的条件和动力。《中华人民共和国国民经济和社会发展第十四个五年规划和2035年远景目标纲要》明确指出,"加快数字化发展,建设数字中国",强调加快建设数字政府,以数字化转型驱动治理方式变革。数字政府作为数字中国的重要组成部分①,是数字中国、网络强国、智慧社会三大国家战略纵深推进的战略支撑,是撬动国家治理体系和治理能力现代化的重要支点②。数字政府有别于以往任何的政府管理和服务形态,其核心目标在于推进以公众为中心的公共服务,提高管理效率、改善服务体验,促进公众与政府的良性互动,实现政府的社会公共服务价值。③在推动政府数字化转型和更好地创新公共服务模式方面,我国地方政府进行了大胆探索,如上海市的"一网通办"、江苏省的"不见面审批"、浙江省的"最多跑一次"改革等。然而,中国国情下数字政府服务创新的基本条件是什么?影响要素有哪些?实现策略是什么?系统性研究成果仍较为欠缺。基于创新网络视角,采用多案例分析方法,分析宁波市"最多跑一次"改革、昆明市"互联网+N"智慧政务、银川市数字政府建设案例,能够揭示不同案例的创新实践过程,提炼相应的创新成功条件、影响因素、实现策略。研究发现,数字技术赋能作用和制度创新作用共同影响了数字政府服务创新的网络演化过程,共同塑造了不同的创新品牌和积累了成功经验。对于地方政府决策者而言,应结合自身环境、成功条件及自身能力的差异性,选择保持成功策略、持续创新策略或改进成功策略,以更恰当的方式触动数字化转型的创新要素并保持其良性互动,进而促进服务创新的可持续发展。

---

①刘昱婷,吴畏.关于推进"数字政府"建设的若干建议[J].信息通信技术与政策,2018(7):74-77.
②刘淑春.数字政府战略意蕴、技术构架与路径设计——基于浙江改革的实践与探索[J].中国行政管理,2018(9):37-45.
③戴长征,鲍静.数字政府治理——基于社会形态演变进程的考察[J].中国行政管理,2017(9):21-27.

## 一、创新网络视角下的政务服务创新

### (一) 政务服务创新研究视角

政府服务创新主要有三个研究视角：一是可持续创新视角。这一视角关注社会、环境和经济三个维度的可持续发展，认为创新不仅限于技术变革，而且还涉及流程、操作实践、业务模式、思维和业务系统的变革。[1] 二是负责任创新视角。这一视角在可持续创新视角的基础上主张试图进一步厘清社会、环境、经济三个维度的权重关系，将创新和发展都视为一个持续开放和连续交互过程[2]，"合作和利益相关者参与的外部关系视角将是未来研究的主流方向"。[3] 三是创新网络视角。在这一视角下，创新网络被视为系统性创新的制度安排。创新网络将行动者和服务连接起来，[4] 是促进组织和政府内部信息交流的主要手段，并为与其他组织联系提供了学习新的做事方式的机会，在这样的背景下，地方政府的创新能力与强大的内部和外部网络的存在联系在一起[5]。显然，创新网络有望在不同地方政府以及政府内部服务创新各要素建立起联系，有助于厘清数字政府服务创新的影响要素。

### (二) 数字政府服务创新实质

数字政府是信息技术革命的产物，是工业时代的传统政府向信息时代演变产生的一种政府形态，本质上并非取代传统政府、电子政府，而是在原有政府形态基础上的再创新。[6] 学者认为数字政府是以人工智能、大数据等技术为支撑，以数字方法开展政府事务的政府存在状态及政府活动实现形式。[7] 数字政府旨在通过政府组织优化与流程再造，打造更精准、更主动、更智慧的服务体系，推动资源配置和服务效率的提升，实现公众与政府的良性互动。

---

[1] Fussler C, James P. Driving Eco-innovation: A Breakthrough Discipline for Innovation and Sustainability [M]. London: Pitman, 1996: 11.
[2] Schomberg RV. Towards Responsible Research and Innovation in the Information and Communication Technologies and Security Technologies Fields [J]. Social Science Electronic Publishing, 2011, 12 (3): 83-97.
[3] Cillo V, Petruzzelli AM, Ardito L, et al. Understanding Sustainable Innovation: A Systematic Literature Review [J]. Corporate Social Responsibility and Environmental Management, 2019, 26 (05): 1012-1025.
[4] Freeman C. Networks of Innovators: A Synthesis of Research Issues [J]. Research Policy, 1991, 20 (5): 499-514.
[5] Newman J, Raine J, Skelcher C. Transforming Local Government: Innovation and Modernization [J]. Public Money and Management, 2001, 21 (2): 61-68.
[6] 王伟玲.加快实施数字政府战略：现实困境与破解路径[J].电子政务, 2019 (12): 86-94.
[7] 何圣东, 杨大鹏.数字政府建设的内涵及路径——基于浙江"最多跑一次"改革的经验分析[J].浙江学刊, 2018 (5): 45-53.

服务与创新是数字政府的价值所在①,数字政府服务创新并非将大数据、云计算等新兴技术机械地整合到政府服务当中,而是涉及政府由"物理空间"向"数字空间"的转变以及政府内部组织结构和服务范式的重构。②

### (三) 数字政府服务创新条件

数字政府代表了一种新的治理范式和服务模式。帕特里克·邓利维在部分回应新公共管理的失败以及新技术的出现时提出数字时代治理(Digital-era Governance, DEG)的概念,将其关键组成部分归为三个大的主题,即重新整合、基于需求的整体主义、数字化过程。③ 谢润·道斯将数字政府创新的决定性因素归结为五个方面:综合和连贯的电子政府政策;服务和信息的集成;隐私保护和数据共享;网络的动态交互应用;新的公私合作伙伴关系和其他组织网络形式。④ 也有研究从技术和制度的关系方面对数字政府服务创新进行总结和提炼,"数字政府在当前及未来阶段的实践主要强调外生技术与政府体系在更深层次上的适应性变革与相互融合"⑤"实现数字政府服务创新有序发展要建立有力的统筹协调机制以及相关法律法规体系和配套的标准体系"⑥。

### (四) 数字政府服务创新策略

在中国情境下,数字政府服务创新中技术与制度之间的关系表现为"互联网+政务服务"与"放管服"改革之间的关系。从根本上说,"互联网+"是数字政府服务创新的技术供给,"放管服"改革则是数字政府服务创新的制度保障,两者在数字政府服务创新过程中相辅相成,正如有的学者指出,技术只是打破壁垒、连通信息的手段,而提供优质的公共服务才是"信息惠民"的最终目的和归依,强调"互联网+政务服务"不仅是物理与技术层面的对接与关联,更是理念、体制、管理层次上的更新与变革。⑦ 在技术层面,

---

①屈晓东.数字政府视角下网上行政审批的特点、困境与突破策略[J].理论导刊,2018(12):54-58.
②王益民.数字政府整体架构与评估体系[J].中国领导科学,2020(1):65-70.
③Dunleavy P, Margetts H, Bastow S, et al. New Public Management is Dead—Long Live Digitalera Governance[J]. Journal of Public Administration Research and Theory, 2006, 16 (3): 467-494.
④Dawes S S. Governance in the Digital Age: A Research and Action Framework for an Uncertain Future[J]. Government Information Quarterly, 2009, 26 (2): 257-264.
⑤Luna-Reyes L F, Gil-Garcia J R. Digital Government Transformation and Internet Portals: The Co-evolution of Technology, Organizations and Institutions[J]. Government Information Quarterly, 2014, 31 (4): 545-555.
⑥王伟玲.加快实施数字政府战略:现实困境与破解路径[J].电子政务,2019(12):86-94.
⑦李健."互联网+政务服务":驱动要素与政府职责[J].电子政务,2016(10):10-16.

学者们建议从加强数据安全①、技术升级与协调发展②、打破数据共享壁垒③、建立新型数字政府服务基础设施④等方面进行创新。在制度层面，学者们强调要加强顶层设计⑤。在组织层面，学者们认为应当加强政府部门数字治理人才队伍建设等⑥。

## 二、数字政府服务创新的多案例分析

### （一）研究框架

创新网络视角强调参与创新的主体的多样性，以及多样的行动者之间基于相互作用、交换和制约形成的复杂的互动模式，既体现为一种新的组织形式，也表现为关系和制度背景，"是处理系统性创新的制度安排而且包含了非正式和隐含特征的联系"⑦。创新网络的基本构成主要包括节点和链接⑧，节点主要指创新网络中的各个主体，链接则指的是创新网络中的关系及资源。创新网络可以看作空间范围内各要素之间的流动与相互作用，形成节点及节点间所形成的链接。在公共部门中，创新网络的节点除了公共部门以外，还包括利益相关者、用户、第三部门等，这些不同的主体在创新网络中扮演着不同的角色并对创新产生影响。就用户而言，随着公共部门治理政策网络的出现⑨，公共服务用户的另一个角色——政策网络参与者的角色为用户提供了各种参与创新过程的方法。第三部门在创新网络中往往扮演着合作伙伴的角色。如果网络中有第三部门合作伙伴，则该合作伙伴在创新网络的建设、管理和领导中起着关键作用。在考虑创新网络的形成与演化时，学者们一般考虑创新网络的结构特征以及演化机制。国内外学者普遍认为，创新网络结

---

①陶国根.大数据视域下的政府公共服务创新之道[J].电子政务，2016（2）：68-73.
②吴磊.政府治理数字化转型的探索与创新——以广东数字政府建设为例[J].学术研究，2020（11）：56-60.
③邓念国."放管服"改革中政务大数据共享的壁垒及其破解——以"最多跑一次"改革为考察对象[J].天津行政学院学报，2018（1）：14-21.
④周民，贾一苇.推进"互联网+政务服务"，创新政府服务与管理模式[J].电子政务，2016（6）：73-79.
⑤黄未，陈加友.创新行政管理和服务方式推进数字政府建设[J].贵州社会科学，2019（11）：16-19.
⑥朱玲.我国数字政府治理的现实困境与突破路径[J].人民论坛，2019（32）：72-73.
⑦Freeman C. Networks of Innovators：A Synthesis of Research Issues[J]. Research Policy，1991，20（5）：499-514.
⑧Wasserman S, Faust K. Social Network Analysis Methods and Applications[M]. Cambridge：Cambridge University Press，1994：24.
⑨Franco L A. Making Strategy：Mapping Out Strategic Success. Journal of the Operational Research Society[J]，2014，65（05）：795-796.

构特征应当从网络规模、网络结构和互动性三方面进行描述①。其中，网络规模一般指的是创新网络中节点的数量②；网络结构一般包括网络密度和网络中心性③；互动性则包括关系强度和邻近性④等。而网络的内生效应（如网络本身及组织要素的规模、性质、特征等）和多维邻近性（如地理临近、文化临近、社会临近等）是影响创新网络形成与演化的重要机制。

在创新网络视角下，数字政府服务创新的多元行动者被视为创新网络的节点，主要包括政府部门、用户和企业，它们之间的互动关系就构成了创新网络的链接。政府部门、用户和企业的数量被视为网络规模，各个行动者与创新的发起者之间的关系强度和临近性视为网络中心度，它们之间的关系强度和邻近性反映为创新网络的互动性。在此基础上，基于数字政府服务创新的特征，技术因素和制度因素构成了影响创新网络结构特征的两个最重要的变量。多元行动者的行动受到技术变革的"赋能作用"，并受到制度环境的影响。技术因素和制度因素在创新网络的结构中扮演了关键的角色。技术因素与制度因素也相互影响，对于数字政府服务创新而言，技术本身就是嵌入在制度之中的，通过制度变迁发挥其潜力。同时，制度的变化也影响了技术的执行，创造了不同以往的技术执行方式。据此提出构建本文的研究假设：第一，在数字政府服务创新中，多元行动者的数量和"距离"构成了数字政府服务创新的结构，对于任何一个行动者而言，它既受到结构的影响，也影响结构，行动者之间的关系及其关系的"节点"影响了创新行动的生成与扩散。第二，制度和技术构成了影响结构与行动关系的两个关键变量。技术提供的是"赋能"作用，即提供了创新的诱因和动能，制度的变化发挥了"使能"作用，是变化的过程和结果。制度变化的过程受到创新网络结构和行动者行为的双重影响。第三，技术和制度两者之间相互影响，它们作用于行动者及行动者之间的关系而产生调试，调试的过程和结果影响了创新的扩散和效果。

---

①Sørensen E, Torfing J, et al. Theories of Democratic Network Governance [M]. London: Palgrave-Macmillan, 2007: 14.
②池仁勇.区域中小企业创新网络形成、结构属性与功能提升：浙江省实证考察[J].管理世界，2005（10）：102-112.
③吴中超.创新网络结构特征与绩效驱动机制分析——基于RIS框架下产学研协同创新[J].技术经济与管理研究，2020（7）：33-38.
④任胜钢，胡春燕，王龙伟.我国区域创新网络结构特征对区域创新能力影响的实证研究[J].系统工程，2011（29）：50-55.

## (二)案例选择

应用多案例研究方法,为了保证研究结果的科学性和可信度,必须选取具有代表性的典型案例。根据 2017—2020 年《省级政府网上政务服务能力调查评估报告》的评价标准及调查结果,选取四年来网上政务服务能力高的(评分 80 分以上,见表 6-1)的浙江、云南、宁夏三个省的典型数字政府服务创新案例,即宁波市"最多跑一次"改革、昆明市"互联网+N"智慧政务、银川市数字政府建设作为研究对象。宁波市网上政务服务能力的总体指数一直居于非常高(90 分以上)的行列,在贯彻"最多跑一次"改革推进政府数字化转型过程中,多项首创性做法被纳入全国、浙江省重要制度性安排;昆明市近三年来都是政务服务能力提升较快的城市,政务服务荣获"2021 数字政府管理创新奖";银川市政务服务能力总体指数为高(80~90 分),是西北地区唯一进入前 50%的主要城市(省会和副省级城市排名)。这三个案例一方面满足了地理上的差异性,另一方面也满足了经济状况的差异性。最重要的是,这三个案例都是取得显著成果且获得认可的典型案例,均多次在全国政务服务工作交流研讨会交流经验,成为数字政府创新成果与优秀案例。同时,为了保证研究的客观性和科学性,本文依据三角互证原则,从多渠道进行资料收集,具体包括政府官方网站、权威统计报告、政府文件、媒体报道、学术会议等。

表 6-1　2016—2020 年目标省份政府网上政务服务能力评分

| 省份 | 2017 年 | | 2018 年 | | 2019 年 | | 2020 年 | | 平均 |
| --- | --- | --- | --- | --- | --- | --- | --- | --- | --- |
| 浙江 | 94.26 | 1 | 93.55 | 2 | 96.73 | 1 | 95.38 | 1 | 94.23 |
| 云南 | 81.30 | 18 | 82.58 | 14 | 81.57 | 16 | 85.10 | 12 | 81.22 |
| 宁夏 | 82.19 | 11 | 82.83 | 11 | 82.83 | 14 | 85.33 | 11 | 81.41 |

表 6-2 为 2018—2020 年案例城市网上政务服务能力评分。

表 6-2 2018—2020 年案例城市网上政务服务能力评分

| 城市 | 2018 年 | | 2019 年 | | 2020 年 | | 平均指数 |
| --- | --- | --- | --- | --- | --- | --- | --- |
| | 总体指数 | 名次 | 总体指数 | 名次 | 总体指数 | 名次 | |
| 宁波 | 90.64 | 4 | 95.28 | 3 | 94.49 | 3 | 93.47 |
| 昆明 | 79.13 | 23 | 80.68 | 17 | 85.98 | 11 | 81.93 |
| 银川 | 85.59 | 15 | 83.00 | 14 | 84.97 | 14 | 84.52 |

注：表 6-1、表 6-2 根据中共中央党校（国家行政学院）电子政务研究中心发布《省级政府网上政务服务能力调查评估报告（2017）》《省级政府网上政务服务能力调查评估报告（2018）》《省级政府和重点城市网上政务服务能力调查评估报告（2019）》《省级政府和重点城市网上政务服务能力（政务服务"好差评"）调查评估报告（2020）》《省级政府和重点城市一体化政务服务能力调查评估报告（2021）》整理得出。

1. 宁波市"最多跑一次"改革

宁波市深入贯彻落实浙江省"最多跑一次"改革推进政府数字化转型。2017 年 2 月 28 日，宁波市国家高新区就通过管委会门户网站，在全市功能区中率先公布了首批"最多跑一次"事项清单，涉及 13 个部门（单位），共计 395 项，占在用群众和企业办事审批事项的 82%。宁波市行政服务中心将原来的 42 个部门分设 158 个窗口进行整合，形成 8 类综合办理功能区和 87 个"一窗受理"的窗口，到 2017 年 7 月，已基本实现基于一级政府层面跨越部门、横向贯通的"一窗受理"行政服务。在此基础上，为了提升办事效率和资源利用效率，宁波市、县两级 8 个功能区、250 多个项目实现了"区域评估、打包审批"。截止到 2017 年年底，宁波市公安、交通、质监等 33 个市级部门共同参与梳理出了近 400 项全城通办事项，实现了就近就便受理申请、审批权属不变、数据网上流转、批件快递送达的模式。到 2020 年，宁波市基本做到了"一件事、到一窗、跑一次"。为了巩固改革成效、进一步推进数字政府服务创新，宁波市建立了涵盖市场监管、安全生产、生态环境、文化市场等四个领域在内的跨部门联合"双随机、一公开"监管模式和涵盖市场监管、生态环境、文化市场、交通运输、农业农村等 5 个领域的"综合行政执法+部门专业执法+联合执法"执法体系。除了政府本身的监管，群众和企业也可以通过掌上执法系统、"好差评"制度对政府服务进行监督。在宁波"最多跑一次"改革中涌现出了许多先进做法并得到推广，如首创的"宁波移动微法院"在全国推行，个人"全生命周期"政务服务标准化项目成为全国样板,"访诉调全面融合"、宁海"亲人身后一件事"、不动产网上联通"一路通""不动产及水电气视网过户'五通联办'"等经验在全省推广等。最终形成了具有宁波市特色的"四横四纵"政府数字化转型体系,"四横"是网络基础体系、大数据中心体系、应用支撑体系、数字应用体系四大方面建设任务,"四纵"是政策制度、组织保障、标准规范、安全保障四大方面保障措施。

2. 昆明市"互联网+N"智慧政务

昆明市持续深化"放管服"改革,整合平台集成服务创新,推进"互联网+N"智慧政务建设,提升网上政务服务能力。昆明市"互联网+N"智慧政务的一个突出特点是致力于推进服务平台标准化,自 2017 年推出"一网三中心加延伸点"智慧政务服务体系之后,于 2019 年进一步发展创造为"一网四中心"(即互联网+政务服务中心+投资服务中心+公共资源交易中心+党群服务中心),将"互联网+政务服务"拓展到公共资源交易、投资服务和党群服务领域,公共资源交易智慧监管等做法全国领先。2021 年,昆明市探索建立了"云上办"政务服务"跨省通办"合作机制,合作区域发展到 20 个省(自治区、直辖市)、48 个地级城市、187 个县(市)区和开发园区等共 235 个合作地区,梳理了 3 240 项"跨省通办"政务服务事项。昆明市数字政府服务体系主要由市政务服务局负责,通过市政务服务中心、市公共资源交易中心、市投资服务中心分级建立了"'互联网+政务服务'+公共资源交易+投资服务+党群服务"模式,分别负责全市网上及实体大厅政务服务工作、公共资源交易服务及中介超市运行工作、投资审批全程代办服务工作,对涉及多个部门、多个环节事项实行"申报表单一次填写""申报材料一套提交""批文证明一库共享""审批进度一网查询""审批服务一站办理"主题服务集成模式,全市 5 201 项政务服务事项让群众企业办事立等可取,让群众企业"一次办成一件事"。在监管方面,昆明市建立政务服务效能监察系统和手机效能监察 App,各级党委政府、各审批职能部门和督办监察部门,对各级政务服务中心、审批部门及人员事项受理、办理、绩效和对出现红、黄牌的具体事项的办理环节和人员进行实时跟踪问效,实现政务服务"掌上效能监察",并按照"双随机、一公开"的原则,接受社会监督。群众和企业可以通过"三覆盖、一公开"(事项全覆盖、渠道全覆盖、对象全覆盖、评价结果全公开)的"好差评"制度通过网上大厅、手机 App、微信公众号、自助服务终端、政务中心配置政务服务"好差评"二维码、评价器等对综窗服务人员、导办服务人员、咨询人员、审批人员提供的服务进行评价和监督。

3. 银川市数字政府建设

银川市是国家信息惠民工程的试点城市之一。银川市着力搭建"一网两端",即网上市民大厅、自助终端和掌上"银E通",依据审批事项和流程,构建多元化、立体化、空间化的服务场景和模式,打造"一网通办、一证通办、一码通办、全城通办"网上政务服务体系和"掌上办事之城"。截止到2020年8月,银川市已经建成覆盖市直37个部门、6个县(市)区、54个乡镇(街道)、518个村(社区)的政务服务网络,整合了涵盖市场监管、教育等16个部门的准营资质类审批,实行"一表申请、一次勘验、多证合一、全程网办";在自助服务终端实现490项审批事项可查询、预约、申请;通过"i银川"App提供490项事项的手机预约、1 132项事项的在线查询,52项办理频次较高的事项手机直接办理。银川市审批服务管理局聚焦市场主体审批流程长痛点,组建商事服务大厅、投资项目服务大厅,构建市场准营许可的"1+N多证联办"模式,搭建网上投资项目审批平台,大幅度降低了企业审批服务的制度性成本。2020年,银川市进一步探索智能化审批在商事登记中的应用,通过银川"智慧政务"数据银行,采取数据共享实时比对核验,系统自动智能做出审批决定,推出30项准入、准营事项,实现智能化审批。在监管方面,银川市通过专项督查、每日巡查、电子监察"三查"机制,对审批事项流程、办理过程、档案资料、现场勘验、会议决策进行"五督查",并建立"好差评"机制和绩效考评正向激励反向惩戒机制,全方位构建立体化监督管理体系。群众和企业可通过App、PC端、实体大厅评价器、二维码等多渠道对政府服务进行评价和监督。银川数字政府建设过程中,各政府部门和区县也积极创新。西夏区打造的"数字西夏"推进全域组织在线,通过钉钉构建西夏区、街道(乡镇)、社区(村)、小区(组)、居民(农户)五级全覆盖的数字化在线组织,实现了快速政令指令下达,民情民意上传;通过数字政府工作平台、数字民生服务平台、数字政务系统、政企合作系统、数字社区系统、数字乡镇系统,延展了数字政府服务,打造了服务群众"最后一公里"。

## 三、数字政府服务创新的影响因素

### (一) 数字政府服务创新的创新网络

数字政府服务创新是在网络中进行的,服务创新过程是利用新的数字技术创造提供新的服务方式和模式的过程,也是将新的理念和技术潜力与改革的需求联结起来,为服务对象提供新服务的过程。在创新网络中,有三个种类的网络:组织内部关系、个人之间的组织间关系和组织层面的组织间关系。

对于数字政府服务创新而言，主要是组织内部关系和组织层面的组织间关系，还包括组织层面的组织内外部关系。在三个案例中，都提出了新的服务理念，如"最多跑一次""互联网+N智慧政务""掌上办事之城"，同时三者之间也具有很强的互通之处，如"最多跑一次""一次办成""一网通办""掌上通办""就近申办"等。组织内部关系，表现为各个改革的发起部门，如宁波市行政服务中心、昆明市政务服务中心、银川市审批服务管理局对内设机构和审批流程的调整与变革；组织层面的组织间关系，表现为在宁波市、昆明市和银川市的数字服务创新中，创新的发起点是多样的，包括开发区、区镇、政府部门。

在三个案例中，数字政府服务创新的创新网络体现为不同的模式。宁波市"最多跑一次"改革的数字服务创新中，表现出很强的多点创新和交互创新的特点。宁波市于2017年成立了"最多跑一次"改革工作领导小组及办公室，2019年又成立了政府数字化转型工作领导小组及办公室，但在改革实施过程中，各地各部门，如宁波市高新区、行政服务中心、海曙区、慈溪市、象山县等均实施了自发性创新。改革过程也表现出"多点突破"，如"统一受理"平台搭建、"一件事情""全城通办"、投资项目"打包审批、集成服务"和代办帮办等全面推开，微信行政预审批、自助终端、邮政快递、"12345"政务咨询投诉举报平台等新的服务和监督途径所创造的新的网络节点的交互作用，创造了更多的创新机遇。昆明市"互联网+N"智慧政务的创新过程依托于多中心的创新网络和交互创新，推进主体首先是市政务服务中心、市公共资源交易中心、市投资服务中心，以这三个中心"串联""带动"政府各部门和区县的审批改革和服务创新，尤其是公共资源交易中心拓展的政企合作创新的网络节点。银川市数字政府服务创新的创新网络有着明确的中心，即市审批服务管理局和网信办，通过"一网通办、一证通办、一码通办、全城通办"的支撑点，区分五个方面17项任务，带动政府35个部门协同推进服务创新改革。在组织外部关系上，宁波市、昆明市和银川市均积极参与"跨省通办"，探索建立与其他省、市、县的合作机制；三个城市也积极发展与企业的合作互惠服务，如便民缴费服务，宁波市、银川市还推动企业登记服务的社会化，银行网点代办企业注册登记等取得较大进展；宁波市、昆明市和银川市都认识到群众监督对于审批改革和服务创新具有正向的激励与惩戒作用，推动群众参与到审批服务的质量监督之中，在服务创新中发挥重要的规范、约束和推动作用。

通过对三个案例中的多元行动者进行梳理，笔者发现，尽管宁波市、昆明市、银川市的创新网络在中心点和密度上存在差异，但在实践过程中，创新过程的交互作用和网络节点的交互作用都有明显发挥。行政审批制度改革、营商环境优化、数字政府建设在推进过程中相互融合,促进了数字政务服务的新模式、新方法。在具体的数字政府服务创新行动中,某一政府组织围绕改革创新的某一方面与其他政府组织之间通过交流而产生了具有进一步扩散价值和作用的服务方式和方法,相互之间的交互作用再把创新节点连成网络时又生成了新的节点,促进了创新行为的传播。在服务创新过程中,政府部门主要发挥创新执政理念、再造服务流程以及监管等作用,企业和公众既是改革创新的目标和对象,也是服务创新的参与者,企业以技术能力直接参与到数字政府服务创新之中并承担了政府疏解的部分服务业务,公众则对改革方案的出台提供意见,同时也通过多渠道的监督和评价为政府服务创新的持续发展提供方向和动力。

**(二) 数字技术的赋能作用**

在三个案例中,数字技术及其集合式应用都在服务创新中发挥了重要的赋能作用。一是政务服务平台的整合功能。通过"网、云、库"建设,依托一体化政务服务平台对服务事项和部门数据进行整合和对接,提高了政务服务数字化、精细化水平,为"一窗受理""一网通办"提供了条件。二是数据共享的应用支撑功能。数据共享和对接是政务服务各项业务协同的前提和基础。通过运用新的电子证照技术、数据共享交换平台,打通了政府部门和层级之间的数据壁垒,实现多级数据共享,提升数据服务响应能力。三是移动技术的空间覆盖功能。手机 App、微信公众平台、自助服务终端,以及数字技术与传统电话热线、邮政投递的结合,使政务服务的投射由界面转向更广泛的数字"空间",更好地满足了企业和公众差异化、个性化的需求。

一是政务服务平台方面。宁波市以基层治理体系的"四个平台"为支撑,以综合指挥室为枢纽,纳入直接面向基层群众的各类事项,结合不同乡镇(街道)类型,形成一窗受理板块,推进"一窗受理、集成服务"改革向乡镇(街道)、村(社区)延伸,首创基层社会治理与"最多跑一次"改革同步联动新模式,让群众不出乡镇(街道),甚至村(社区),就能够办理与日常生产生活密切相关的事项。昆明市推进政务服务应用系统、审批业务系统、公共资源交易系统、投资项目服务系统、智慧党建系统整合以及各类政务数据信息共享共用,打造应用集成、界面规范、部署集中、信息共享的"互联网+N"线上线下一体化政务服务平台体系。银川市建立网上办事大厅,坚持"应上尽上"原则,实现将近半数的审批业务网上办理,并有500余项可实现"一站式"审批。

二是数据共享方面。宁波市于2014年开始建设政务云计算中心,之后持续推动各类政务信息系统向市政务云平台迁移，初步形成全市政务"一朵云"，又相继建成大数据通用计算平台，建设和完善公共数据共享交换和开放平台，以及"CityGo城市大脑"，"最多跑一次"改革的大数据驱动作用日益明显。昆明市推动政务服务平台与各级各类平台系统对接和数据融合共享，与省级政务平台统一服务入口、统一身份认证、统一事项管理、统一数据共享和统一效能监察"五统一"对接，与省投资项目在线审批监管平台实现事项信息、用户信息、部门信息、审批过程、审批结果等方面数据同步。实现省、市政务服务事项同源、用户统一、数据共享。银川市对接自治区和国家级数据共享交换平台，打通国家、区、市三级数据共享渠道，并通过数据采集技术、数据安全技术等在打破信息壁垒的同时保护数据安全。银川市还打造了别具特色的"证照云"系统，实现了27类证照电子化，并与纸质证照具有同等法律效力。

三是移动技术方面。宁波市开发了"宁波政务App""宁波公共服务"等微信平台，提供多渠道、更便捷的网上政务服务。根据不同的星级，进行网上预审、申报，窗口报批，开发全程在线等功能。昆明市推广应用全省"一部手机办事通"，建设开发办事App和微信公众号，全市13 289项政务服务事项纳入"掌上通办"，为群众提供办事预约、进度查询、事项申报等服务，让群众随时随地能网上办事，不受时间、空间限制。银川市建立统一的掌上办事载体"i银川"，把227项审批业务向掌上延伸，实现了实体政务大厅和网上办事大厅、线上与线下、网上到掌上的一体化服务。

### （三）制度创新的推动和保障作用

从语义上讲，政策与制度有着明显的区分，但在转型过程中，政策通常也包含了制度安排的内容。根据对三个案例的相关政策文件和规章的整理（见表6-3）及其文本分析，笔者发现，其制度创新主要包括三个方面：一是政策支撑。政策文件是明确数字政府服务创新部门权责、发展目标、任务分工的重要依据，是推进数字政府服务可持续创新的保障。二是标准化建设。各个层级的政务服务中心的标准化建设、行政审批及公共服务的"同一事项、同一标准、同一编码"、审批裁量的标准化，以及数据应用标准化等是政务服务数字化转型及规范发展的支柱。目前，标准化建设主要是在政策条件中提及并规范，标准化同时也是制度化的前提和基础。三是体制建构和管理规范化。三个案例都确定了一个宏观的、整体性的制度架构，如宁波市的"四横四纵"、昆明市的"一网四中心"、银川市的"1230"等。同时，这三个城市也逐渐推出了一些制度性的建构，主要涉及公众监督、公共数据管理、数据共享，以及审批服务的内部运行管理等方面。

在当前数字政府服务创新的三个案例中，制度创新主要是通过政策文件来体现的，这是由于数字政府服务创新涉及机构、权力、责任，以及网络、平台、数据、政府间关系、运营管理等方方面面，并仍处于快速发展之中，在很多问题领域还没有形成稳定的、成熟的行为模式。三个案例也都出现了积极的有关数字政府服务创新的重要因素的制度化探索，如宁波市的公共数据管理、昆明市的政务信息共享管理，以及银川市的审批服务标准化建设。相比较而言，三个案例也表现为不同的制度创新模式，宁波市和昆明市主要是通过一个引领性的政策文件带动和牵引各个领域的创新，银川市的政策文件发布更为密集，体现为针对具体领域的"多线"创新路径。通过三个案例的数字政府服务创新成效来看，对接国家和省的改革创新要求，基于本地区实情，提出具有特色的综合性的政策和制度创新总体方案，并不断完善和发展，对于数字政府服务创新的可持续提供了重要的保障和助力。宁波市、昆明市和银川市数字政府服务创新的相关政策文件和规章（2017—2021年）如表6-3所示。

表6-3　宁波市、昆明市和银川市数字政府服务创新的相关政策文件和制度架构与规则（2017—2021年）

| | 政策文件 | 制度架构与规则 |
| --- | --- | --- |
| 宁波"最多跑一次"改革 | 1.《宁波市人民政府关于印发加快推进"最多跑一次"改革实施方案的通知》（甬政发〔2017〕19号）<br>2.《宁波市人民政府办公厅关于深化"最多跑一次"改革全面推进"服务争效"实施意见》（甬政办发〔2018〕72号）<br>3.《宁波市深化"最多跑一次"改革推进政府数字化转型三年行动计划（2019—2021年）》（甬政发〔2019〕30号）<br>4.《宁波市建立政务服务"好差评"制度实施方案》（中共宁波市委全面深化改革委员会办公室，2019）<br>5.《2020年数据共享开放百日攻坚行动方案》（宁波市政府数字化转型工作领导小组办公室，2020） | 1."四横四纵"政府数字化转型体系<br>2.《宁波市公共数据管理办法》（甬政办发〔2019〕72号）<br>3.《宁波市公共数据安全管理暂行规定》（宁波市人民政府令第254号，2020） |

续表

| | 政策文件 | 制度架构与规则 |
|---|---|---|
| 昆明"互联网+N"智慧政务 | 1.《昆明市人民政府关于昆明市加快推进"互联网+政务服务+公共资源交易+投资服务"的实施意见》（昆政发〔2017〕35号）<br>2.《昆明市进一步优化提升营商环境的实施意见》《昆明市营商环境提升十大行动》（昆办发〔2019〕24号）<br>3.《昆明市人民政府办公室关于印发昆明市政务服务"跨省通办"工作方案的通知》（昆政办〔2020〕68号）<br>4.《昆明市人民政府办公室关于印发昆明市2021年全面优化提升营商环境行动方案的通知》（昆政办〔2021〕40号）<br>5.《昆明市人民政府办公室关于印发昆明市全面推行证明事项告知承诺制工作方案的通知》（昆政办〔2021〕18号） | 1."一网四中心"政务服务模式<br>2.《昆明市政务信息资源共享管理办法》（昆明市人民政府令第151号，2019） |
| 银川市数字政府建设 | 1.《银川市加快推进"互联网+政务服务"工作方案》（银政办发〔2017〕31号）<br>2.《银川市推进审批服务便民化实施意见》（银党办发〔2018〕70号）<br>3.《银川市"多证合一"及"1+N多证联办"改革实施方案》（银政办发〔2018〕153号）<br>4.《银川市政务服务标准化建设实施方案》（银政办发〔2018〕157号）<br>5.《银川市行政审批服务局全面推进政务服务标准化建设方案》（银审服发〔2018〕158号）<br>6.《构建"一体式集成审批服务模式"专项行动工作方案》（银政办发〔2019〕65号）<br>7.《推行"一枚印章管数据"改革 树立优化营商环境政务服务新标杆的实施方案》（银营商指挥办发〔2020〕14号）<br>8.《银川市关于推进"五办五化"改革打造精简高效便民政务服务环境的实施方案》（银营商指挥办发〔2020〕15号） | |

续表

| 政策文件 | 制度架构与规则 |
|---|---|
| 银川市数字政府建设 | |
| 9.《银川市关于深化商事制度改革推行"一件事一次办好"审批服务模式的若干实施意见》（银政办发〔2020〕46号）<br>10.《银川市深化"证照分离"改革工作方案》（银政办发〔2020〕46号）<br>11.《银川市关于加快推进智慧审批打造"掌上办事之城"的实施意见》（银政办发〔2020〕46号）<br>12.《关于"好差评"绩效评估体系运用推广实施方案》（银审服发〔2021〕7号）<br>13.《银川市全面推行企业开办"一网通办"实施方案》（银审服发〔2021〕10号）<br>14.《关于进一步推进商事改革标准化便利化简约化智能化一体化的实施方案》（银审服发〔2021〕21号） | 1."1230"审批服务改革模式<br>2.《银川市审批服务管理局标准体系》（银川市审批服务管理局，2019）<br>3.《银川市审批服务管理局标准化管理办法》（银川市审批服务管理局，2019）<br>4.《银川市政务服务标准化实施督查制度》（银审服发〔2020〕22号）<br>5.《银川市审批服务管理局商事服务证照同办、证照联办、多证联办事项清单》（银审服发〔2020〕36号） |

## 四、数字政府服务创新的多元化策略

数字政府服务创新存在一些共同的成功经验，但是由于三个案例地区的基础条件不同，其数字政府服务创新存在一定差异。宁波市地处经济发达的沿海地区，作为各类改革开放的先行区和示范区，有坚实的制度基础、经济基础和良好的外部创新网络，因此在技术支撑和制度环境的双重保障下，数字政府服务创新网络内部的关联性、互动性较强。对于这类地方政府采取保持成功策略，具体而言就是以自上而下和自下而上相结合的制度创新起步，持续引入新的数字技术，通过技术"赋能"加强多元行动者之间的关系，推进数字政务服务创新的具体实践和发展。昆明市作为经济较为发达的内陆地区城市，具有较为优越的经济条件，通过引入技术创新创建技术支撑的制度愿景或宏观架构，推动多元行动者产生联系，催生创新行为，再以逐步推进的制度创新作为保障，推动创新网络的演化。对于这类地方政府可采取持续创新策略，即沿着技术驱动的创新路径，将技术创新嵌入数字政府服务创新过程中，加强多元行动者之间的联系，再逐步推进制度创新，并推动创新网络演化。银川市属于经济基础相对薄弱的内陆城市，其数字政府创新网络的演化最初以"放管服"改革为支撑，建立起涵盖较多行动者的规模较大的数字政府服务创新网络，但是由于其经济状况和区位的制约，其在政策支撑、平台建设和标准化建设方面较弱，导致其创新网络点与点之间的联系不够密切。对于这类地方政府，应当采取改进成功策略，即以相对集约化、持续改进的制度创新为切入点，对多元行动者的行为进行指导和约束，进而推动技术赋能来加强多元行动者之间的联系，促进创新网络的演化。综合来看，数字政府服务创新存在不同的发展策略和路径，政府应理性把握服务创新中创新网络、技术赋能和制度之间的互动演化关系，选择适配的发展策略。

一方面，应因地制宜地选择数字政府服务创新实现策略。政务服务一体化平台建设、政务 App 开发、数据共享都需要投入大量的资金，因此经济欠发达地区可以选择在制度创新的保障下先扩大数字政府创新网络规模，再逐步进行技术创新加强创新网络多元行动者之间的互动关系，即采取改进成功策略。经济较发达但制度环境和外部创新网络有欠缺的地区，则比较适合从技术创新入手，在平台运行步入正轨后，逐步建立起数字政务服务体系，形成制度支撑，即采取持续成功策略。而对于经济、制度和文化均较为优越的地区，则采取保持成功策略。

另一方面，应处理好技术应用和制度创新的双向互动关系。数字政府服务创新成功，必然是要依托于政务服务平台、政务大数据、政务 App 等新的技术和技术系统，但相比较技术本身的能力而言，它所引发的政务服务体系和政府数字化转型才是实践者关注的重点。制度是数字政府服务的基础和保障，但数字政府服务创新的最鲜明特点是技术"嵌入"的创新及制度化。在数字政府服务创新中，技术与制度不可或缺，但两者结合的时间"序列"和强度影响了"调试"的效果，如何把握双向互动过程中两者的"先后顺序""主次关系""依存程度"是负责任的公共管理领导者的任务与使命。

## 第五节 ▎在线政务服务的协同治理

面对日益复杂的外部环境，任何组织、机构都无法单凭一己之力应对，协同成为各个层次上应对"复杂性"的基础方剂。我国正在大力推进在线政务服务的上下联动，横向协同，实现系统要素的耦合。当前，以国家政务服务平台为总枢纽的全国一体化政务服务平台初步建成，已经联通了 31 个省（区、市）及新疆生产建设兵团、46 个国务院部门，接入地方部门 200 余万项政务服务事项和一大批高频热点公共服务。

自 2011 年起，国务院就发文部署依托电子政务平台加强政务公开和政务服务的试点工作①；2016 年，《国务院关于加快推进"互联网+政务服务"工作的指导意见》印发，我国在线政务服务已初具规模；2017 年，《国务院办公厅关于印发"互联网+政务服务"技术体系建设指南的通知》，② 具体翔实地介绍了平台的整体架构，要求实现政务服务标准化、精准化、便捷化、平台化、协同化；2018 年，全国新一轮深化"互联网+政务服务"③、全国一体化在线政务服务平台建设等政府数字化转型工作稳步推进④；2019 年，国务院出台了《国务院关于在线政务服务的若干规定》⑤，推进各地区、各部门政务服务平台规范化、标准化、集约化建设和互联互通，推动实现政务服务事项全国标准统一、全流程网上办理，促进政务服务跨地区、跨部门、跨层级数据共享和业务协同，并依托一体化在线平台推进政务服务线上线下深度融

---

①国务院办公厅.国务院办公厅转发全国政务公开领导小组关于开展依托电子政务平台加强县级政府政务公开和政务服务试点工作的意见：国办函〔2011〕99 号 [A/OL]. [2011-09-13]. http：//www.gov.cn/zhengce/content/2011-09/19/content_1105.htm.

②国务院.国务院办公厅关于印发"互联网+政务服务"技术体系建设指南的通知：国办函〔2016〕（108 号）[A/OL]. [2016-12-20]. http：//www.gov.cn/zhengce/content/2017-01/12/content_5159174.htm.

③国务院.务院办公厅关于印发进一步深化"互联网+政务服务"推进政务服务"一网、一门、一次"改革实施方案的通知：国办发〔2018〕45 号 [A/OL]. [2018-06-10]. http：//www.mofcom.gov.cn/article/b/g/201809/20180902785829.shtml.

④国务院.国务院关于加快推进全国一体化在线政务服务平台建设的指导意见：国发〔2018〕27 号 [A/OL]. [2018-07-25]. http：//www.gov.cn/gongbao/content/2018/content_5313945.htm.

⑤国务院.国务院关于在线政务服务的若干规定：中华人民共和国国务院令第 716 号 [A/OL]. [2019-04-26]. http：//www.gov.cn/zhengce/content/2019-04/30/content_5387879.htm.

合。为进一步提高政务服务效能，打造服务型政府，政务服务"好差评"制度①、"跨省通办"②"一件事一次办"③等政务服务升级版应运而生。2023年2月27日，中共中央、国务院发布了《数字中国建设整体布局规划》④，要求提高政务数字化、智能化水平，发展高效协同的数字政务，通过数字技术的进步让居民和企业少跑腿、多办事、不添堵，加速社会生产力的释放。

互联网络信息中心（CNNIC）发布的第53次《中国互联网络发展状况统计报告》显示，截至2023年12月，我国网民规模达10.92亿，互联网普及率达77.5%。截至2023年12月，我国在线政务服务用户规模达9.73亿，较2022年12月增长4 701万人，占网民整体的89.1%。面对如此大的人口基数，维持在线政务服务平台的稳定、保证平台的正常运行的同时不断探索优化前后端流程、提高服务效率，是一个不小的挑战。

我国在线政务服务是为贯彻落实党中央和国务院"互联网+政务服务"重大部署，按照国务院推进全国一体化在线政务服务平台建设总体要求，依托全国一体化在线政务服务平台，推行的针对行政权力事项和公共服务事项，包括但不限于个人和法人服务、政务公开、效能监督、政民互动和"好差评"等服务。对在线政务服务的期望在于实现全国范围内政务服务事项标准统一、整体联动、业务协同，各地区各部门的政务服务在平台上纵横贯通，实现全国网上政务服务"一网通办"，提升企业和群众办事获得感，推进国家治理体系和治理能力现代化。

政务服务的协同即为聚焦政务服务的子要素于在线政务服务整体系统中的耦合，为其造就更优的要素和环境条件，使其加深依赖关系的同时推动系统形成质的变化。具体来看，政务服务的协同过程是指公共治理中的多部门、多主体、多技术、多数据于一体化在线政务服务平台上的整体融合，使其实现多元主体之间共同参与、对话交流和相互竞争协作。基于协同理论和协同治理理论，建构政务服务的协同理论框架，运用多案例比较分析方法，选择

---

①国务院办公厅. 国务院办公厅关于建立政务服务"好差评"制度提高政务服务水平的意见：国办发〔2019〕51号〔A/OL〕.〔2019-12-17〕. http：//www.gov.cn/gongbao/content/2020/content_5467511.htm.
②国务院办公厅. 国务院办公厅关于加快推进政务服务"跨省通办"的指导意见：国办发〔2020〕35号〔A/OL〕.〔2020-09-25〕. http：//www.gov.cn/gongbao/content/2020/content_5551806.
③国务院办公厅. 国务院办公厅关于加快推进"一件事一次办"打造政务服务升级版的指导意见：国办发〔2022〕32号〔A/OL〕.〔2022-10-03〕. http：//www.gov.cn/gongbao/content/2022/content_5719982.htm.
④新华社. 中共中央、国务院印发《数字中国建设整体布局规划》〔EB/OL〕.〔2023-02-27〕. http：//www.gov.cn/zhengce/2023-02/27/content_5743484.htm. 2023-02-27.

广州、福州、石家庄和长春等四个城市在线政务服务作为分析对象，分析四个城市的协同现状和特点，能够发现和总结出我国当前政务服务协同的格局，分析数据协同、技术协同和业务协同的问题，以提出相应的对策和建议。

## 一、在线政务服务的协同治理框架

### （一）相关研究基础

在公共行政领域，国内外学者对"协同"的研究经久不衰，形成了协同治理[1][2]（Collaborative governance，亦有译为合作治理）、协作性公共治理[3][4]（Collaborative public management）、多中心治理[5]（Polycentric governance）、整体政府[6][7]（Holistic government）、网络化治理[8]（Governing by network）、合作生产[9]（Co-production）等众多理论。北京大学公共治理研究所"数字治理研究"团队提出，协同中存在两个复杂性维度：参与和依赖，参与的复杂性表现在参与主体的异质性[10]，依赖的复杂性在于各利益相关方之间的协调方式的难度。殊途同归的是，系统科学"协同学"中最关键的变量"序变量管理"的影响因素在公共行政领域最有难度的也是对主体和利益方的平衡。

在国内，政务服务的协同问题在2020年后逐渐受到学者们的普遍关注。在线政务服务中的数字协同、部门协同、地区协同、业务协同等多方面被国内学者广泛探讨。张会平等运用社会网络分析的方法剖析了数据的跨层级流动和使用，提出构建数据认可、协商、同步等协同机制，并基于TOE框架具

---

[1] Ansell C, Gash A. Collaborative Governance in Theory and Practice[J]. Journal of Public Administration Research and Theory, 2008, 18 (04): 543-571.
[2] 张贤明, 田玉麒. 论协同治理的内涵、价值及发展趋向[J]. 湖北社会科学, 2016 (01): 30-37.
[3] O'Leary R, Gerard C, Bingham L B. Introduction to the Symposium on Collaborative Public Management[J]. Public Administration Review, 2006, 66 (S1): 6-9.
[4] 吕志奎, 孟庆国. 公共管理转型：协作性公共管理的兴起[J]. 学术研究, 2010 (12): 31-37, 58.
[5] Ostrom E. Beyond Markets and States: Polycentric Governance of Complex Economic System[J]. American Economic Review, 2010, 100 (3): 641-672.
[6] Perri 6. Joined-Up Government in the Western World in Comparative Perspective: A Preliminary Literature Review and Exploration[J]. Journal of Public Administration Research and Theory, 2004, 14 (01): 103-138.
[7] 周志忍, 蒋敏娟. 整体政府下的政策协同：理论与发达国家的当代实践[J]. 国家行政学院学报, 2010 (06): 28-33.
[8] [美] 斯蒂芬·戈德史密斯, 威廉·D. 埃格斯. 网络化治理：公共部门的新形态[M]. 北京：北京大学出版社, 2008: 5.
[9] Brudney J L. The Evaluation of Coproduction Programs[J]. Policy Studies Journal, 1983, 12 (02): 376-385.
[10] 曾渝, 黄璜. 数字化协同治理模式探究[J]. 中国行政管理, 2021 (12): 58-66.

体提出了提升政务服务数据协同治理水平的路径。①② 邓理、王中原分析了跨部门的嵌入式协同导致条块矛盾的再生产的困境。③ 吴克昌、唐煜金探讨了部门之间的组织协同，倡导重塑组织边界，减少协同矛盾。④ 薛泽林提出了智能政务推进中的开放式协同策略来应对条块关系的弊端。⑤ 张程注意到在数字治理过程中"风险压力—组织协同"逻辑与领导注意力分配问题。⑥ 王建冬注意到数据与其他要素的联动问题。⑦ 黄璜等为数字政府建设的"下一步行动"数字化赋能治理协同也指明了方向。⑧ 张娜娜等倡导数字包容，提高了在线政务服务协同的温度。⑨

在国外，大多数发达国家早在19世纪80年代就开始寻找更加有效的公共服务方法。2003年，Sharon S. Dawes等人提出了政府和企业组织自愿合并为一个由先进IT支持的连贯的服务提供系统，将各方信息共享，通过协作的方式为政府重新设计公共服务的研究，是协同的初步体现。⑩ Leo G. Anthopoulos等人认为电子政务的重点是通过公民的一站式接入点实施和传播数字公共服务，最大限度地减少公共服务执行过程中的成本和时间，倡导公务员利用自身知识来改进和执行定制和非自动化的公共服务。⑪ Muneer Nusir提出联合政府和公民（G2C）共同探讨电子服务中流程和服务出现的问题，

---

① 张会平，杨国富. "互联网+政务服务"跨层级数据协同机制研究——基于个人事项的社会网络分析[J]. 电子政务，2018（6）：81-88.
② 张会平，宋晔琴. 政务服务数据协同治理水平的提升路径研究——基于TOE框架的组态分析[J]. 情报杂志，2020，39（10）：151-157.
③ 邓理，王中原. 嵌入式协同："互联网+政务服务"改革中的跨部门协同及其困境[J]. 公共管理学报，2020，17（4）：62-73+169.
④ 吴克昌，唐煜金. 边界重塑：数字赋能政府部门协同的内在机理[J]. 电子政务，2023，242（02）：59-71.
⑤ 薛泽林. 智能政务推进中的开放式协同策略[J]. 学习与实践，2019（2）：57-64.
⑥ 张程. 数字治理下的"风险压力—组织协同"逻辑与领导注意力分配——以A市"市长信箱"为例[J]. 公共行政评论，2020，13（1）：79-98+197-198.
⑦ 王建冬，童楠楠. 数字经济背景下数据与其他生产要素的协同联动机制研究[J]. 电子政务，2020（3）：22-31.
⑧ 黄璜，谢思娴，姚清晨，等. 数字化赋能治理协同：数字政府建设的"下一步行动"[J]. 电子政务，2022（4）：2-27.
⑨ 张娜娜，邰旭阳，梅亮. 如何实现数字包容：基于数字平台生态系统的协同机制[J]. 科学学与科学技术管理，2022，43（11）：3-18.
⑩ Dawes S S, Prefontaine L. Understanding New Models of Collaboration for Delivering Government Services[J]. Communications of the Acm, 2003, 46（1）：40-42.
⑪ Leo G. Anthopoulos, Panagiotis Siozos, Ioannis A. Tsoukalas. Applying Participatory Design and Collaboration in Digital Public Services for Discovering and Re-designing e-Government Services[J]. Government Information Quarterly, 2007, 24（2）：353-376.

对电子服务进行联合设计,提高服务的有效性和效率。[1] Frank K. Y. Chan 等实证分析了公民在平台服务中感知政务服务满意度,包括对核心服务的准确性、完整性、自助服务能力和便利性的感知,对促进服务可访问性、隐私保护、安全保护和用户支持的看法,以及对支持服务个性化能力和透明度的看法等。[2]

(二) 分析框架

在系统科学的分支之一的协同学中,创始人哈肯(H. Hark)于1971年发表的《协同学:一门协作的科学》一文里,引入了协同与协同学的概念。按照哈肯的观点,协同就是系统中各个子系统的相互协调的、合作的、同步的联合作用或集体行为,是系统整体性和相关性的内在表现,最核心的是序参量的管理。协同主要表现为利用相连的要素和环境条件,造就系统的整体趋势,从而形成系统性质的飞跃变化。协同理论是自然科学中协同论和社会科学中治理理论的交叉结合领域。虽尚未形成明晰的分析框架,但基本上包括治理主体多元化、各子系统协同性、自组织间竞争合作、共同规则制定、实现共同愿景等要素。

协同治理作为一种治理制度设计,被国内外公共行政学界普遍定义为"一个或多个公共机构与非政府的利益相关者为制定或执行政策、管理公共项目或资产而参与的以共识为导向的、正式协商性集体决议过程"[3]。协同理论的内涵可以从三个方面阐释:开放的决策制定过程,参与主体形成良善关系和善治的实现方式。(1)协同治理旨在开放性地为某个特定议程制定决策。不同于管理主义依赖公共政策专家进行单方的、封闭式的决策过程,协同治理要求利益相关者直接参与决策制定的全过程,且决策参与者应包括政府部门、私人部门、公民社会以及社区和以公私合营、私人社会为表现形式的混合网络等组织。(2)在多元化的决策参与过程中,参与者通过发达的信息共享建立共同理解,不仅能够彼此建立信任关系,而且能够明确共同的目的、共同的发展结构、共同的职责与义务,共享资源与收益。[4] 至此,协同治理的参与主体形成良善关系。(3)在现实情景与公共行政过程中,权力下放、技术变革、资源减少、组

---

[1] Nusir M. Government Digital Service Co-design: Concepts to Collaboration Tools [C]//International Conference on E-Business, 2020: 173-182.
[2] Chan F K Y, Thong J Y L, Brown S A, et al. Service Design and Citizen Satisfaction with e-Government Services: A Multidimensional Perspective[J]. Public Administration Review, 2020, 81 (5): 874-894.
[3] Emerson K, Nabatchi T, Balogh S. An Integrative Framework for Collaborative Governance[J]. Journal of Public Administration Research & Theory, 2012, 22 (1): 1-29.
[4] Mattessich P W, Johnson K M. Collaboration: What makes it work [M]. St. Paul, Minnesota: Fieldstone Alliance, 1992: 39.

织间的依赖性增强都大大提升了协同的水平[1],它以更有效的手段和方式实现共同目标,解决共同问题的过程本就是善治的实现。

在线政务服务本质上是复杂的系统,借鉴黄璜等的数字化赋能协同治理框架和王丽丽、安小米的数据协同要素,将在线政务服务协同的整体框架设定为包括主体协同、数据协同、技术协同、业务协同和服务协同。

1. 主体协同

在治理主体方面,在线政务服务的协同主体有上级部门、政务服务实施部门和参与在线政务服务的企业和公民。通过统筹协调、法律规范、制度衔接和一体化联合,以及多主体之间的对话和共识达成,可以促进主体协同。

2. 数据协同

数据协同作为协同的重要工具,具体包括政务服务数据的全生命周期管理、质量管理和风险管理三个方面。数据的全生命周期管理是指对数据进行收集、融合、开放共享和开发利用的管理过程,是从"工具理性"向"价值理性"的转型,不仅直接反映了政府在线政务服务的数字化程度,而且是政府内部存在"数据孤岛"、系统壁垒问题的直接原因。数据协同的质量管理是对数据的真实性、有效性进行管理的基础上实现对现有数据的价值挖掘。政府在线政务服务数据的风险管理,包括数据安全和个人隐私保护、风险评估和安全审查等。

3. 技术协同

技术协同包括基础平台建设、关键支撑技术、关键保障技术和新技术配套支撑,是平台基础建设、运行能力、保障能力、创新能力共同作用的过程和结果。在现实中,技术协同主要体现为利用数字平台实现多个相互依赖的个体或机构参与公共决策和管理的制度安排,是依托平台的标准化建设、模块化功能实现,以及多终端信息共享的协同。

4. 业务协同

业务协同是实现服务协同的关键,是政府内部实现跨层级、跨地域、跨系统、跨部门的业务整合与协同,是通往服务协同的"最后一公里"。业务协同具体包括办事指南的规范化、标准化,业务公开动态化,业务办理协同高效性,审查工作有效性,创新服务便捷化。

5. 服务协同

服务协同坚持以人为中心、以服务为导向和参与式的服务理念,体现为

---

[1] Thomson A M, Perry J L. Collaboration Processes: Inside the Black Box[J]. Public Administration Review, 2006, 66 (S21): 20-32, 63.

在线政务服务的回应性水平、智能化程度和包容程度,直接影响公民对政务服务的参与度、政治效能感和满意度。其具体包括基于场景创新服务方式、提供精准服务和一体化服务的能力,以及实施以企业和公民需求为导向的个性化服务创新。

从总体上看,在线政务服务的协同治理均涉及主体协同、数据协同、技术协同、业务协同和服务协同等五个方面,但仍需进一步细化。在搜集了近7年在线政务服务的顶层设计(见表6-4)和近10年政务服务协同治理的相关文献,结合在线政务服务的最新发展,以此为基础,对上述协同要素进行筛选、剔除、增加,构建在线政务服务协同要素及逻辑框架(见表6-5)。

表6-4 2016—2023年国家层面有关在线政务服务的政策文献

| 编号 | 文献名称 | 责任主体 | 年份 |
|---|---|---|---|
| S | 国务院关于加快推进"互联网+政务服务"工作的指导意见 | 国务院 | 2016 |
| A1 | 国务院关于印发政务信息资源共享管理暂行办法的通知 | 国务院 | 2016 |
| A2 | 国务院办公厅关于印发"互联网+政务服务"技术体系建设指南 | 国务院 | 2017 |
| A3 | 国务院办公厅关于印发政务信息系统整合共享实施方案的通知 | 国务院 | 2017 |
| A4 | 国务院关于加快推进全国一体化在线政务服务平台建设的指导意见 | 国务院 | 2018 |
| A5 | 国务院办公厅关于印发进一步深化"互联网+政务服务"推进政务服务"一网、一门、一次"改革实施方案的通知 | 国务院 | 2018 |
| A6 | 国务院关于在线政务服务的若干规定 | 国务院 | 2019 |
| A7 | 国务院办公厅关于加快推进政务服务"跨省通办"的指导意见 | 国务院 | 2020 |
| A8 | 国务院办公厅关于印发全国一体化政务服务平台移动端建设指南的通知 | 国务院 | 2021 |
| A9 | 国务院办公厅关于推动12345政务服务便民热线与110报警服务台高效对接联动的意见 | 国务院 | 2022 |
| B1 | 国务院关于加快推进政务服务标准化规范化便利化的指导意见 | 国务院 | 2022 |
| B2 | 国务院办公厅关于加快推进"一件事一次办"打造政务服务升级版的指导意见 | 国务院 | 2022 |

续表

| 编号 | 文献名称 | 责任主体 | 年份 |
|---|---|---|---|
| B3 | 国务院办公厅关于扩大政务服务"跨省通办"范围进一步提升服务效能的意见 | 国务院 | 2022 |
| B4 | 国务院关于加强数字政府建设的指导意见 | 国务院 | 2022 |
| B5 | 联合国电子政务调查报告2022 | 联合国经济和社会事务部 | 2023 |
| B6 | 2022省级政府和重点城市一体化政务服务能力调查评估报告 | 中央党校 | 2023 |
| B7 | 数字中国建设整体布局规划2023 | 国务院 | 2023 |

注：S、A1、A2等为表中所示编号。

表6-5 在线政务服务协同要素及逻辑框架

| 一级指标 | 二级指标 | 三级指标 | 文献来源 |
|---|---|---|---|
| 主体协同 | 顶层设计 | 顶层设计A4、A6、A8、A9、B1、B4 | A4、A6、A8、A9、B1、B4 |
| | 体制机制 | 一体化联合推进S、A4、A5、A6、A8；绩效评估和监督等考核S、A1、A2、A3、A4、A5、A8、B1、B2、B4 | S、A1、A2、A3、A4、A5、A6、A8、B1、B2、B4 |
| | 法律法规 | 数据安全和个人隐私保护法律规范、数据治理制度和标准体系B4、B7 | B4、B7 |
| 技术协同 | 基础平台 | 数据共享交换平台A2；全国一体化网上政务服务平台A4、A5、A6；12345与110一体化联动工作平台A9；联系方式、帮助台电话B5 | A2、A4、A5、A6、A9 |
| | 关键支撑技术 | 统一用户认证，电子证照、电子文书，电子印章等A2、A4；移动端统一标准规范、清单管理、身份认证数据共享、应用管理A8；事前事中事后全链条全领域监管B4；业务数据更新和可访问性、移动设备可访问性B5 | A2、A4、A8、B4、B5 |

续表

| 一级指标 | 二级指标 | 三级指标 | 文献来源 |
|---|---|---|---|
| 技术协同 | 关键保障技术 | 运行管理、安全保障技术体系 S、A2、A4 | S、A2、A4 |
| | 新技术配套支撑 | 政务云等新技术应用 A2、B4；新技术应用标准规范 S | S、A2、B4 |
| 数据协同 | 数据全生命周期管理 | 数据汇聚融合、共享开放和开发利用 S、A1、A2、A3、B4；12345 与 110 统一开放数据或者服务接口、共建中间数据库 A9 | S、A1、A2、A3、B4、A9 |
| | 数据质量管理 | 元数据的标准化，质量规则的制定、执行、统计等，标准统一、动态管理 A2、B4 | A2、B4 |
| | 数据风险管理 | 数据安全和个人隐私保护 A1、A3、A5；风险评估和安全审查 A1、A3、B4 | A1、A3、A5、B4 |
| 业务协同 | 标准化、动态化 | 服务事项清单目录 A2；高频政务服务事项清单化、动态化管理，各部门实时监测 | S、A2、A4、B1、B2、B3 |
| | 办事指南规范化 | 服务事项一体化、全流程在线办理 S、A2、A4 | |
| | 业务办理协同化 | "一件事一次办" B2；"一网通办" B1、B4；跨省通办 B3 | |
| 服务协同 | 创新服务 | 创新服务方式、手段，提高主动服务、精准服务、协同服务、智慧服务能力，如移动新平台发展情况 A2、B4 | A2、A4、A5、B4、B6 |
| | 以需求为导向 | 以企业和群众需求为导向，开展个性化、有特色的服务创新，如帮办代办、政策解读与需求回应、特殊服务 A4、A5、B6 | |

## 二、在线政务服务协同治理的典型实践

### （一）案例选择

2022 年 9 月，国家行政学院发布了《省级政府和重点城市一体化政务服务能力调查评估报告（2022）》，其中，广州市、福州市、石家庄市和长春市在 2018 年至 2022 年的重点城市一体化政务服务能力分组中呈现由"连续"

非常高、"连续"高、"间断"高、"连续"中的差异化等级,并且上述城市处于中国南部、东部、中部和北部地域,映射粤港澳地区、泛珠三角地区、京津冀地区和东北地区,具有较强的代表性。由此,选取这四个既有代表性又有区分度的省会城市在线政务服务平台作为具体研究对象。

(二)案例描述

1. 广州市

(1)主体协同

在制度建设上,广东省推出了首席数据官制度,制定下发了广东省人民政府关于印发《广东省数字政府改革建设"十四五"规划》的通知、《广东省数字政府基础能力均衡化发展实施方案》《广东省政务服务事项管理暂行办法》等,加快编制《广东省数据条例》落地,实现制度引领,不断完善制度建设。

(2)业务协同

根据广州市政务服务网站和广州市政府网站工作年度报表(2022年度)①显示,广州市政务服务平台集成本级及以下65个部门可在线申办事项84 008项,可全程在线办理政务服务事项2 495项,全面推行电子居住证,实现申领、签发、使用全流程数字化管理,与实体证相同且具有同等法律效力。

(3)数据协同和技术协同

在移动新平台方面,广东省应时开发了"粤省事""粤商通""粤治慧""粤政易""粤公平""视频办"等面向不同人群、不同场景的在线政务服务平台。广州市政务服务提供智能问答、探索即服务、多语言版本、无障碍预览和千人千网创新服务。广州市南沙政务中心在全国首推"元宇宙"政务服务应用场景,贯通了政府与群众沟通的跨维度桥梁。

(4)服务协同

2023年,政务服务平台新开设专题专栏7个,解读信息发布816条,公众关注热点或重大舆情、政务清单、办事指南83项,12345热线平台、在线访谈、民意征集、网上信访和举报等多措并举听取群众评价。2022年,广东省政务服务平台收到留言数量63 150条,办结率为96.9%,平均办理时间5.64天;征集调查61期,收到意见数量578条;在线访谈18期,网民留言和回复提问各25条。

---

①广州市政务服务数据管理局.广州市人民政府门户网站2022年度工作报表[EB/OL].[2023-01-17]. https://www.gz.gov.cn/zt/gzszfwzndbb/zfwzgzndbb/2022n/content/mpost_ 8765379.html.

### 2. 福州市

作为全国首个"互联网+政务服务"综合试点城市和数字中国建设峰会举办地，福州市在国家发改委的指导下，依托数字福建重大战略决策，运用大数据手段，建成了一批城市级大数据平台，建成了全国首个省级政务云平台，建成了省级一体化协同办公平台、省统一实名认证和授权平台、省市两级政务服务协同平台等公共平台，整合各级政务服务资源。

（1）主体协同

自福建建设领导小组办公室（省大数据管理局）开发了"e 福州"综合智慧平台、福州市全时空公共信息服务平台、12345 热线平台、社区服务政务综合管理平台和数字城管系统等，初步形成"纵向畅通、横向集成、联动融合、共用共治"的网格化管理体系。在制度设计方面，福建省政府颁布福建省人民政府关于印发《福建省数字政府改革和建设总体方案》的通知《福建省电子政务建设和应用管理办法》等。福建省坚持"全省一盘棋、上下一体化建设"原则，构建一张网、一朵云、三大一体化平台和一个综合门户，支撑 N 个应用的"1131+N"一体化数字政府体系。

（2）业务协同

福州市网上办事大厅依附福建省网上办事大厅，开设"福州政务服务旗舰店"，打造"一件事集成套餐服务"和办事、评价直达部门效能监察与"好差评"板块，从营商环境日常检测、市场主体满意度和现场核验督导三个方面推动政务服务便利化升级。根据 2022 年福州市人民政府网站工作年度报表①和福州市政务服务平台统计（统计时间：2023-04-01），福州市政务服务集合了 78 个部门入驻，可全程在线办理政务服务事项 1 936 项，占政务服务事项数量的 81.9%，"一趟不用跑"事项占比 90% 以上，共发布信息 35 775 条。

（3）数据协同和技术协同

2023 年，福州市政务服务平台新开设 11 个专题专栏，发布解读信息 283 条，24 次回应公众热点或重大舆情，发布服务事项目录、提供热评事项、推荐事项等业务。在互动交流方面，福州市政务服务平台，收到留言数量 31 条，平均办理时间 4.5 天，征集调查 474 期，收到意见 1 422 条；开设 41 期在线访谈，收到留言和提问 164 条，并提供智能问答。福州政务服务平台设置了阳光政务、清单公开、许可公示、效能监察和好差评业务栏目，并连接

---

①福州市大数据服务中心. 2022 年福州市人民政府网站工作年度报表［EB/OL］.［2023-01-10］. http：//www.fuzhou.gov.cn/zgfzzt/zfwzgzbb/zfwzndbb_2022/bjzfwzgzbb/fzszf/202301/t20230110_4519346.htm.

国家"互联网+监管"系统，群众可以直观、实时地看到福建省、市和县（区）级各部门的办事清单、办事进度、办事评价和部门入驻情况。福建省另有较为完善的12345热线平台，可以了解民情、集中民智、维护民利、凝聚民心。

（4）服务协同

人民群众可通过关注微博@福州发布和微信"福州市人民政府"移动新媒体了解政务信息。企业和市民可通过"福建省网上办事大厅""闽政通App""e福州App""福州窗"微信公众号提交网上办事申请，网上办理率由18.3%提升至64%，在线预审、在线办理事项由68.4%提升至99%。福州在创新发展方面提供了"搜索即服务""无障碍浏览""千人千网""长者模式""九大领域主体服务""福州市便民服务导图""用户留言情况分析"，为群众提供真切、便利的政务服务。

3. 石家庄市

石家庄市在线政务服务平台依托河北政务服务网，为企业和群众开展个人法人办事、政务公开和群众反馈服务。平台在首页上除基础服务外，还提供了一件事一次办、跨省通办、京津冀一网通办、统一好差评和办件公示等业务服务。

（1）主体协同

目前平台已入驻超48个部门，可办理784个主项事项、675个子项事项，并拥有28个便民应用。

（2）业务协同

为进一步拉近政府和企业距离，河北省人民政府通过建立"石i企平台"，打造一站式数字化服务链，通过云计算解决多而散的信息识别问题，提高政府多级运营、运维能力，在商务、政务、法务服务标准化、服务质量监控上输出更加高效、便利的服务。

（3）数据协同和技术协同

2022年度石家庄市政府门户网站工作年度报表[1]显示，2022年石家庄共发布信息15 972条，解读信息100条，收到留言33 215条，平均办理时间为2.3天，14次征集调查，收到意见1 200条，开设了搜索即服务、多语言版本、无障碍浏览辅助功能。但该网站未回应过公众关注热点或重大舆情数量，未开设在线访谈。

---

[1]石家庄市人民政府办公室.2022年度石家庄市政府门户网站工作年度报表[EB/OL].［2023-01-23］.https://www.sjz.gov.cn/columns/202fe8f0-b34f-4eb0-bf57-0565214c219c/.

（4）服务协同

石家庄政府办公室充分应用"石家庄政务"微信公众号和微博账户，提供信息发布、政策解读与回应以及政务服务相关事项。在听取群众反馈方面，石家庄市政府办公室开设了"石家庄市12345政务服务便民热点"微信公众号，发布"市政府系统领导接听12345政务服务便民热线""市民市长恳谈会""公益损害举报"专栏内容，向群众汇报工作进度的同时发布相关工作安排，但发布消息以利企事项为主，热点民生事项较少。

4. 长春市

长春市政务服务建设采用吉林省"全省统筹、省建市用"的模式建设。

（1）主体协同

长春市政务服务和数字建设管理局负责全市政务服务和数字化建设管理、市级行政审批集中受理办理及公共资源交易监督管理、组织协调和指导监督全市政务公开、政府信息公开、统筹推进全市数字化发展等工作。另有市政府办公厅下辖正处级的长春市政府电子政务服务中心，负责为市政府系统电子政务和信息化工作提供技术服务。长春市政务服务和数字化建设管理局（长春市营商环境建设局）内设审批管理处、电子政务建设协调处、政务公开督导处等部门，推进政务服务标准化、规范化、一体化发展。

（2）业务协同

长春市政务服务依靠吉林省政务服务平台，重点围绕设施、功能、服务"三个标准化"，完善一次性告知、首问负责、容缺受理、告知承诺、延时服务、午间不间断服务、特色服务等举措，建立窗口无否决权、"办不成事"反映窗口、"跨省通办"窗口等工作机制。由长春市电子政务服务中心填报，长春市人民政府发布的2022年政府网站工作年度报表[1]显示，2022年共发布6 351条信息，新开设专栏1个，共有4条解读信息发布，未回应过公众热点和重大舆情，已发布服务事项目录，实现494项政务服务可全程在线办理，公示服务清单10份，拥有涵盖全市39个部门共计1 874条业务的办事指南，在线申办业务达到73.9%，全程网办比重为57.2%，共收到留言1 806条，平均办理时间为4天，组织了4期征集调查和4期在线访谈，答复网民提问14条。

（3）数据协同和技术协同

长春市在线政务服务平台依托吉林省在线服务平台，分为"办、查、

---

[1] 长春市人民政府. 2022年政府网站工作年度报表[EB/OL]. [2023-01-23]. http://www.jl.gov.cn/szfzt/2022njlszfwzgzndbbhz/dq/zcs_123509/.

看、问"四部分,重点发展"吉事办",涵盖服务清单、办事指南、政策文件、个人和法人办事、服务投诉和业务咨询、智能问答功能,设立高频服务、我的证照、特色服务及主体服务等技术板块,咨询服务实现由"群众主动问"向"政府主动送"转变,但政策文件功能更新频率低。

(4)服务协同

在移动新媒体方面,开发了"灵动长春"微信小程序,拥有政策直达、便民服务板块,目前入驻 29 个部门、拥有政策标签 31 个,涵盖便民服务 16 项,为企业和群众提供线上"零跑动",线下"一次跑"。但在微博、微信公众号"长春市 12345"上,政务服务的运营量较少。

(三)地方政府在线政务服务协同的类型分析

本次调查提炼的协同样态在顶层设计和时间上具有共存性,但各地因主体协同、业务协同、数据协同、技术协同和服务协同程度不一,进而使得协同技术接受和嵌入程度不同、组织调整幅度不同、协同要素贯彻程度不同,致使协同类型和状态产生差异(见表 6-6)。

表 6-6 广州市、福州市、石家庄市、长春市政务协同情况表

| 地区 | 协同特点 | 原因 |
| --- | --- | --- |
| 广州市 | 1. 协同总体表现优秀<br>2. 业务和服务方面具有场景多元、业务广、服务到位的特点 | 1. 地域优势<br>2. 改革开放排头兵,政策优势,市场开放程度高<br>3. 海外业务数量多,技术嵌入程度高 |
| 福州市 | 1. 协同总体表现优秀<br>2. 在体制机制和业务标准化、动态化,服务监督评价工作方面较为完善<br>3. 对数据的全生命周期管理能力较弱,公共数据共享应用、开发利用有待进一步提升 | 1. 政策优势<br>2. 数字化水平一般 |
| 石家庄市 | 1. 协同总体表现一般<br>2. 在法律法规和提供精准服务上表现优秀<br>3. 支撑、配套技术和业务协同能力、业务标准化、动态化建设,需求导向的服务有待提高 | 1. 地域优势,地处京津冀发展圈<br>2. 具体规定制度贯彻落实不到位 |

续表

| 地区 | 协同特点 | 原因 |
|------|---------|------|
| 长春市 | 1. 协同总体表现一般<br>2. 在体制机制上，成立长春市政务服务和数字化建设管理局便于统一管理<br>3. 平台支撑技术、配套技术有待进一步完善；数据的全生命周期管理中数据搜集、数据共享、数据开发利用能力有待提升；服务的精准、智慧程度不高 | 1. "高位推动"，但忽视建设后的持续推进和改进<br>2. 绩效和激励机制不健全<br>3. 工作人员被动消极工作，理念有待进一步转变 |

1. 广州市：平台式多向协同

广州市政务服务实现了政务服务过程中整合多主体、多数据、多技术、多场景、多业务、多服务目标，在多项体制规定的框架内根据市场导向，及时丰富政务服务新内容、新场景，体现了广州市充分发挥技术协同优势，为多样的服务需求营造多场景平台，提高政务服务效率。

技术协同优势的发挥需要主体协同保障，广州市的制度建设体现出领导具有较强的互联网思维，能够充分应用在线政务服务的专业化组织条件。广州市构建的四级联动的新管理模式整合了四级政务服务资源，为企业和个人提供"精准服务"，体现用户思维：专业性强、业务复杂度高以及跨部门、跨区域、跨平台的事项主要由市级负责；区级主要负责为法人和其他组织提供较为全面的全链条服务；街（镇）主要服务就近办理的公民个人；有些审批事项可下放到社区（村）代为办理。另外，广州市推出全国首个元宇宙政务服务场景，提高了公民、企业的办事效率，增强了政府与市民、企业等社会主体之间的互动，营造了良好的营商环境。

广州市政务服务充分利用一体化服务平台，使互联网技术逐渐从客观、被动的技术转变为被执行的技术，充分体现平台思维，并以数据要素市场化配置改革为引领，聚焦省域治理与政府服务两个着力点，强化数字协同基础，为指导驱动集成服务实现提供坚实后盾。下一步，广州市要充分利用自身优势，顺应市场化发展态势，朝着更加方便快捷、质量更高、创新性更强的方向发展。

2. 福州市：回应导向的协同

福州市政务工作具有高效落实、注重回应性的特点。福州市政务服务法律法规完善、平台入驻部门多、主体范围广。2014年12月1日正式实施的《福州市行政服务条例》是全国地级市第一部关于行政服务规范化、制度化运行的地方性立法，福州市行政服务中心于 2015 年通过国家服务业标准化试点验收，构建了完善的行政服务标准体系的同时不断完善创新，使福州市的回应导向具有坚实的制度保障。政务数据动态化实时更新、平台基础建设和技术支撑能力较强，以及坚持以公民需求为导向是福州市回应导向协同的保障。

福州市政务服务回应导向特点体现在充分认识到政府热线作为政府直接连接公民的重要渠道发挥着至关重要的作用。通过搭建 12345 便民服务平台，实现政务服务便民的界面重构，加强政务信息流转与分派，打造上下一体化的内部结构，实现碎片化管理向整体性治理转变。在"单一控制式"向"共治共管式"转变过程中，体现了福州政府在线政务服务秉承以人民为中心的治理导向。

12345 便民服务热线的良好运行同样离不开完善的制度。福州市 12345 平台由福州市"智慧福州"管理服务中心负责，在快速响应机制、综合保障机制和绩效考核机制的运行下，通过在县（区）、街道（乡镇）设立智慧中心，联动 1 200 多家单位，实现跨部门、跨层级协同办理，公民通过电话热线联系平台，平台根据需求属性分配工单至对应单位，在审核时限和处理时限内，确定承担责任部门，并将诉求受理率、及时查阅率、按时办结率、群众满意率等指标运行情况纳入年度指标考核内容，切实做到句句有回应，件件有着落。

3. 石家庄市：利企优先的协同

石家庄市政务服务正处于协同的发展阶段，已完成部门空间集聚、平台基础建设、业务一体化和在线协同办理等。由于其地处京津冀发展圈，石家庄政务服务坚持企业优先发展，正朝着进一步提高政务服务标准化应用、提高平台链接可达性和服务精准化、智能化，分担京津压力，吸引京津和其他地区企业入驻的方向发展。

在法律法规方面，《石家庄市优化营商环境条例》于 3 月 30 日经河北省第十四届人民代表大会常务委员会第二次会议审查批准，于 2024 年 5 月 1 日起施行，规定了"一网通办""容缺受理""免审即享"等制度模式，将优秀经验如社会信用体系、政务服务评价等上升为条例内容，能够提高政务服务的配套和保障技术、应用数据管理的能力。但目前，该规定处于前期落实阶段，石家庄市政务服务仍存在数据资源共享、数据供给失衡、办理过程效率较低的问题。另外，该平台存在链接可达性较低的状况，侧面反映出政务服务管理机构不够权威、信息建设不够深入、与其他部门缺乏沟通协调等问题。

在数据协同方面，石家庄市政府开发的"石 i 企平台"能够将部分数据整合利用，但从政务服务整体上看，仍存在多个网站并存，数据资源开放共享困难、利用难度大的问题。石家庄政务服务协同停留在初级阶段，缺乏与北京市、天津市和雄安市三地的合作与交流。服务事项集中在利企，对公民需求回应和便民事项做出的服务协同较少。

4.长春市：高位推进的协同

长春市政务服务协同带有行政式色彩，但由于其组织尚未彻底带动协同活力，在线政务服务的协同效果不尽理想。来自领导的"高位推动"提升了政务服务的部门集合程度和技术应用的水平。长春市政务服务和数字化建设管理局内设负责数据共享、智慧城市建设、营商环境服务的多个部门。但尽管上级压力和绩效导向使得政府部门领导开始重视提升政务服务协同效能，但是，由于行政人员思想转变不到位、标准化工作尚未完善、未形成改革氛围等原因，组织设立和技术应用尚未带来政务服务效能的明显提升，出现了一定程度的"协同惰性"，从领导到行政人员仍然停留在部门工作的"围栏"之内，技术对部门的整合作用发挥不明显，协同活力尚未体现。

长春市政务服务和数字化建设管理局的建设为长春政务服务标准化建设开了个好头，但在一定程度上忽视了建设后的实施与持续改进，数字虽然嵌入政务服务中，但在线利用率、在线政务服务对群众的普及程度、在线利用效果表现不佳。绩效考核机制不健全，尚未将政务服务标准化建设列入绩效考核范围。

## 三、在线政务服务协同治理面临的挑战

### （一）在线政务服务协同发展不平衡

相比于广州市、福州市政务服务，长春市和石家庄市政务服务平台上存在业务不丰富、部分平台网站资料不能及时更新等问题。根据技术执行理论，在线政务服务的技术协同的过程可以理解为：决策者、政策执行者、组织行动者不断利用越来越多"被执行的技术"对组织形式和行政制度产生影响，将一些社会因素融入技术设计中构成更灵活的网络，进而或隐或现地影响制度安排的过程。而地区间因技术基础、经济发展等不同，不平衡的现象比较明显，政府对被执行的技术掌握程度差异大，直接导致技术执行出现差异。另外，数字资源的匮乏不可避免地限制了公众对政府信息的获取，容易产生对政策理解的偏差，妨碍公共治理各方之间的交流互动，影响政府决策及其执行。中心城市、经济发达地区能够调动和投入的在线政务服务建设和运行的人力、物力、财力资源相对充足，协同的动力和活力更为充沛，市场化的快速发展在一定程度上倒逼在线政务服务实现进一步协同，协同治理水平明显高于边远和欠发达地区。

## (二) 数据和技术协同质量低和供需失衡

政务数据存在封闭性、低质量的特征。封闭性体现在分散多元的政务数据各自独立"部署在电子政务内网、电子政务外网、互联网或业务专网上,甚至某些还是单位内部局域网,不同单位对于相关信息系统部署网络区域也不尽相同"。[①] 所以,在各个不同且独立封闭的数据系统内部,因授权委托的运营管理商技术手段和标准的巨大差异,容易导致数据存在格式、运行方式、环境部分、调取流程繁复的供需错位,数据壁垒导致"信息孤岛"现象的发生。同时,在条块分割体制下,部委司局垂直基层的多个子业务系统繁复,专业部门、强势部门经常用"专业"和"安全"借口推脱、拒绝数据共享,同级各政府主管或惧怕信息泄露承担责任,或把数据看作自有核心资产,仅拿出部分不重要的种类共享以便完成行政命令,形成了数据低质量的原因。因此,省市级共享的数据共享平台虽然已建设完毕,但数据治理的主体仍旧是各个部门,呈现出相对的集中统一与绝对的分割垄断并存状态,即"前厂后店"的数字政府治理模式。[②]

技术与基础平台设施是支撑政务服务数据、业务、服务有效运转的保障。在技术协同过程中,各地虽依托全国一体化政务服务平台的平台架构运行,但平台管理分散、系统交叉、链接可达性低,一些政府部门的信息系统建设投机取巧,重系统配置、轻应用体验,重建设数量、轻内容质量,功能设计华而不实,整体使用率不高,政务服务供给侧与需求端不匹配,导致政务服务过程效率低,公民体验感不佳。

## (三) 业务和服务协同能力有待提升

政务数据的封闭性和低质量以及政务服务平台的技术不完善直接导致业务协同过程中部门交互弱、部门协作能力弱和业务办理过程效率低。上述四个城市是粤港澳大湾区、泛珠三角地区、京津冀协同发展地区和东北地区的典型城市,但石家庄市和长春市政务服务都显示出业务协同能力不足和服务协同不充分的问题。除了前文提到的原因外,属地管理原则下地方本位主义也在一定程度上阻隔了跨区域协同,跨区域政务信息的系统互联互通背后往往涉及区域间利益均衡问题,不同地区合作意愿与动机不足,甚至存在激烈竞争。

---

①袁刚,温圣军,赵晶晶,等.政务数据资源整合共享:需求,困境与关键进路[J].电子政务,2020 (10):109-116.
②于君博.后真相时代与数字政府治理的祛魅[J].行政论坛,2018,25 (3):90-96.

## 四、在线政务服务协同治理的发展建议

### (一) 在线政务服务协同治理的启示

协同理论认为,协同主要表现为利用相连的要素和环境条件,造就系统的整体趋势,从而形成系统性质的飞跃变化。各个地区由于地理位置、经济发展、人文历史、资源禀赋、发展目标、组织能力等差异,政务服务协同治理过程中可利用的子系统及协同治理过程具有不同的特点。

如何因地制宜地确定具有优势的子系统,在政务服务协同发展过程中实现优势系统的耦合?具有地域和政策开放优势的城市可借鉴广州市发展经验,在提高组织能力的基础上推进创新发展,实现政务服务创新发展。拥有良好政策环境的城市可借鉴福州市的发展经验,为群众营造协同治理环境,在设定并按照组织目标发展的过程中注重政务公开与听取和回应群众意见,提高群众参与感、获得感、满意度。

具有强劲发展动力和发展基础的广州市政务服务凭借地域优势、政策开放优势,做到以人为本、统筹协调,实现多组织、多功能的集合;以流程再造为核心强化组织管理,让组织运行跟着办事流程走;以大数据技术为支撑不断提高组织能力,实现一网通办和多平台多场景的流畅运行,打造成为平台式多向特点的政务服务协同。

福州市政务服务协同发展过程中充分体现以人为本的理念和为人民服务的宗旨,全面贯彻"马上就办"精神,拥有良好的政策环境和比较完善的制度设置。福州市政务服务通过完善12345平台运行,让群众意见直接到达相关部门,相关部门必须在特定期限内给出公开回应,群众意见数量和回应时长将会纳入绩效考核,政策建议将会在决策部门中讨论。福州市为群众营造了良好的协同治理环境,在政务公开和效能监察的基础上,让群众直接参与到政府决策中来,群众与政府逐渐建立信任关系,共享城市资源与收益。

### (二) 在线政务服务协同治理的建议

1. 统筹构建整体协同的协调联动机制

前文提到,我国科层制顶层设计在协同发展中不仅起到"高位推动"的作用,而且其张力体现为在线政务服务体制的持久力和后劲。因此需要持续完善整体协同的思路,构建跨层级统筹建设管理体制与整体联动机制、探索跨区域标准化集约化建设推广的共享模式。在顶层设计上,根据统筹建设管理体制和整体联动机制,协同推进政务服务发展制度安排、组织架构、标准规范、平台开发和财政保障,处理好中央部委与地方大数据管理局的权责关系,全面推广政务服务首席主管制度,促进政务服务各个部门的协同;明确

有关政务服务数据协同的标准化政策，促进有关数据的采集、分类、保存、开放、使用、安全，解决当前数据重复采集、多头管理、标准不一、质量不高、开放困难、安全风险的问题。

在跨区域标准化、集约化方面，地方政府需要处理好"统筹规划与因地制宜"的关系，根据本地区情况重点查漏补缺、乘胜追击，处理好"标准统一与区域开放"的问题，积极开放促进共同发展，处理好"责任统一与区域回应"的问题，做到政府牵头有保障，运行有监管，反馈有回应。另外，中央层面应出台制度规范强化地方政府间的协作共建行动，将其纳入地方考核指标，作为政务服务评优激励的重点，鼓励各地根据实际需求主动寻找或积极成为能够资源互补的合作伙伴。

在体制机制和法律法规方面，地方政府要由过往以部门为中心、以职能为中心转变为以"办好一件事"为中心的逻辑，并进行技术、业务和服务规划，根据企业和群众"办好一件事"所需全部要件反向梳理，通过条块、省市县（区）交叉比对等办法，厘清跨部门办事逻辑关联的流程和所属部门处室职责，以标准化、制度化、规范化、协同化的政务服务打破部门间"信任梗阻"，加强工作人员数智思维和跨部门业务流程培训，形成合作导向的共识，减少部门间沟通成本，塑造鼓励协作的行政生态。

2. 提升数据和技术协同的共享支撑能力和利用能力

数据协同和技术协同是政务服务阶段性协同的难题，而数据协同难在区域间和内部部门间数据的开放共享和利用程度，以及在开放共享和利用的过程中数据的标准化和安全保障。技术协同需要在数据汇聚、运行、共享、利用的基础上做到平台的平稳运行和多样化应用服务。在跨域通办背景下，政务服务平台建设要求更加规范、标准、功能互通。群众政务服务需求多样化和多方位的特征要求政务服务的供给要以增强交互性为目标从线上和线下双向优化。通过线上一体化平台建设、线下引入跨域通办一体机、推广移动政府服务，着力提高市民群众办公服务体验感。①

通过有序的数据流动、有序的数据治理、安全的数据共享，构建"用数据说话、用数据管理、用数据决策"的运行体制②是解决数据协同问题的疗程性方剂。技术协同也同样不是要求一蹴而就，平台运行在保障安全的前提下，以人的需求为导向，满足关键支撑和保障要求，逐步开发新配套技术，更好地适应当前人民群众对政务服务和公共服务等更高效、更精准的迫切需要。

---

①张慧敏.区域一体化背景下京津冀政务服务协同发展研究［D］.北京化工大学，2022：42.
②北京大学课题组.平台驱动的数字政府：能力，转型与现代化[J].电子政务，2020（7）：1-30.

在有力的数据共享协调机制规范和技术支撑下，政务数据要大力落实标准化建设，依托一体化政务服务平台，形成一个统一规范的信息平台运作、信息交易行为规则和信息服务行为规范，链接各类中介服务交易管理系统，深化政务服务协同层次，使数据收集更广泛、数据运行更流畅、数据共享更开放、数据防护更安全、数据利用更有价值。

数据和平台的可持续协同发展离不开高质量人才因地制宜的定位、数据运行和共享的规范和对平台的安全防护等工作，因此现阶段政务服务的外包带有一定的局限性，需要融合产学研思路，培养一批个人素质高、专业技能优、信息敏感度高、信息利用能力强的高质量政务服务人才队伍。在线政务服务人才队伍有标准化培养和分类培养思路：标准化培养即定期对各岗人才的基础业务进行能力培训考核。分类培养思路即按职按需分类培养，提高相关人员政务协同政策解读、政策执行、技术达标、数据利用等能力。

3. 推进以公民需求为导向的业务和服务协同

业务协同和服务协同都要始终以公民和企业需求为导向，让来访者感受到"都能办""能快办""能办好"，切实解决广大社会公众的民生诉求，为市场主体提供良好的营商环境。业务协同的目标是通过"快应对""强基础""高安全"，打造政府的创新工场，"让群众办事不再难，让政务办公不再繁"。

以公民需求为导向，有助于企业和公民更加方便快捷地了解政务信息，加深公民对政府日常事务的认识，塑造良好的政民关系。根据第七次全国人口普查数据，2020年有149个地级市65岁及以上人口占比已经超过了14%，进入深度老龄化。因此，关注老龄人群、残疾人群等弱势群体的在线政务服务诉求和利益，为其提供精准、有效的政务服务，提升在线服务的包容性需提上日程。开展个性化、有特色的主动、智能、精准的政务服务，有助于重塑社会关系。

总的来说，基于协同理论框架，对广州市、福州市、石家庄市和长春市四个省会城市的在线政务服务协同情况进行具体分析，发现四个城市在线政务服务协同发展处于不同阶段，面临着不同问题。广州市政务服务具有平台多向协同的特点，充分运用先进技术、人才优势、制度开放，利用技术嵌入推出带有市场化色彩的丰富协同场景，便利了公民、企业和政府工作人员，在优化营商环境的同时便民爱民，提高公民满意度。福州政务服务体现回应导向，利用主体优势以及现有技术和数据基础，为公民实现"马上就办"。石家庄市在线政务服务协同侧重利企，新颁布的法律法规为企业发展提供便利，但目前平台尚未逾越技术和数据协同难题，必须进一步提高技术支撑水平和业务协同能力，提高服务回应性和可达性，提升政务服务的顺畅，坚持以人为本的服务导向。长春市在线政务服务协同由行政力量推动,但由于制度落实不到位、技术嵌入水平较低、工作人员水平低等原因使得协同效果体现不明显。

分析发现,地区发展差异对在线政务服务协同发展具有一定的影响,顶层设计在协同发展中不仅能够起到高位推动的作用,而且能够持续落实和改进体制机制,发挥工作人员的积极性。数据协同和技术协同的创造性突破能够使在线政务服务协同到达新阶段,政务数据在权威、安全、可达性高的平台上进行广泛搜集、质量提升、共享开放、循环利用、安全防护,能够为业务一体化和在线政务服务协同办理保驾护航。当然,这对各地数据整合、组织统筹要求较高,是政务协同治理的一大重难点。服务协同贯穿在线政务服务协同全过程,但服务的精准性、智能化、创新性等多场景应用可以在其基础上进一步提高协同水平,使政务服务的过程效率更高、服务质量和服务水平更上一层楼,不断升级以人为本的在线政务服务协同水平,达到善治的目的。

理想模式中完美的协同模式是何样貌?这种完美的协同模式是否存在?它的具体标准是什么?我们认为,并不存在对协同判定的唯一标准,协同框架的对照能够体现协同水平的高低,但协同治理是在经济、社会、人才、资源、组织、制度等多要素融合基础上实施的整体性、系统性工程,协同如创新一样,没有终点。

# 参考文献

## 中文文献

[1] 戴长征, 鲍静. 数字政府治理——基于社会形态演变进程的考察[J]. 中国行政管理, 2017 (9): 21-27.

[2] 杨国栋. 数字政府的理论逻辑与实践路径[J]. 长白学刊, 2018 (6): 73-79.

[3] 张锐昕. 电子政府概念的演进: 从虚拟政府到智慧政府[J]. 上海行政学院学报, 2016 (6): 4-13.

[4] 杨国栋, 吴江. 电子治理的概念特征、价值定位与发展趋向[J]. 上海行政学院学报, 2017 (3): 64-70.

[5] 黄璜. 数字政府的概念结构: 信息能力、数据流动与知识应用[J]. 学海, 2018 (4): 158-167.

[6] 李鹏, 杨国栋. 数字政府服务创新的影响因素与实现策略[J]. 吉林大学社会科学学报, 2021 (6): 179-188.

[7] 韩兆柱, 马文娟. 数字治理理论及其应用的探索[J]. 公共管理评论, 2016 (1): 92-109.

[8] 李重照, 黄璜. 英国政府数据治理的政策与治理结构[J]. 电子政务, 2019 (1): 20-31.

[9] 黄璜. 美国联邦政府数据治理: 政策与结构[J]. 中国行政管理, 2017 (8): 47-56.

[10] 张晓, 鲍静. 数字政府即平台: 英国政府数字化转型战略研究及其启示[J]. 中国行政管理, 2018 (03): 27-32.

[11] 郑磊. 开放不等于公开、共享和交易: 政府数据开放与相近概念的界定与辨析[J]. 南京社会科学, 2018 (9): 83-91.

[12] 雷玉琼, 苏艳红. 地方政府数据开放平台发展模式及绩效差异[J]. 中国行政管理, 2020 (12): 40-46.

[13] 夏义堃. 试论数据开放环境下的政府数据治理: 概念框架与主要问题[J]. 图书情报知识, 2018 (01): 95-104.

[14] 马亮. 国家治理、行政负担与公民幸福感——以数字化政务服务为例[J]. 华东理工大学学报 (社会科学版), 2019, 21 (1): 77-84.

[15] 张晓敏, 阎波, 朱衡. "码"上联结: 流动性社会中的治理何以可能? [J]. 电子政务, 2022 (4): 1-9.

[16] 刘淑春.数字政府战略意蕴、技术构架与路径设计[J].中国行政管理,2018（9）：37-45.

[17] 王伟玲.加快实施数字政府战略：现实困境与破解路径[J].电子政务,2019（12）：86-94.

[18] 曾渝,黄璜.数字化协同治理模式探究[J].中国行政管理,2021（12）：58-66.

[19] 张会平,宋晔琴.政务服务数据协同治理水平的提升路径研究——基于TOE框架的组态分析[J].情报杂志,2020（10）：151-157.

[20] 邓理,王中原.嵌入式协同："互联网+政务服务"改革中的跨部门协同及其困境[J].公共管理学报,2020（4）：62-73+169.

[21] 薛泽林.智能政务推进中的开放式协同策略[J].学习与实践,2019（2）：57-64.

[22] 北京大学课题组.平台驱动的数字政府：能力、转型与现代化[J].电子政务,2020（7）：1-30.

[23] 张程.数字治理下的"风险压力—组织协同"逻辑与领导注意力分配[J].公共行政评论,2020,13（1）：79-98+197-198.

[24] 吴磊.政府治理数字化转型的探索与创新[J].学术研究,2020（11）：56-60.

[25] 吴克昌,闫心瑶.数字治理驱动与公共服务供给模式变革——基于广东省的实践[J].电子政务,2020（01）：76-83.

[26] 王张华,周梦婷,颜佳华.互联网企业参与数字政府建设：角色定位与制度安排——基于角色理论的分析[J].电子政务,2021（11）：45-55.

[27] [美] 达雷尔·韦斯特.数字政府：技术与公共领域绩效[M].郑钟扬,译.北京：科学出版社,2011.

[28] [英] 维克托·迈尔·舍恩伯格,肯尼思·库克耶.大数据时代[J].盛杨燕,周涛,译.杭州：浙江人民出版社,2013.

# 外文文献

[1] United Nations Department of Economic and Social Affairs. United Nations E-Government Survey 2018 [R/OL].[2022-09-01]. New York：UN, https：//www.un-ilibrary.org/content/books/9789210472272.

[2] United Nations Department of Economic and Social Affairs. United Nations E-Government Survey 2022 [R/OL].[2022-07-01]. New York：UN, https：//www.un-ilibrary.org/content/books/9789210051453.

[3] United Nations Department of Economic and Social Affairs. United Nations E-Government Survey 2022 [R/OL].[2022-10-01]. New York：UN, https：//www.un-ilibrary.org/content/books/9789210019446.

[4] United Nations Department of Economic and Social Affairs. United Nations E-Government Survey 2024 [R/OL].[2022-09-01]. New York：https：//www.un-ilibrary.org/content/books/9789211067286.

[5] United Nations. World Social Report 2020: Inequality in a Rapidly Changing World, prepared by the Department of Economic and Social Affairs[EB/OL]. [2020-02-22]. https://www.un.org/development/desa/dspd/wp-content/uploads/sites/22/2020/02/World-Social-Report2020-FullReport.pdf.

[6] Christine B, John T. Governing in the Information Age[M]. Buckingham: Open University Press, 1999.

[7] Weerakkody V, Irani Z, Lee H, et al. E-government Implementation: A Bird's Eye View of Issues Relating to Costs, Opportunities, Benefits and Risks[J]. Inf Syst Front, 2015 (17): 889-915.

[8] Dawes S S. Governance in the Digital Age: A Research and Action Framework for an Uncertain Future[J]. Government Information Quarterly, 2009, 26 (2): 257-264.

[9] Gil-Garcia J R, Dawes S S, Pardo T A. Digital Government and Public Management Research: Finding the Crossroads[J]. Public Management Review, 2018, 20 (5): 633-646.

[10] Tassabehji R, Hackney R, Popovič A. Emergent Digital Era Governance: Enacting the Role of the "Institutional Entrepreneur" in Transformational Change[J]. Government Information Quarterly, 2016, 33 (2): 223-236.

[11] Janowski T. Digital Government Evolution: From Transformation to Contextualization[J]. Government Information Quarterly, 2015, 32 (3): 221-236.

[12] Norris D F, Reddick C G. Local e-Government in the United States: Transformation or Incremental Change? [J]. Public Administration Review, 2013, 73 (1): 165-175.

[13] Chan F K Y, Thong J Y L, Brown S A, et al. Service Design and Citizen Satisfaction with e-Government Services: A Multidimensional Perspective [J]. Public Administration Review, 2021, 81 (5): 874-894.

[14] Power D J. Using Big Data for Analytics and Decision Support[J]. Journal of Decision Systems, 2014, 23 (2): 222-228.

[15] Dunleavy P, Margetts H, Bastow S, et al. New Public Management is Dead – long Live Digital-era Governance[J]. Journal of Public Management Research and Theory, 2005, 16 (3): 467-494.

[16] Luna-Reyes L F, Gil-Garcia J R. Digital Government Transformation and Internet Portals: The Co-evolution of Technology, Organizations and Institutions[J]. Government Information Quarterly, 2014, 31 (4): 545-555.

[17] Frank K Y C, James Y L T, Sue A B. Service Design and Citizen Satisfaction with E-Government Services: A Multidimensional Perspective [J]. Public Administration Review, 2020, 81 (5): 874-894.

[18] Cillo V, Petruzzelli A M, Ardito L, et al. Understanding Sustainable Innovation: A Systematic Literature Review [J]. Corporate Social Responsibility and Environmental Management, 2019, 26 (05): 1012-1025.

[19] Chen Y C, Lee J. Collaborative Data Networks for Public Service: Governance, Management and Performance[J]. Public Management Review, 2017, 20 (5): 672-690.

[20] Raca V, Velinov G, Cico B, et al. Application-based Framework for Analysis, Monitoring and Evaluation of National Open Data Portals [J]. International Journal of Advanced Computer Science and Applications, 2021, 12 (11): 26-36.